LES RÉGIMENTS

DE

La Division Margueritte

ET

Les Charges à Sedan

Par le Général ROZAT DE MANDRES

Avec cartes, portraits et photogravures

LIBRAIRIE MILITAIRE BERGER-LEVRAULT & Cie

Éditeurs de la « Revue de Cavalerie »

PARIS	NANCY
5, RUE DES BEAUX-ARTS, 5	18, RUE DES GLACIS, 18

1908

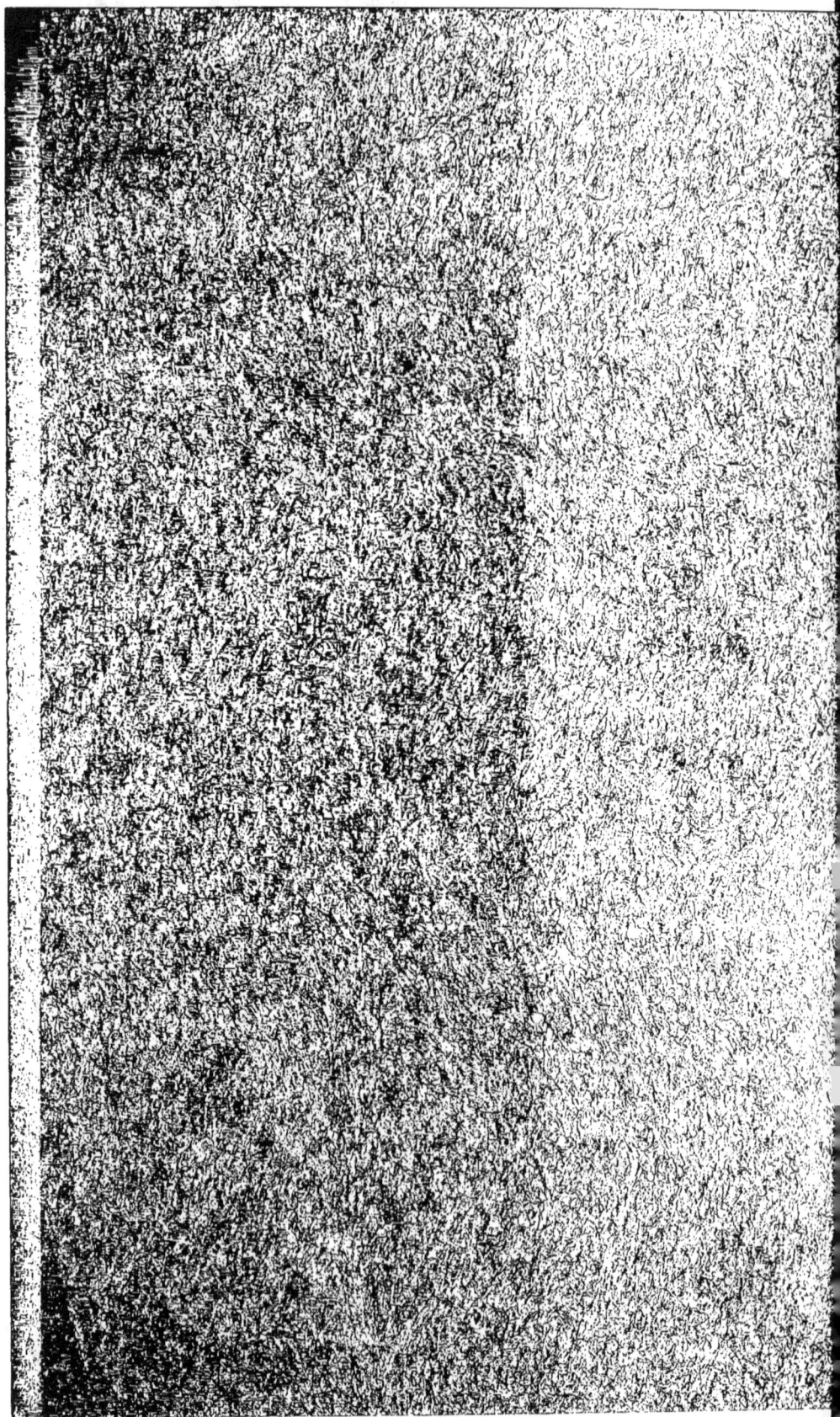

LES RÉGIMENTS

DE

La Division Margueritte

ET

Les Charges à Sedan

GÉNÉRAL ROZAT DE MANDRES

COMMANDANT LA 1ʳᵉ BRIGADE DE CAVALERIE

1899

LES RÉGIMENTS

DE

La Division Margueritte

ET

Les Charges à Sedan

Par le Général ROZAT DE MANDRES

Avec cartes, portraits et photogravures

LIBRAIRIE MILITAIRE BERGER-LEVRAULT & Cie

Éditeurs de la « Revue de Cavalerie »

PARIS	NANCY
5, RUE DES BEAUX-ARTS, 5	18, RUE DES GLACIS, 18

1908

À LA GLOIRE

DES OFFICIERS DE CAVALERIE

Qui ont chargé à Sedan, le 1er septembre 1870

> Le roi Guillaume qui assistait à ce spectacle
> des hauteurs de Frénois ne put s'empêcher
> d'applaudir et de s'écrier : « Oh ! les braves
> gens ! » (*Le Prince royal au général Ducrot.*)

« Une cavalerie ne peut pas charger avec plus de véhémence, ne peut pas se sacrifier avec plus de dévouement pour les autres armes, ne peut pas offrir, avec plus de mépris de la mort, la dernière goutte de son sang pour une armée en détresse, que ne l'ont fait les cuirassiers français déjà décimés par leurs prouesses de Wœrth, les chasseurs, les lanciers et les hussards qui tous rivalisèrent de grandeur d'âme pour sauver l'honneur de l'arme.

« Nous, *Leib-Husaren,* qui avons assisté à ces glorieuses charges, nous comprenons bien que les Français contemplent avec orgueil ces plaines d'Illy, de Floing et de Casal, où sont tombés si noblement tant de vaillants escadrons..... »

(Extrait de l'*Histoire du 2e Hussards prussien.*)

AVANT=PROPOS DES ÉDITEURS

Le général Rozat de Mandres, mort en activité de service le 4 avril 1899, alors qu'il commandait la 1ʳᵉ brigade de cavalerie, à Lille, et auteur de l'Historique du 4ᵉ régiment de cuirassiers — considéré à juste titre comme un modèle du genre — avait consacré toute la dernière partie de sa vie à un travail qui n'est rien moins qu'un monument élevé à la gloire de la cavalerie française, à laquelle il l'a dédié. Après s'être livré à l'enquête la plus longue, la plus consciencieuse, la plus minutieuse, la plus impartiale aussi, sur les charges à jamais mémorables du 1ᵉʳ septembre 1870, à Sedan ; après avoir interrogé tous les survivants de ces superbes « courses à la mort », il s'est attaché à consigner le résultat de ses recherches dans les pages, jusqu'ici inédites, que nous publions aujourd'hui, grâce à l'aimable communication qu'a bien voulu nous en faire son fils, M. le lieutenant Rozat de Mandres.

Nous n'avons pas besoin d'insister sur l'intérêt que peut présenter cette étude, la plus complète, la plus exacte et la plus fouillée qui existe sur le sujet. Il serait à souhaiter qu'on possédât de semblables monographies sur tous les grands épisodes des principales batailles : c'est alors que l'histoire militaire serait véritablement attachante et féconde en précieux enseignements.

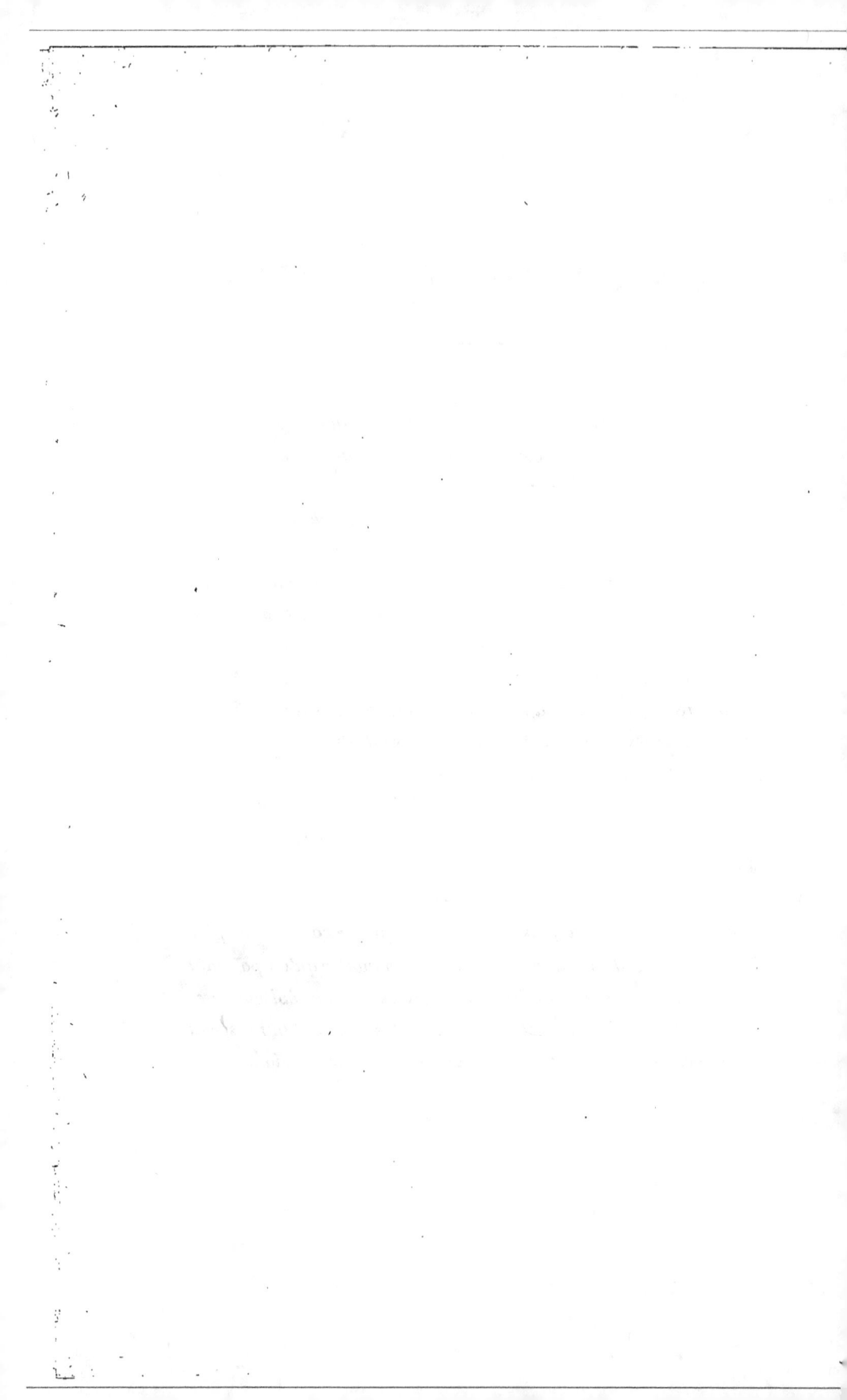

PRÉFACE

Gloria victis!

En 1884, M. le général. Lebrun fit paraître un volume intitulé *Bazeilles-Sedan,* qui fournit l'occasion à certaines individualités rivales de rouvrir un débat énervant ; les journaux qui les soutenaient rompirent alors quelques lances sans conclure, comme à leur habitude.

Le général Lebrun aurait pu se contenter d'écrire les hauts faits de l'infanterie de marine, qui combattit si brillamment sous ses ordres ; le souvenir impérissable de cette troupe héroïque était intimement lié au nom si honoré de son chef intrépide. Le général fut mal inspiré en traitant des choses de la cavalerie, qu'il connaissait moins, et surtout en tranchant un point d'histoire très discuté, sans s'être entouré de renseignements suffisants.

Loin de moi l'idée de m'associer aux âpres critiques dont le général Lebrun fut alors l'objet ; mais sa haute personnalité donna, malgré lui, à la discussion, une ampleur que les affirmations contraires précédentes n'avaient pu développer au même point.

Aussi, la page que le général Lebrun a consacrée aux charges de Sedan a-t-elle besoin d'être rectifiée.

L'organisateur savant du 3e corps d'armée n'a parlé cette fois, malheureusement, que par ouï-dire, et il a de nouveau posé la question en croyant l'avoir résolue.

Après plus de vingt années ([1]), on trouve donc encore des adversaires pleins de passion qui discutent, qui ergotent et ne concluent pas ; ils vont jusqu'à confondre les charges de Sedan avec ceux qui revendiquent l'honneur de les avoir commandées ; sous leur plume, ces fastes militaires s'étiolent, diminuent, disparaissent

---

([1]) Écrit dès 1891. (*Note des Éditeurs.*)

presque, et il ne reste plus vraiment que la banale question d'un commandement controversé, tant il a été, en fait, mal défini ; il n'a eu d'ailleurs ni le temps, ni les moyens de l'être davantage.

Lorsque parut *Bazeilles-Sedan,* le hasard de la vie de garnison, qui avait réuni des officiers ayant combattu côte à côte, de vieilles relations de camaraderie d'Afrique, les fonctions mêmes que je remplissais (¹) me mirent à même de rassembler en peu de temps les éléments d'une réponse au général Lebrun.

J'étais très vivement sollicité de la faire : je n'appartenais à aucune coterie ; je n'avais servi dans aucun des régiments engagés ; dans chacun d'eux, je comptais de nombreux amis ; en un mot, j'étais absolument indépendant et en dehors de la discussion, bien en situation pour entendre toutes les versions.

Mes camarades ont pensé que je pouvais écrire ce qu'ils avaient fait, j'ai tenu à justifier cette opinion.

Pendant que, un peu à la hâte, je préparais la « Réponse au général Lebrun », les esprits se calmaient ; bientôt, l'opportunité de cette publication était discutée ; bref, elle ne parut pas, pour des raisons qu'il serait difficile de faire connaître ; j'ai su depuis qu'il y avait alors d'autres « Réponses » préparées, aussi dans le même cas.

Néanmoins, malgré ce temps d'arrêt dans mon travail, les confessions se multipliaient, les documents, les découvertes s'entassaient et, pris de plus en plus par l'intérêt de ce travail de reconstitution d'une grande page d'histoire et de gloire militaire, j'y consacrai définitivement mes loisirs.

J'offre aujourd'hui à mes camarades le résultat de huit ans de recherches ; plusieurs écrivains m'ont précédé et ont publié des relations sur ce même sujet, on trouvera donc forcément ici des points communs avec les travaux parus, quelquefois des phrases semblables : elles viennent de sources communes.

J'ai dédié ce livre « aux officiers de cavalerie qui ont chargé à Sedan », à ceux qui ont tracé un sillon de gloire à la pointe de

---

(¹) Le général Rozat de Mandres était alors sous-chef d'état-major au 12ᵉ corps, à Limoges. (*Note des Éditeurs.*)

leur sabre et qui ont sauvé l'honneur de l'arme dans cette néfaste journée.

Il s'agissait de mettre en relief les faits, puis de répartir à chacun sa part de gloire, souvent payée de son sang ; il fallait dire toute la vérité, avec l'impartialité la plus absolue ; je crois avoir atteint ce but.

J'ai cherché à mettre chaque fait à son point, dans son cadre, avec sa valeur relative. Les renseignements que j'ai réunis constituent en réalité un ensemble de rapports partiels, vrais quant à leurs auteurs, inexacts souvent dans leur juxtaposition, car chacun prêche *pro domo*. C'est dans cette masse de relations qu'il m'a fallu découvrir la vérité et rétablir la suite irréfutable de l'action jusque dans ses détails.

Cette lourde tâche a été plus facilement accomplie en Allemagne par le Grand État-major, qui burinait sa gloire.

Chaque officier m'a donné ses souvenirs dans la plénitude de sa conscience et de son honneur de soldat. Je n'ai pas tout publié : personne ne saurait me blâmer de m'être tu parfois... Mais nos morts glorieux, nos blessés vaillants et ceux dont la mort n'a pas voulu, auront dans ces pages l'histoire véridique de leurs hauts faits. Cette histoire est écrite par eux : ils se sont jugés, les uns les autres, avec cette chaleur des cœurs nobles qui font tout si simplement, qui racontent leurs impressions avec la saveur de l'émotion, avec le mot pittoresque qui jaillit des circonstances ; tous sont donc mes collaborateurs, grands acteurs de ce sombre drame.

J'ai collectionné et mis en ordre tous ces souvenirs, qui ne seront pas communiqués.

Aux amateurs de statistique, je dirai que ce travail a pour base : mille lettres provenant de deux cent vingt-cinq officiers (quelques-unes de sous-officiers alors pourvus de fonctions spéciales). Ces dépositions, souvenirs, confessions, donnent vingt kilogrammes de papiers écrits, cartes, dessins, documents de toute nature.

J'ai appelé ce livre : *Les Régiments de la division Margueritte,* parce que j'ai voulu conserver à chaque régiment son individualité. Nul parmi nous, cavaliers, n'ignore que, pendant cette courte campagne, chacun des cinq régiments qui ont formé la division Margueritte a plus ou moins *tiré de son côté*. La discussion, qui a tant duré entre deux personnalités bien connues, n'a pas d'autre origine que cet antagonisme latent, parfois même déclaré, qui a toujours existé entre les divers éléments de la division.

Le général Margueritte en était la cause première, il ne faut pas le dissimuler ; sa division, nouvellement formée, il est vrai, n'avait aucune cohésion ; la lutte sourde n'était pas limitée seulement aux deux brigades, si peu soudées par le hasard, mais elle existait aussi entre les régiments de la même brigade.

Le général Margueritte avait été remplacé comme colonel, au 1er chasseurs d'Afrique, par le colonel Clicquot. Il est naturel de trouver son successeur inhabile : le général ne se faisait pas faute de témoigner ce sentiment même devant la troupe ; il paraissait ainsi justifier sa préférence pour le colonel de Galliffet, préférence qu'il manifestait en toute circonstance. Un choix hors tour pour une reconnaissance, où le 3e chasseurs d'Afrique prit la place du 1er, par faveur spéciale, sépara davantage les deux régiments, qui se jalousaient déjà, en réalité.

Quant au 4e chasseurs d'Afrique, il ne fut avec la division que deux jours et demi ; le hasard voulut même qu'il perdît en partie la division le 1er septembre. L'individualisme de corps n'a-t-il pas aidé un peu le hasard ?

La brigade Tilliard, formée de deux régiments de France, tenait toujours par le cœur à la division Fénelon, dont elle venait d'être séparée brusquement. Son chef, le général Tilliard, avait été colonel du 3e hussards, à Blidah, pendant que le général Margueritte y commandait le 1er chasseurs d'Afrique ; il y avait encore là une question de subordination délicate, qui se traduisait par une certaine réserve dans les relations.

Bien que ces deux régiments vinssent récemment d'Algérie, c'était toujours la « brigade des Roumis », celle qui avait toujours « la gauche », et le général Margueritte accordait volontiers ses marques d'affection à l'autre brigade, à « la sienne ». Seul, le colonel Bonvoust, du 6e chasseurs, allait volontiers retrouver ses anciens chasseurs d'Afrique, et son régiment en était peu satisfait : « Qu'il y reste, disait-on, puisqu'il s'y trouve bien ! »

Je veux admettre que tous ces sentiments de rivalité soient ceux de la vie courante : il n'en est pas moins vrai que cette désunion, devant l'ennemi, rend parfois les plus beaux efforts stériles, et il appartient au chef vraiment digne de ce nom de grandir avec sa situation, de modifier avec elle sa manière de faire ; le doigté, le tact, la mesure dans le commandement, la juste appréciation des hommes, de leur valeur, de leurs services, l'égalité dans le traitement des diverses unités, qui, elles, sont au-dessus de ces luttes intimes, doivent être la préoccupation constante du chef, qui peut, à un moment donné, se servir également et dans un but unique de tous ses éléments de combat.

Cette digression, peut-être longue, était nécessaire pour faire comprendre au lecteur étranger les dessous du métier, pourquoi les régiments de la division Margueritte se sont si peu soutenus entre eux, lors du suprême effort, malgré l'estime et l'affection que les officiers avaient les uns pour les autres. Cet écartement involontaire, ce manque d'union, expliquent bien des faits qui étonnent, bien des mécontentements qui naissent, bien des inimitiés qui subsistent… longtemps, longtemps, et qui se traduisent toujours.

C'est dans cet état particulier de la division Margueritte qu'il faut trouver le vrai motif qui, après la blessure du général, livre chaque régiment à sa propre initiative. Chacun se ressaisit, individualise son action ; la division fait l'éventail ; chacun s'éloigne un peu et sans parti pris, de son voisin.

Tous les sacrifices sont beaux, grands, nobles et largement faits : oui, certes ! mais le défaut d'unité dans l'effort, l'absence de direction, de commandement, rend presque nul le résultat qu'on serait en droit d'espérer.

Les charges héroïques de Sedan ont-elles produit un effet utile ? Peut-être ! et c'est encore discuté. Ont-elles ralenti un moment la marche victorieuse de l'ennemi ? C'est possible ! mais de hautes autorités militaires n'ont pas craint d'affirmer, au contraire, que le retour des escadrons brisés et des bandes de chevaux fous avait jeté le désordre dans les dernières lignes de notre infanterie et précipité la retraite vers Sedan, au point d'en faire même une déroute.

J'ai entendu, plusieurs fois, cette opinion émise et soutenue par des divisionnaires, par des commandants de corps d'armée qui avaient été présents aux charges. Le général de Wimpffen a écrit de sa main, en marge du rapport du général de Galliffet, que la charge avait été *intempestive;* je ne saurais admettre, ni discuter cette épithète.

La vérité, c'est que ces charges ont rétabli l'honneur militaire compromis par la défaite, et ces glorieux épisodes brilleront toujours comme des étoiles dans un ciel sombre. Le rôle de la cavalerie, quand sonne l'heure néfaste des revers, se borne au sacrifice. Les cavaliers de Sedan, comme ceux de Frœschwiller, ont été à hauteur de leur tâche glorieuse. Voilà ce qu'il faut dire bien haut aux jeunes gens qui, plus heureux que nous, n'ont pas connu les douleurs de la défaite.

La lecture du sacrifice de leurs devanciers leur sera salutaire. Ils apprendront à respecter leurs anciens, glorieux plus encore dans les revers que dans les victoires dont les noms brillent en lettres d'or sur la soie de nos étendards.

Waterloo, Frœschwiller et Sedan sont, pour la cavalerie française, trois défaites glorieuses, qui forcent l'admiration de l'ennemi.

Si nous ne sommes pas maîtres de la victoire, qui dépend du commandement, nous sommes toujours, nous, cavaliers, les maîtres de bien mourir et de tomber le sabre à la main, plus grands que le vainqueur lui-même, dans un suprême et dernier élan.

Ceux qui liront ce livre verront que les cavaliers de 1870 peuvent être pris pour modèles : leur gloire pourra être atteinte, elle ne sera jamais dépassée.

Général ROZAT, chevalier DE MANDRES.

1899.

LE GÉNÉRAL DE DIVISION MARGUERITTE

MORT GLORIEUSEMENT A SEDAN, LE 1er SEPTEMBRE 1870

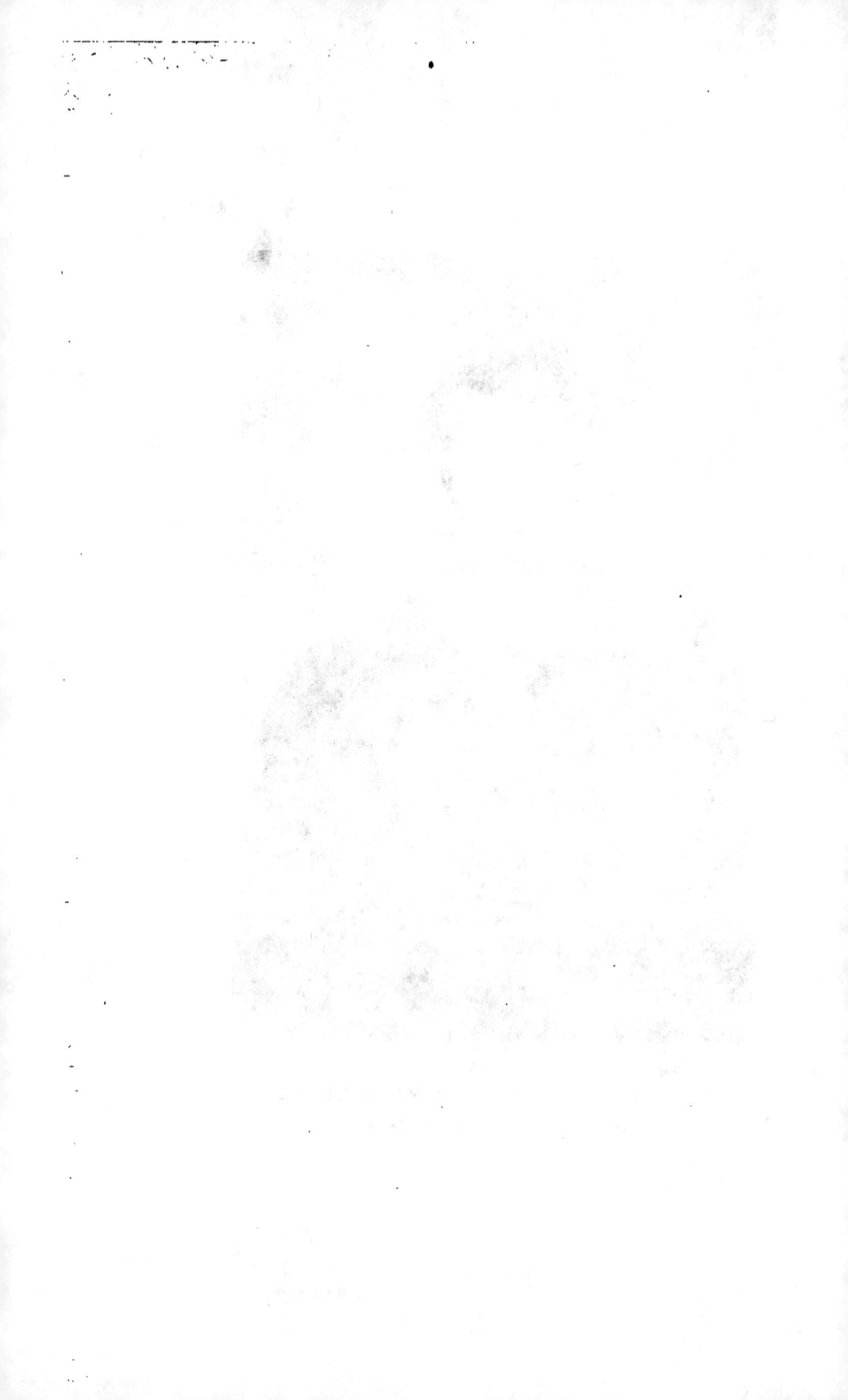

LES RÉGIMENTS

DE

LA DIVISION MARGUERITTE

ET LES CHARGES A SEDAN

CHAPITRE I

LES RÉGIMENTS DE LA DIVISION MARGUERITTE
JUSQU'A LEUR RÉUNION

A. — *Division du Barail — Brigade Margueritte*
1ᵉʳ et 3ᵉ régiments de chasseurs d'Afrique

Le 1ᵉʳ chasseurs d'Afrique était en garnison à Blidah, lorsqu'il reçut, le 14 juillet 1870, l'ordre de former quatre escadrons de guerre.

Le 23, il quittait Blidah et faisait étape à Douéra.

Le 24, il était à Alger ; le 25, il s'y embarquait. L'état-major et les 3ᵉ et 4ᵉ escadrons partaient le 26 au soir, sur l'*Intrépide ;* les 5ᵉ et 6ᵉ, sur le *Jura,* à 4 heures du matin, le lendemain 27.

Le 28, à 7 heures du soir, après une heureuse traversée, le régiment était réuni à Toulon et, vers 11 heures, installé au bivouac sur le « Champ de bataille ».

Pendant la matinée du 29, on fit les distributions ; elles furent longues et difficiles ; puis, vers 1 heure, le régiment partit par les voies ferrées.

Deux trains, passant par Lyon, Dijon et Vesoul, l'amenèrent à

Lunéville le 31, à 5ʰ30 du soir. Le voyage avait été très lent et, pendant les arrêts, qui furent nombreux et prolongés, les bouteilles de vin offertes par les habitants ne se comptèrent malheureusement pas.

Le général Margueritte avait devancé l'arrivée des escadrons ; embarqué le 27 juillet à bord des Messageries impériales, il était arrivé à Lunéville depuis le 30.

Le régiment fut installé le jour même de son arrivée, à 7 heures du soir, à son bivouac au fond du « Bosquet », sous les grands arbres du beau jardin créé par le roi Stanislas, et les officiers de la division de Lunéville commandée par le général vicomte de Bonnemains, qui partait le lendemain matin, reçurent aussitôt après leur descente de cheval leurs camarades des chasseurs d'Afrique, auxquels ils tenaient à souhaiter la bienvenue.

Le 3ᵉ chasseurs d'Afrique était en garnison à Constantine ; il reçut, le 12 juillet, l'ordre de former quatre escadrons de guerre.

Le 18, il quitte Constantine et fait étape à Sainte-Wilhelmine (grand'halte à Smeridou).

Le 19, grand'halte à Saint-Charles, et le régiment arriva le soir à Philippeville, où il attendit plusieurs jours son embarquement ; la ville était encombrée de tous les corps qui s'y concentraient.

Le 28, une partie de l'état-major et le 6ᵉ escadron obtinrent enfin de partir. Ils s'embarquèrent à Stora par une mer houleuse qui rendit l'opération difficile, car les hommes et les chevaux étaient obligés de profiter du flot pour sauter dans les barques et dans les chalands.

Arrivés à Toulon, le 30 au soir, ils ne débarquèrent que le 31 au matin et partirent pour Lunéville, le même jour à minuit et demie. Le 3 août, dans la matinée, ils étaient installés au « Bosquet » à côté du 1ᵉʳ chasseurs d'Afrique.

Les deux régiments de la brigade Margueritte devaient faire partie de la division du Barail, qui se formait à Lunéville ; ils constituaient la 1ʳᵉ brigade de chasseurs d'Afrique.

La 2ᵉ brigade de la division du Barail était formée des 2ᵉ et 4ᵉ régiments de chasseurs d'Afrique, sous le commandement du général de brigade de Lajaille ; le 4ᵉ ne devait jamais rejoindre sa brigade.

Les journées des 1ᵉʳ, 2, 3, 4 et 5 août furent consacrées à la formation de la division ; le 6, elle manœuvra sur le terrain du Champ de Mars ; mais il n'y avait encore que les 1ᵉʳ et 2ᵉ régiments, un escadron du 3ᵉ et les trois batteries d'artillerie qui étaient attachées à la division.

Comme conséquence de nos désastres de Reichshoffen et de Forbach, le 6 août, le général du Barail reçoit, le 7, l'ordre de se replier sur Saint-Mihiel et, le même jour, après une manœuvre de deux heures et demie, on monte à cheval par alerte, à 1 heure de l'après-midi ; la division part aussitôt pour Nancy, où elle arrive vers 6 heures du soir ; elle bivouaque à Tomblaine.

Le 8, la division part à 5 heures et va faire étape à Bernécourt en passant par Frouard et Marbache. A Bernécourt, tandis que les habitants apportaient du vin, beaucoup trop de vin, aux chasseurs d'Afrique…, quelques paysans vinrent se plaindre au général Margueritte qu'on leur avait volé des lapins et des poules ; on trouvait d'ailleurs difficilement à vivre à Bernécourt et, dans une popote (¹) où chacun se mit en quête pour avoir un plat, la table fut chargée d'omelettes.

Le 9, on arrive à Saint-Mihiel vers 10 heures du matin.

En partant pour Saint-Mihiel, le général Margueritte fit arrêter sa colonne, réunit les officiers, et prenant texte des désordres de la veille, il flétrit vivement la conduite des hommes, « dans un moment, disait-il, où la France était en deuil » ; il fit à cette occasion de durs reproches au colonel Clicquot.

A Saint-Mihiel, la division du Barail (1ʳᵉ division de réserve de cavalerie) se trouva réunie, moins le 4ᵉ chasseurs d'Afrique ; elle campa sur les bords de la Meuse, à 1 kilomètre de la ville.

Les trois escadrons du 3ᵉ chasseurs d'Afrique étaient arrivés depuis le 7 au soir.

Ces trois escadrons, après une longue attente de quinze jours, avaient enfin pu s'embarquer le 3 août. Débarqués à Toulon le 5, à 4 heures du soir, ils en repartaient le 6, à 6 heures du matin.

─────────────

(¹) Au 6ᵉ escadron du 3ᵉ chasseurs d'Afrique.

Un seul train les amenait à Commercy le 7, à 6 heures du matin ; après un arrêt de quelques heures, deux trains les conduisirent à Saint-Mihiel, le premier partit à 8 heures du matin, le deuxième à 2 heures de l'après-midi ; à 9 heures du soir, les trois escadrons étaient réunis et attendaient la division pendant trente-six heures.

En arrivant à Saint-Mihiel, le général du Barail trouva l'ordre de se rendre en trois jours à Metz ; il devait faire sa première étape le lendemain 10.

L'Empereur avait en effet décidé d'appeler à lui la division du Barail pour l'employer aux reconnaissances.

Mais tout à coup, vers le soir, une dépêche du major général enjoignit au général du Barail de « *partir sur l'heure, d'arriver d'urgence, s'il le pouvait* »...

A 9 heures du soir, la division se met en route par Vigneulles et Gorze.

Après une marche de nuit de 56 kilomètres et demi, parcourus presque d'une traite avec les chevaux chargés de quatre jours d'avoine et presque tous encore déferrés (les chevaux avaient été déferrés pour faire la traversée), le lendemain 10, à 9ʰ30 du matin, la division arrivait à Metz et allait camper au Ban-Saint-Martin.

Chacun se demandait, pendant la route, quelle pouvait être la raison urgente d'une marche si précipitée ? On se livrait aux suppositions les plus osées : l'arrivée à Metz n'en révéla pas le motif, on peut le dire aujourd'hui.

Le major général était bien étranger à cet ordre : il avait été envoyé à la suite d'une gageure ; le général Lebrun avait dit au général Jarras : « Voulez-vous parier que les chasseurs d'Afrique, qui sont partis ce matin de Bernécourt, seront ici demain matin ? » une dépêche avait été lancée et le général Lebrun avait gagné son pari.

Les régiments n'avaient laissé en arrière ni un homme ni un cheval : c'est une des marches forcées les plus remarquables que la cavalerie ait faites. Les escadrons venus de Bernécourt avaient parcouru 81 kilomètres et demi (¹).

(¹) De Bernécourt à Beaumont, 4ᵏᵐ,500 ; de Beaumont à Saint-Mihiel, 20ᵏᵐ,600 = 25 kilomètres. De Saint-Mihiel à Vigneulles, 17 kilomètres ; de Vigneulles à Gorze, 24ᵏᵐ,500 ; de Gorze à Metz, 15 kilomètres = 56ᵏᵐ,500.

On parlait beaucoup à Metz de cette marche des chasseurs d'Afrique ; le 10, le prince impérial, « le petit prince », comme on disait alors, vint visiter le camp.

Le 11, la pluie battante dura toute la journée, le service des reconnaissances commença ; le colonel de Galliffet avait obtenu de marcher le premier, bien que ce ne fût pas son tour ; il partit avec deux cent cinquante hommes de son régiment (soixante cavaliers choisis par escadron) et fut envoyé dans la direction de Dieuze, sur la rive droite de la Seille, par Borny et Nomeny ; il rentra au Ban-Saint-Martin à 6ʰ30 du soir, ayant fait aux grandes allures 80 kilomètres avec des chevaux non encore tous ferrés ; la troupe était très fatiguée, mais on avait reconnu où était l'ennemi, qui nous enleva du reste un brigadier.

Le 12, eut lieu le coup de main sur Pont-à-Mousson.

Coup de main sur Pont-à-Mousson

Le 12 août, la division du Barail était donc à son bivouac, sous Metz, lorsque le bruit se répandit que Pont-à-Mousson était occupé par les Allemands.

C'était exact : à 11 heures le matin même, quatre dragons d'Oldenbourg étaient entrés dans la ville en éclaireurs ; à midi, un escadron et demi mettait pied à terre sur la place devant l'hôtel de ville, les hommes vêtus de leur capote, le collet relevé.

Le général Margueritte reçut bientôt, du général du Barail, l'ordre de se rendre à Pont-à-Mousson avec sa brigade, d'en chasser l'ennemi, et surtout de faire des prisonniers, pour avoir des renseignements plus certains que ceux qu'on avait recueillis jusqu'alors.

Il était environ 11ʰ30.

Le général fit sonner à cheval avec le refrain de la brigade ; un certain nombre d'officiers étaient allés à Metz : de tous côtés, ils rejoignirent à la hâte et l'on partit à 1ʰ30, en emportant trois jours de vivres pour les hommes et les chevaux.

Le 1ᵉʳ chasseurs d'Afrique marchait en tête, son 3ᵉ escadron en avant-garde ; puis venaient les 4ᵉ, 5ᵉ et 6ᵉ escadrons. On se dirige lestement sur Pont-à-Mousson en suivant la rive gauche de la

Moselle ; sur les collines, de loin en loin, on aperçoit quelques ulans isolés qu'on néglige.

Presque d'un seul temps de trot, vers 4 heures, on arrive en vue de Pont-à-Mousson.

Le 3e régiment de chasseurs d'Afrique fait halte sur la route (rive gauche de la Moselle), où il est placé en réserve.

Le général Margueritte, qui avait marché avec le 1er régiment, arrête la colonne, fait charger les armes et se porte à l'avant-garde.

Cette avant-garde était alors exactement à 1 380 mètres de la ville, au passage à niveau du chemin de fer de Nancy à Metz.

Le général donna là ses ordres de détail : « Le capitaine en second Laffon, avec les deux premiers pelotons du 3e escadron, devra traverser la ville à bonne allure pour permettre au régiment d'y pénétrer sous sa protection ; le général l'appuiera du reste de très près avec la 2e division du 3e escadron et le 4e tout entier.

« Pendant ce temps, les 5e et 6e escadrons se porteront directement par la voie ferrée sur la gare. »

Depuis le passage à niveau, la voie est en remblai jusqu'à la gare, sur un parcours de 2 130 mètres.

Le mouvement fut exécuté comme l'ordre en avait été donné.

Le capitaine Laffon avertit ses trois officiers : le lieutenant en premier de Rastignac et le sous-lieutenant de Groulard, du 1er peloton, le sous-lieutenant Lardier, du 2e, qu'il faut pénétrer coûte que coûte dans Pont-à-Mousson ; on prendra le galop en approchant des maisons ; à ce moment, on mettra le sabre à la main : il faut surprendre les Allemands.

Le demi-escadron de Laffon part de suite au trot et prend le galop à 500 ou 600 mètres plus loin, en entrant dans les jardins du faubourg ; la colonne essuie alors sans y répondre le feu de quelques vedettes embusquées dans ces jardins en contre-bas de la voie ferrée ; l'une d'elles, placée à l'entrée de la ville, est tuée par le brigadier Laurent ; et les chasseurs s'engouffrent ventre à terre dans la ville aux acclamations des habitants qui se mettent tous aux fenêtres.

En arrivant le matin dans Pont-à-Mousson, l'officier allemand qui commandait la reconnaissance s'était fait donner par le maire une déclaration écrite « certifiant qu'il n'y avait pas de troupes françaises dans les environs »; aussi chacun était-il allé fort tranquille à sa besogne : les cavaliers, à leur aise en veste de toile blanche, faisaient referrer leurs chevaux ou les pansaient; les officiers et une partie des hommes prenaient leur repas, lorsque la ville fut en un instant envahie par les chasseurs d'Afrique.

« Ils sont à la gare, à la gare », criaient les habitants. En effet, les Allemands avaient commencé à détruire la voie ferrée; la gare, située à droite de la ville, était solidement occupée par l'ennemi. En arrivant sur la grande place, aux Arcades, le sous-lieutenant Lardier à la tête de son peloton, le 2ᵉ, tourne franchement à droite vers la gare, tandis que le capitaine Laffon continue son galop de charge à travers la ville par la grande rue, sur le pavé glissant.

A l'arrivée du 1ᵉʳ peloton, la plupart des cavaliers allemands— hussards de Brunswick, dragons d'Oldenbourg — surpris brusquement se cachent dans les maisons, dans les jardins; un fort groupe, qui a eu le temps de sauter à cheval, fuit à toute vitesse sur la route de Nomeny—Nancy par la rive droite; Laffon, de Rastignac et le 1ᵉʳ peloton, lancés après lui, le joignent, le sabrent, le poursuivent durant 2 kilomètres.

Pendant ce temps, Lardier arrive promptement à la gare; une douzaine de dragons allemands qui avaient mis pied à terre détruisaient la voie; ils s'étaient emparés du télégraphe; mais le chef de gare avait pu prévenir à Metz de l'arrivée de l'ennemi et couper la communication.

Lardier fond sur les dragons et se rend maître de la gare; il est presque immédiatement rejoint par la 2ᵉ division de son escadron (le 3ᵉ), commandée par le capitaine commandant Fougeras, le lieutenant de Marsaguet, le sous-lieutenant d'Arcy, qui le suivait de près, et par les 5ᵉ et 6ᵉ escadrons; ces trois fractions abordaient la gare par l'intérieur après un galop furieux de 2 kilomètres sur la voie.

Deux chevaux eurent les sabots pris dans les cœurs des rails; celui du lieutenant de Marsaguet eut ainsi la paroi complètement arrachée en entrant dans la gare, et de Marsaguet s'en fut rouler dans une fosse à escarbilles.

C'est en vain que, au milieu de cette trombe de cavaliers, les hussards et les dragons allemands essaient de remonter à cheval : ils sont sabrés ou faits prisonniers ; un officier, le lieutenant de Toll, et quelques cavaliers réussissent à s'échapper à travers la prairie après avoir traversé la Moselle à la nage ; plusieurs ne purent gagner l'autre rive et se noyèrent.

Le général Margueritte, suivant et appuyant le capitaine Laffon, a, de sa personne, pénétré dans la ville en tête du 4e escadron en colonne par quatre (capitaine commandant Leroy), précédé seulement à 10 mètres par une avant-garde de quatre hommes commandés par le brigadier Solenne.

Le général passe au galop le pont de la Moselle et monte tout droit la rue des Frontières(¹); arrivé à 250 mètres du pont, dans la partie haute du faubourg de Mousson, il est salué à gauche par une décharge de mousqueterie tirée de derrière les persiennes fermées d'un rez-de-chaussée élevé de trois marches.

En tête de la colonne, le chasseur Robert, ordonnance du sous-lieutenant Reverony, est tué raide.

La maison d'où les coups de feu étaient partis, était une auberge, l'*Hôtel du Lion d'Or,* dont la vaste écurie attenante s'ouvrait au delà sur la rue par un grand portail carré.

Cette auberge et ses dépendances étaient occupées par un détachement prussien fort d'au moins trente hommes, qui s'y trouvaient enfermés depuis le passage du capitaine Laffon.

En effet, à cette brusque irruption, les Allemands surpris, n'ayant pas eu le temps de faire feu, avaient promptement poussé la porte, oubliant la clef à l'extérieur, et un vieux sergent de ville, sur l'ordre du sous-lieutenant de Groulard, ferma la porte et retira la clef que de Groulard mit dans sa poche, avec l'intention de revenir ; il revint, il est vrai, bientôt, avec le capitaine Laffon ; mais l'auberge était déjà enlevée.

En même temps que le rez-de-chaussée de l'auberge se garnissait de feux, quelques coups de fusil partaient également de la maison de l'autre côté de la rue, un peu plus haut et presque en face de l'auberge.

Le général s'était arrêté sans mettre pied à terre et calmait ses

---

(¹) Aujourd'hui rue Gambetta.

chasseurs, en disant : « Doucement, mes enfants, doucement » ; il avait à sa droite le sous-lieutenant Reverony, à sa gauche les capitaines Henderson et Braün ; rapidement, sur son ordre, quelques chasseurs descendirent de cheval et allèrent tirer au jugé dans les persiennes au travers desquelles ne tarda pas à s'agiter un mouchoir blanc.

On attendait la reddition des Allemands, lorsque, brusquement, la porte cochère s'ouvre du dedans : une décharge éclate ; trois ou quatre chasseurs roulent à terre, le brigadier Laurent est tué. C'était le plus vieux brigadier du régiment : Laurent portait, sur la poitrine, quatre croix ou médailles qui témoignaient de ses vingt-quatre années de loyaux services.

Un hussard, le mousqueton à la main, s'élance au galop pour passer à la droite de Reverony, qui se tourne et lui envoie un coup de revolver ; l'homme, mortellement atteint, va tomber près du colonel Clicquot, qui, en lui portant un coup de pointe à faux, brise sa lame près de la garde(¹).

Le général Margueritte était en même temps chargé par un autre cavalier. Celui-ci, monté sur un cheval bai-cerise clair et le mousqueton haut, jette son coup de fusil, reprend son sabre qui pendait au poignet par la dragonne et cherche à se frayer un passage ; le capitaine Braün le pointe sans résultat, le hussard pousse alors franchement à sa gauche sur le général et lui assène sur la tête un coup de sabre assez violent pour couper les galons, le drap et le cuir du képi(²); le général s'écrie : « Oh ! malheureux ! » se baisse, parant en partie l'attaque, et riposte par un coup de pointe. Chacun s'empresse pour dégager le général ; mais le sous-lieutenant Reverony a déjà abattu d'un coup de revolver le hussard qui, atteint sous le bras dans la région du cœur, tombe tué raide.

Ce vigoureux soldat fut rouler sur le trottoir, avec son cheval tué : il s'appelait Mügge (Frédéric); son livret a été conservé. Le général, trompé par la petite soutache d'uniforme de Mügge, a

---

(¹) A Pont-à-Mousson, où la lame existe encore, on la donne comme étant celle du général Margueritte.

(²) Ce képi à feuilles de chêne fut placé dans les cantines du général qui rétrogradèrent de Mars-la-Tour à Metz et furent pillées après la capitulation.

écrit que c'était un officier : il a fait erreur. Un troisième cavalier allemand tombait également mortellement frappé.

Cette bousculade était à peine terminée que tous, général, état-major et chasseurs, se précipitaient sur la porte cochère. Le feu cessait aussitôt sur l'ordre donné par un officier allemand d'origine hanovrienne, qui se tenait à pied près de la porte et rendit son épée.

Mais les chasseurs furieux avaient pénétré dans l'écurie, où il y eut une forte bagarre, puis dans les dépendances, en passant par le jardin. Le chasseur Micaud, ordonnance du capitaine Braün, y fut blessé mortellement; il mourut quelques jours après à l'hôpital de Metz, ayant reçu la médaille militaire en récompense de sa conduite, car, après sa blessure, il avait tué ou blessé de sa main quatre Allemands qu'il avait trouvés dans un vaste caveau.

Une partie du détachement ennemi avait pu gagner la campagne en escaladant les murs du jardin.

Pendant que ceci se passait à l'auberge, le sous-lieutenant Ericau recevait prisonniers, à sa sommation, les hussards enfermés dans la maison située en face; parmi eux se trouvait un tout jeune officier, qui étudiait sa carte en déjeunant, avec un camarade, quand les chasseurs étaient arrivés; l'autre officier avait pu se sauver par les jardins.

La 2ᵉ division du 5ᵉ escadron avait quitté la gare, où tout était terminé, et, dirigée par le commandant Delorme, le capitaine en second Faivre, les sous-lieutenants Launet et Royer, elle avait au galop contourné la partie nord de la ville, faisant quelques prisonniers dans les jardins; l'un d'eux, caché dans un puits, était accroché par les mains à la margelle.

Pont-à-Mousson était enlevé.

Le ralliement du 1ᵉʳ chasseurs d'Afrique se fit à la sortie de la ville (direction de Nancy, rive droite); il y avait trente-cinq prisonniers, dont deux officiers.

Le général Margueritte lança de suite des reconnaissances dans toutes les directions.

Le capitaine Laffon, avec le 1ᵉʳ peloton du 3ᵉ escadron (de Rastignac et de Groulard) renforcé du 3ᵉ peloton du 5ᵉ escadron

(Royer), fut chargé d'occuper de suite le pic de Mousson, au vieux château qui domine le pays.

Le lieutenant-colonel Ramond, avec la première division du 5e escadron (capitaine en second Marquier) et tout le 6e (capitaine commandant de Bancarel), prit la voie du chemin de fer dans la direction de Frouard.

Le 2e peloton du 3e escadron (Lardier) se portait en même temps sur la route de Nancy.

Pendant que ces dispositions étaient prises, la voie ferrée que les Allemands avaient coupée était rétablie, et un train portant de l'infanterie (21e régiment, 6e corps, maréchal Canrobert) avait pu entrer en gare.

Le général Margueritte fit débarquer une compagnie et l'envoya soutenir le capitaine Laffon au pic de Mousson. — De ce piton, on apercevait distinctement sortant du bois des groupes de fantassins allemands indécis; un moment, ils parurent venir à nous; mais la présence de la compagnie du 21e, qui débouchait alors clairons sonnant, fit cesser leurs hésitations et ils se retirèrent vers le bois.

Enfin, le pont de la Moselle était gardé par une autre compagnie avec deux pièces de canon. Le pavé de ce pont était si glissant que plusieurs chevaux s'étaient abattus en arrivant; les habitants vinrent, aussitôt après le passage des chasseurs, jeter de la sciure de bois.

Le général témoignait par ces mesures son intention de conserver Pont-à-Mousson en le mettant à l'abri d'une nouvelle attaque : l'embranchement de Metz à Frouard avait une si grande importance!... mais une dépêche du quartier général l'obligea à se retirer.

Le jour baissait : le général Margueritte rappela ses détachements; la compagnie d'infanterie rejoignit la gare, où elle s'embarqua en emmenant les prisonniers. Ce fut le dernier train d'infanterie qui put passer et rallier l'armée de Metz.

Il était 8 heures et la nuit tombait, quand la brigade quitta Pont-à-Mousson; ses bagages, partis sans ordres du Ban-Saint-Martin, arrivaient au même moment : le général en témoigna un grand mécontentement et leur fit faire immédiatement demi-tour.

La colonne rentra sous Metz vers 2 heures du matin, ramenant avec elle quelques dépouilles opimes et quarante et un chevaux de prise qui furent vendus le 14 au Ban-Saint-Martin. Beaucoup de ces chevaux étaient blessés; les quatre cinquièmes, déferrés, disaient assez quel dur service ils venaient de fournir.

Le 1er chasseurs d'Afrique avait eu deux hommes tués et quatre ou cinq hors de combat; quelques chevaux aussi avaient été atteints; l'ennemi avait eu sept hommes tués et plusieurs noyés.

Le coup de main avait pleinement réussi; il avait été mené avec vigueur et intelligence : le 1er chasseurs d'Afrique pouvait enregistrer un succès nouveau.

C'était le tour de marche qui lui avait fourni cette bonne occasion : aussi, les officiers du 3e chasseurs d'Afrique pensaient-ils tout haut que le colonel de Galliffet leur avait rendu un mauvais service en obtenant la veille, pour son régiment, la faveur de marcher le premier. On observait beaucoup, dans le métier des armes, le tour de marche : on y attachait une sorte de superstition et il semblait que cette bonne surprise de Pont-à-Mousson était la compensation du passe-droit de la veille.

Toute la brigade avait d'ailleurs bien marché : en treize heures, avec trois jours de vivres (hommes et chevaux) par une des plus fortes journées de chaleur du mois d'août et par des chemins fort durs (voie ferrée, rues de ville, coteaux du Mousson), les deux régiments avaient fait en moyenne 80 kilomètres, certaines fractions 90.

L'effectif des Allemands peut être évalué à un escadron et demi, partie des hussards de Brunswick (hussards du Prince Royal), n° 17, partie des dragons d'Oldenbourg, n° 19. Leurs pertes étaient sensibles : elles s'élevaient à deux officiers, quarante-cinq hommes et près de cinquante chevaux.

Un seul poste de vedettes placé dans les ruines du château qui domine le pic de Mousson aurait évité cette surprise. Cette négligence de la part des Allemands nous permit d'arriver jusque sur eux sans avoir été aperçus.

Toute cette troupe était sous les ordres du capitaine de Thauvenay, de l'état-major du Xe corps, et la pointe sur Pont-à-Mousson faisait partie d'une série de petites opérations exécutées dans

la journée du 12 août par la cavalerie allemande en avant de la
IIᵉ armée. Ce fut le jour où son activité fut la plus grande.

Elle ne trouva la cavalerie française en face d'elle qu'à Pont-à-
Mousson.

Le 13, la brigade prit un repos indispensable. Le soir elle reçut
l'ordre de se tenir prête à partir le lendemain, à 5 heures du matin.

Le 14, le mouvement de retraite de l'armée sur Verdun fut
commencé : les bagages passaient, passaient toujours...; enfin la
division, la bride au bras depuis le matin, partit vers 1 heure
pour précéder l'armée par Longeville et Moulins, et, à 4 heures,
elle bivouaquait à Malmaison entre Vernéville et Gravelotte.

Le canon de Borny fut entendu encore longtemps dans la
soirée ; on ne dormit guère, s'attendant à quelque alerte. Le général Margueritte plaça lui-même les avant-postes.

Affaire de Jarny

Le 15 août, la division du Barail continua son mouvement vers
Étain ; les chasseurs d'Afrique avançaient, battant l'estrade et
tâchant de faire des prisonniers pour avoir des renseignements
sur la position et les intentions de l'ennemi.

Dans la matinée, vers 9 heures, la division de Forton, qui marchait parallèlement à la division du Barail, eut un léger engagement avec la cavalerie allemande aux environs de Puxieux ; la
division du Barail se mit en mesure de la soutenir.

Les officiers qui étaient en serre-files reçurent l'ordre de passer
devant le premier rang, et c'est ainsi qu'on put voir, au 3ᵉ chasseurs d'Afrique, le sous-lieutenant de Kergariou ayant à côté de
lui son frère en tenue bourgeoise, coiffé d'une chéchia et le sabre
à la main.

Le groom de ce volontaire si peu équipé pour la charge était
au deuxième rang, monté sur une grande jument de sang, sans
armes, et portait en sautoir des cannes et des parapluies.

Le volontaire de Kergariou fut plus tard blessé, pendant le
siège de Paris, aux éclaireurs Franchetti.

Un officier fut envoyé au général de Forton pour le prévenir que « les chasseurs d'Afrique étaient à sa droite et à sa disposition si besoin était » ; le général de Forton répondit : « Remerciez votre général : ce sont des groupes sans importance ; je n'ai pas besoin de son aide. »

La division du Barail était, à ce moment, à droite de la route qui va de Jarny à Mars-la-Tour et, près de ce dernier village, elle se disposa en échelons. On croyait à une affaire sérieuse, ce ne fut en réalité qu'une alerte.

On voyait bien, de loin en loin, quelques cavaliers ennemis qui nous observaient à distance ; mais on ne pouvait avoir aucun renseignement ni faire aucun prisonnier.

C'est en vain qu'on avait fouillé Saint-Marcel, Urcourt, Bruville et les bois voisins ; le colonel de Galliffet avait lui-même donné la chasse à deux ulans sans pouvoir les atteindre ; le lieutenant Seillier, du 1er chasseurs d'Afrique, n'avait pas été plus heureux sur le flanc gauche, où il avait aussi pris le contact.

Vers 3 heures et demie, la division faisait grand'halte pour prendre le café, dans une prairie près de Jarny, entre les routes de Jarny à Metz et de Jarny à Mars-la-Tour, lorsque deux paysans vinrent prévenir le général du Barail que les ulans étaient dans un petit bois, près de la ferme.

La halte terminée, la division venait de reprendre la route de Gravelotte ; il était près de 5 heures, lorsque le 2e escadron du 3e chasseurs d'Afrique, qui formait l'arrière-garde, aperçut les ulans, venus de la direction de Mars-la-Tour, sortant de la ferme où ils s'étaient glissés après le départ de la division : quelques-uns traversèrent le village de Jarny et vinrent décharger leurs mousquetons sur le peloton d'extrême arrière-garde qui était commandé par le lieutenant Renaud (¹).

Bientôt le colonel de Galliffet fut prévenu qu'une troupe de ulans évaluée à un escadron était dans Jarny. Il fit de suite arrêter son régiment, le dernier de la colonne de la division. Les 1er, 3e et 6e escadrons durent cerner Jarny ; le 2e fut lancé sur l'ennemi.

_____

(¹) Monté sur un excellent cheval bai, *Baptiste*, celui sur lequel il fut tué le 1er septembre.

Cet escadron, commandé par le capitaine de Varaigne, fit aussitôt demi-tour et s'élança à la poursuite des ulans sur la route de Conflans à Mars-la-Tour; les chasseurs, enlevés sur leurs étriers, faisaient le coup de feu au galop comme dans une fantasia. Ce fut une course folle : on voulait à tout prix faire des prisonniers; on oubliait complètement la division pour les ulans qui s'enfuyaient de toute la vitesse de leurs chevaux.

Les chevaux d'Afrique eurent bientôt regagné la distance et les ulans furent joints; il y eut alors de maîtres coups de sabre; l'un, donné par un maréchal, trancha le ligament cervical d'un cheval allemand, dont la tête, pendant quelques pas, ballottait comme une masse inerte.

Le sous-lieutenant Badenhuyer ([1]) montait un cheval alezan, « vite comme une balle »; quatre fois il joignit son ennemi et en eut raison. Enfin, une cinquième fois, il atteint un officier : « Rendez-vous! » lui crie-t-il; l'Allemand répond par un coup de sabre; mais Badenhuyer lui a, d'un coup de revers, coupé la gorge et l'officier roule à terre; et à chaque ulan qu'il touchait, Badenhuyer répétait : « C'est pour mon frère. » Il avait appris le matin même que son frère avait été tué à Reichshoffen.

La poursuite continuait, acharnée; enfin, on avait des prisonniers. La capture de l'un d'eux fut singulière : le maréchal des logis Berger poursuivait un ulan qui, tout à coup, se retourne et lui dit : « Berger, ne me tue pas!... » Berger reconnut à sa grande surprise un vieux camarade du Mexique, qui était avec lui à la contre-guérilla de la Légion belge.

Berger ramena son prisonnier qui, le soir, fit la fête avec les sous-officiers qui l'avaient connu au Mexique.

La supériorité des chevaux arabes s'accusait incontestable. Bientôt, en vue de Mars-la-Tour, les chasseurs se trouvent en présence d'un régiment de cavalerie allemande ([2]); quatre ou cinq ulans, parmi lesquels un officier blessé, galopaient encore devant le lieutenant de La Moussaye, lorsque le capitaine de Varaigne

---

([1]) Cet officier fut tué au Sénégal vers 1880; il commandait alors l'escadron de spahis.

([2]) Il y avait à ce moment trente-quatre escadrons et deux batteries réunis au sud de Mars-la-Tour.

crut devoir arrêter la poursuite ; l'officier allemand se retourna et salua.

L'escadron fut réuni ; un seul cheval était blessé, celui du trompette Noll, aussi les hommes baptisèrent-ils cette affaire : *Jarny sans coton.*

Six ulans avaient été tués ; les blessés étaient nombreux ; ils appartenaient tous à un escadron du 16ᵉ ulans de la brigade Bredow ; cet escadron avait été lancé pour se mettre en liaison avec la cavalerie de la Iʳᵉ armée.

Le capitaine de Varaigne quitta la route au pas, emmenant avec lui douze prisonniers solidement attachés avec des cordes ; il rejoignit sa division, vers 7 heures et demie du soir, au bivouac de Doncourt.

Les prisonniers furent de suite interrogés ; on sut par eux que tous les ponts de la Moselle étaient occupés et que l'armée allemande passait sur la rive gauche pour nous attaquer le lendemain.

Ces renseignements furent transmis de suite au grand quartier général qui les trouva « exagérés » et persista à croire « qu'il s'agissait de simples reconnaissances ».

Tous les ulans, dans leur retraite, n'avaient pas pris la même direction : sept ou huit, coupés de leur route, vinrent passer près d'une maison de Jarny derrière laquelle un peloton (¹) commandé par le sous-lieutenant Bailloud était embusqué ; ils furent poursuivis et pris. Le sous-lieutenant Bailloud, bousculé et renversé dans un fossé avec un ulan, fut sauvé par un de ses chasseurs.

Pendant que cette poursuite avait lieu à la gauche de la colonne, la division avait continué sa route ; le ralliement avait bien été sonné par tous les trompettes, mais nul ne l'avait entendu ; au retour du colonel de Galliffet, le général du Barail lui reprocha vivement, devant la troupe, d'avoir « perdu de vue la division pour galoper » !

Les Allemands suivirent l'arrière-garde de loin sans chercher à l'attaquer : ils savaient que toute la division était à proximité.

Le soir, le capitaine de Varaigne avait une trentaine de lances

---

(¹) 4ᵉ du 1ᵉʳ escadron.

allemandes, munies de leurs flammes, en faisceau devant sa tente ; il y en avait sept ou huit au 1ᵉʳ escadron. La poursuite avait été si chaude que plusieurs chevaux de ulans moururent le soir à la corde comme des animaux forcés.

Cette petite affaire fut d'ailleurs menée avec entrain par l'escadron qui fut engagé.

La division bivouaqua à Doncourt.

Le 16 août, le sort de la brigade Margueritte fut séparé de celui de l'armée de Metz.

L'Empereur avait quitté Metz la veille, le 15 août, et s'était arrêté à Rezonville où il avait couché ; il en partit le lendemain 16 de très bonne heure, se dirigeant sur Verdun.

Après avoir traversé Doncourt, vers 5 heures du matin (il ne faisait pas encore plein jour), l'Empereur passa devant la division du Barail, arrêtée en dehors de la route ; il désira que son escorte fût relevée, et le général du Barail désigna pour accompagner l'Empereur la 1ʳᵉ brigade de chasseurs d'Afrique, dont le chef avait, à son avis, toutes les qualités nécessaires pour remplir dignement cette mission de confiance.

Et c'est ainsi que, le 16 août 1870, la brigade Margueritte, 1ʳᵉ brigade de chasseurs d'Afrique de la division du Barail, reçut l'ordre d'escorter l'Empereur au lieu et place de la brigade de ligne de la Garde (dragons de l'Impératrice et lanciers) qui l'avait accompagné jusque-là.

L'escorte devait à la fois éclairer et marcher à la vitesse de l'Empereur ; il était convenu d'ailleurs qu'elle rallierait sa division le lendemain, après avoir accompli sa mission ; elle devait aller jusqu'à Étain.

En prévision d'une marche rapide, le général Margueritte donna l'ordre d'éliminer de la colonne et de faire passer aux bagages tous les chevaux un peu raides ou légèrement touchés.

Les deux colonels exécutèrent cet ordre : les convois des 1ᵉʳ et 3ᵉ chasseurs d'Afrique se trouvèrent dès lors augmentés dans des proportions considérables ; les effectifs en officiers, hommes et chevaux partants furent sensiblement diminués ; on trouvera à la fin de ce chapitre quelques notes sur les fractions restées à Metz.

On partit rapidement. La route de Doncourt à Verdun était, d'après les renseignements, déjà atteinte par les éclaireurs de l'armée allemande ; en avant de Conflans, la brigade de la Garde fit un à-gauche dans les prés et s'arrêta ; la brigade Margueritte continua seule l'escorte.

À Étain, on fit une courte halte, de 9 à 10 heures, pendant laquelle l'Empereur fit remettre au général Margueritte une somme de 1 000 fr., 500 fr. par régiment, afin que chaque cavalier reçût une gratification.

On se remit en route et la brigade atteignit Verdun vers 1 heure, ayant parcouru 42 kilomètres.

L'Empereur traversa la ville au pas, sans s'arrêter, et partit pour Châlons en chemin de fer. Il fallut trois heures pour former le train qui conduisit l'Empereur à Châlons ; on ne put réunir que des voitures de 3e classe et les banquettes du wagon impérial furent garnies avec les coussins de la calèche découverte qui avait amené l'Empereur à Verdun. Pendant ce temps, l'Empereur attendait dans le bureau du chef de gare, et le Prince impérial reposait sur un lit au premier étage.

Ce fut à la gare même que l'Empereur donna personnellement au général Margueritte les deux croix et les six médailles que celui-ci avait demandées à la suite de l'affaire de Pont-à-Mousson : le capitaine Laffon et le sous-lieutenant Reverony étaient nommés chevaliers de la Légion d'honneur ; les maréchaux des logis Barbier, Ninet, le brigadier Maucourt, les cavaliers Genre, Villemin et Micaud recevaient la médaille militaire.

La brigade fut installée au bivouac, près de la gare, sur les glacis de la place, et on continua à ferrer les chevaux qui, pour la moitié, ne l'étaient pas encore.

Le bruit de la grande lutte qui se livrait sous Metz arrivait confus...

Le lendemain 17, vers 3 heures de l'après-midi, l'ordre d'éloges pour l'affaire de Pont-à-Mousson fut lu à la brigade rassemblée à pied et les décorations accordées par l'Empereur furent remises.

Le général Margueritte voulait rallier la division ; mais le grand quartier général à Metz, jugeant ce retour impossible, prescrivit

au général de se rendre avec ses deux régiments à Sainte-Méne-
hould. Le départ eut lieu à 8 heures du soir. Après une marche
de nuit, la brigade arrivait à sa destination, le 18, à 4ʰ30 du matin;
il pleuvait.

L'affolement de la population était déjà tel, que le lieutenant
Reverony, venant à l'avance pour faire le logement, était pris, par
le gendarme auquel il s'adressait, pour un officier allemand et
devait pour le mettre en confiance ouvrir son caoutchouc et lui
montrer sa culotte rouge. Il est vrai que la gendarmerie n'avait
pas encore vu les officiers de l'armée d'Afrique, qui, seuls, portaient alors la barbe.

La brigade Margueritte se rencontra dans Sainte-Menehould
avec la brigade Tilliard.

Fractions de la brigade Margueritte restées à Metz

Nous avons vu que, le 16 août, le général Margueritte, recevant
l'ordre de prendre l'escorte de l'Empereur, dut, en prévision
d'une marche rapide, laisser derrière lui ses bagages et tous les
hommes et chevaux qui n'étaient pas absolument en bon état.

On fut, surtout au 1ᵉʳ chasseurs d'Afrique, très large dans les
désignations ; beaucoup de chevaux avaient été très fatigués par
la marche de Pont-à-Mousson et l'occasion était bonne pour les
faire reposer. Le général, d'ailleurs, devait rentrer le lendemain :
les hasards de la guerre en décidèrent autrement, et les deux très
fortes fractions des 1ᵉʳ et 3ᵉ chasseurs d'Afrique partagèrent le
sort de la division du Barail qu'elles n'avaient pas quittée.

Il paraît équitable de dire, en quelques mots, ce qu'elles étaient
et ce qu'elles firent jusqu'à la capitulation de Metz.

Le convoi du 1ᵉʳ chasseurs d'Afrique était sous les ordres du
sous-lieutenant porte-étendard Servat de Laisle. Le colonel Clicquot lui adjoignit les sous-lieutenants de Toustain, serre-file au
5ᵉ escadron, et de Montmirail, serre-file au 4ᵉ escadron, qui était
avec son peloton à l'arrière-garde.

Le convoi comptait environ 243 hommes et 233 chevaux,
parmi lesquels figuraient les chevaux de main de tous les officiers.

Le convoi du 3ᵉ chasseurs d'Afrique était sous les ordres du lieutenant Bleichner.

Ces deux fractions, jointes aux bagages du quartier général et au convoi du 2ᵉ chasseurs d'Afrique, formaient le convoi de la division.

Ce convoi, poursuivant sa route dans la direction de Verdun, le 16 août, atteignit Conflans et reçut l'ordre de s'y arrêter.

Massé et garé hors du village, du côté de Jarny, il put voir le soir les remous des grands engagements de cavalerie qui eurent lieu; Conflans était envahi par des isolés, des blessés, des voitures, des prisonniers, enfin une queue de bataille, au milieu de laquelle il fallut toute la discipline des chasseurs d'Afrique pour se maintenir bien serrés et tout prêts à rompre au premier signal. Le soir, le général de division envoya le convoi chercher ses bagages et ceux du 2ᵉ chasseurs d'Afrique.

Les éléments de la brigade Margueritte passèrent la nuit à Conflans; les chasseurs se mirent en blouse et carabine, et, sans bruit, sans ordres, ils firent autour de Conflans un vrai service de sûreté.

Le lendemain, on comptait dix-neuf chevaux allemands tout harnachés dans les coins du bivouac. Sans cette chasse heureuse qui arrêta les patrouilles ennemies, il y eût eu désordre et panique, probablement, dans cette foule de malheureux, où les habitants et les soldats étaient confondus.

A 5 heures du matin, le 17, le général envoya l'ordre au convoi de se diriger sur Vernéville : on partit sans perdre une minute; l'escorte fut organisée en arrière-garde; le convoi était encore en vue de Conflans que déjà cette petite ville était envahie par la cavalerie ennemie.

Puis on passa près du bivouac où les lanciers de la Garde s'efforçaient de réparer les avaries de la veille, et on atteignit Doncourt, où nos colonnes s'entre-croisaient. Force fut de faire un détour et le convoi arriva à Vernéville à 2 heures de l'après-midi, ayant fait 12 kilomètres en neuf heures.

On bivouaqua derrière la division, qui partit bientôt, laissant au convoi l'ordre d'aller à Saint-Privat.

La canonnade éclatait assez proche vers 8 heures, on se mit lentement en route ; deux voitures qu'on réparait et le gendarme qui devait les ramener furent enlevés par la cavalerie ennemie ; un instant avant, le maréchal Canrobert était encore là.

A 1 heure du matin, le 18, par conséquent, après une marche de nuit très difficile par des chemins de traverse et au milieu des troupes en ordre de combat, le convoi rallia la division à Saint-Privat.

Au début de l'attaque, le 18, le général du Barail renvoya le convoi au Ban-Saint-Martin. Ce fut sous le feu que le mouvement s'exécuta. Après un trajet difficile, le convoi rentrait à Metz par Vigneulles.

Le 19, le convoi bivouaquait entre la Maison Blanche et la Maison Rouge.

Le 20, l'ordre arriva de réunir en pelotons les hommes et les chevaux disponibles. Le 1er chasseurs d'Afrique fournit trois pelotons de vingt-quatre hommes, commandés chacun par un sous-lieutenant ; on pouvait à la rigueur former un 4e peloton commandé par l'adjudant. Le 3e chasseurs d'Afrique fournit un peloton complet commandé par un lieutenant. Ce peloton, avec ceux du 1er, constitua le 5e escadron (mixte) du 2e chasseurs d'Afrique.

Le 22, ce nouvel escadron vint prendre place au bivouac sur le glacis du Fort-Moselle, derrière le 4e escadron du 2e chasseurs d'Afrique. Les fractions restant des 1er et 3e se placèrent derrière l'escadron mixte, chacune faisant dès lors, séparément, l'office de petit dépôt pour son régiment.

Le 23, l'escadron prit le tour de service ; il était commandé par un capitaine en second du 2e chasseurs d'Afrique.

Cette mesure était indispensable en raison des grades des officiers et des effectifs différents qu'ils commandaient ; le capitaine se plaçait devant l'escadron quand il rompait et rentrait à son corps au bivouac.

L'escadron mixte fit à son tour le service des avant-postes et des reconnaissances de Ladonchamp à Malroy, c'est-à-dire entre la Moselle et le chemin de fer de Thionville.

L'escadron prit part aux opérations des 26, 31 août, 1er septembre et 7 octobre, dans les rangs du 2e chasseurs d'Afrique.

Vers le 28 août, les petits dépôts rentrèrent dans la place tout en restant administrés par leurs chefs directs.

Puis les mauvais jours vinrent, les chevaux diminuèrent...; une compagnie de partisans à pied de cavalerie fut formée; l'escadron mixte fournit son contingent.

Enfin, dans les derniers jours du siège, les fractions mettaient encore en ligne un escadron à pied et un fort peloton à cheval : cette troupe, composée d'éléments de choix, qui avait résisté à toutes les privations, était encore à même de rendre de réels services.

Le 29 octobre, elle subit le sort commun et fut conduite en captivité.

CHAPITRE II

LES RÉGIMENTS DE LA DIVISION MARGUERITTE
JUSQU'A LEUR RÉUNION

B. — *Division de Salignac-Fénelon — Brigade Tilliard*
1ᵉʳ régiment de hussards — 6ᵉ régiment de chasseurs

1ᶜʳ régiment de hussards

Le régiment était encore en garnison à Niort, lorsque, le 19 juillet, les cinq escadrons actifs furent formés.

Le 23, la première colonne, composée des 3ᵉ, 5ᵉ et 6ᵉ escadrons, partit de Niort, sous les ordres du colonel ; elle fit étape le 23 à Saint-Maixent, le 24 à Lusignan, le 25 à Poitiers, où elle arriva à 9 heures du matin. Le 9ᵉ dragons avait quitté cette ville la veille, pour se rendre à Pont-à-Mousson.

Le lendemain 24, la deuxième colonne, sous les ordres du commandant Noirtin, partait à son tour et suivait le même itinéraire, à un jour de distance.

Le régiment devait d'abord gagner le camp de Châlons par la voie de terre pour y arriver le 15 août, après vingt-quatre jours de marche ; mais il reçut l'ordre de prendre les voies rapides.

En conséquence, la première colonne attendit à Poitiers la deuxième et tout le régiment s'embarqua en chemin de fer, le 27 ; la première colonne partit à 9ʰ 3o du matin ; elle arriva au camp de Châlons le 28 juillet, à 4 heures du soir.

La deuxième colonne arriva le même soir.

Le général Tilliard, qui prenait le commandement de la brigade, était déjà au camp ; il assista au débarquement.

L'autre régiment de la brigade, le 6ᵉ chasseurs, n'arriva que six jours après.

Les deux régiments venaient prendre leur place dans la division de Salignac-Fénelon, dont ils formaient la brigade légère.

La division de Salignac-Fénelon était attachée au 6e corps, commandé par le maréchal Canrobert[1].

Le 1er hussards prit la droite de la division ; il était campé face au grand quartier général, sa droite appuyée au moulin à vent qui est près de Mourmelon-le-Petit.

Du 28 juillet au 5 août, le régiment suivit l'existence habituelle du camp, les détails du service journalier et la manœuvre occupaient la journée ; puis, à 5h 30, chaque jour, les hommes étaient exercés au maniement du nouveau fusil qu'on venait de leur donner.

Le 30 juillet, les hommes furent conduits au théâtre. Entre temps, on avait touché le campement.

Le 1er août, on versa au magasin les flammes des talpacks ; elles furent ainsi mises pour la dernière fois, le dimanche 31 juillet, à l'occasion de la revue du 6e corps qui fut passée par son chef, le maréchal Canrobert.

C'est à cette revue que des mobiles indisciplinés entourèrent le maréchal en criant : « Rrran !... à Paris ! — Oui, on vous y renverra à Paris, canailles que vous êtes ! » leur répond le maréchal indigné ; mais quelques-uns ont déjà saisi la bride de son cheval et le menacent de le jeter à terre ; l'escorte doit mettre le sabre au clair pour dissiper cette horde de furieux ; l'indignation contre eux était si grande qu'on redoutait une collision avec la troupe.

Le 5 août, l'ordre de la division la prévient qu'elle partira le lendemain en deux colonnes : le général de Fénelon n'indique ni le but ni le terme de la marche, il fait connaître seulement qu'on touchera du pain à Sainte-Menehould ; néanmoins, on savait qu'on marchait sur Nancy ; certains officiers avaient même pu se procurer la série des étapes que voici :

6 août : Suippes,

7 août : Sainte-Menehould,

8 août : Verdun,

9 août : Verdun (séjour facultatif),

10 août : Saint-Mihiel,

---

[1] Certain de Canrobert, né le 27 juin 1809 ; promotion de Saint-Cyr de 1828, numéro matricule 1419 ; maréchal de France depuis le 18 mars 1856 : il était déjà la plus pure et la plus haute de nos gloires militaires.

LE GÉNÉRAL TILLIARD

COMMANDANT LA 2ᵉ BRIGADE DE LA DIVISION MARGUERITTE, TUÉ A SEDAN

11 août : Commercy,

12 août : Toul,

13 août : Nancy.

Un escadron du 6ᵉ lanciers était désigné pour rester au camp et recevait comme dépôt tous les indisponibles de la division.

Le 6, la division partit à midi et arriva à Suippes vers 3 heures ; le camp fut installé dans un champ à droite de la route, entre le village et la ferme impériale.

Le dimanche 7, la brigade des lanciers se mit en mouvement à 5 heures, la brigade Tilliard à 6 heures ; toute la division arriva à midi et demie à Sainte-Menehould, passant par Somme-Suippe, Valmy, Somme-Tourbe.

Le 1ᵉʳ hussards campe dans une vaste prairie, à 200 mètres de la ville, sur les bords du canal de l'Aisne.

A Sainte-Menehould, on apprit toutes les mauvaises nouvelles — elles venaient d'arriver — : Wissembourg, Reichshoffen, Forbach... ; on connut toute l'étendue de nos désastres.

L'ordre est donné immédiatement de revenir au camp de Châlons en une seule étape.

Aussi le lendemain, lundi 8, vers 3 heures de l'après-midi, la division, partie de Sainte-Menehould à 4 heures et demie du matin, rentrait à son campement du camp de Châlons, après une étape de 47 kilomètres.

Le service ordinaire fut repris jusqu'au 15. Pendant ces quelques jours, les isolés de l'armée du maréchal de Mac-Mahon rallient par bandes et les troupes nombreuses qui vont constituer la nouvelle armée de Châlons se rassemblent ; l'infanterie de marine arriva le 13.

Le 15, la brigade Tilliard partit pour Clermont-en-Argonne avec une mission spéciale, comme nous le verrons plus loin.

6ᵉ régiment de chasseurs

Le 15 juillet, le régiment, qui tenait garnison à Tarascon-sur-Rhône, reçut l'ordre de former cinq escadrons de guerre. Il devait constituer, avec le 1ᵉʳ hussards, la brigade légère de la division de Salignac-Fénelon.

Le 29 juillet, la première colonne (1ᵉʳ, 2ᵉ et 3ᵉ escadrons) partit de Tarascon sous le commandement du lieutenant-colonel Aubert ; elle fit étape le 29 à Avignon, le 30 à Orange, le 31 à Pierrelatte.

Le 30, la deuxième colonne (4ᵉ et 6ᵉ escadrons), sous les ordres du colonel, suivit le même itinéraire à un jour d'intervalle.

Le régiment, comme le 1ᵉʳ hussards, avait l'ordre de se rendre au camp de Châlons par la voie de terre ; il devait y arriver le 29 août ; mais, à Pierrelatte, il trouva l'ordre de prendre le chemin de fer.

La température était accablante et, comme beaucoup de troupes se rendant au nord suivaient la même direction, la route était jalonnée par les hommes d'infanterie atteints par la chaleur.

Le 1ᵉʳ août, le régiment prit donc la voie ferrée : l'embarquement commença par le 1ᵉʳ escadron à midi ; le premier train quitta Pierrelatte à 10 heures du soir et arriva au camp de Châlons le 3 août dans l'après-midi ; le reste du régiment arriva le 4 à 2ʰ30.

A partir du 5, la vie du régiment se confond avec celle de la brigade dont nous avons indiqué ci-dessus le travail de chaque jour.

Dès le 5 août, le 6ᵉ escadron, commandé par le capitaine Étienne, fut désigné comme escorte du maréchal Canrobert. Cet escadron quitta le camp par le chemin de fer le 12 août et se rendit à Metz, où il arriva le 13.

Le 14, le sous-lieutenant de Vassinhac d'Imécourt fut obligé d'entrer à l'hôpital du camp pour embarras gastrique fébrile ; évacué sur Paris, il y mourut le 28 août.

Le 15 août, au camp de Châlons, la division de Salignac-Fénelon, forte de ses trois brigades, avait, de midi à 3 heures, évolué sur le terrain de courses, derrière la ferme impériale... Le camp n'avait pas entendu ce jour-là les fanfares, les aubades des années précédentes : les vaincus de Wœrth s'y ralliaient toujours, apportant les tristes détails de nos défaites ; la discipline était lente à se rétablir, la confiance était perdue ; on pressentait les malheurs qui devaient s'appesantir sur la France.....

A 6 heures du soir, la brigade du général Tilliard reçut l'ordre de quitter le camp à 8 heures ; le général connaissait seul le but de ce départ précipité : il vint lui-même prévenir les colonels.

On partit à 8ʰ 15.

Le lieutenant d'état-major de Rey, du 1ᵉʳ hussards, prit le service près du général.

Le convoi dut rester au camp.

Le 6ᵉ chasseurs ne comptait plus que quatre escadrons.

La nuit était sombre ; les chevaux, calmés par la manœuvre, marchaient vite. Bientôt les rares lumières du camp disparurent : on ne vit plus que la silhouette des tentes plus accusée sur l'horizon ; elle ne tarda pas à disparaître à son tour. L'atmosphère était lourde, l'orage imminent : il éclata, furieux ; c'était dans la nuit noire, d'un aspect fantastique ; la violence même de l'orage l'empêcha d'être de longue durée, mais les hommes furent mouillés jusqu'aux os.

A 6 heures du matin, le 16, la brigade était à Sainte-Menehould ; elle y fit une halte d'une heure et demie, sur une grande place entourée de plusieurs rangées d'arbres ; les chevaux burent et mangèrent l'avoine ; à 11 heures, après une longue étape totale de 62 kilomètres, elle occupait Clermont-en-Argonne et prenait ses dispositions de défense en attendant...

Le 1ᵉʳ hussards s'était porté en avant de Clermont, entre la route et la voie ferrée ; en arrière de lui, les escadrons du 6ᵉ chasseurs occupaient : le 1ᵉʳ escadron, les Islettes ; le 4ᵉ, la gare ; le 2ᵉ, Froidos ; enfin, le 3ᵉ était en réserve.

Vers 4 heures, un train passa rapidement venant de Verdun, allant sur Châlons ; dans un wagon de 3ᵉ classe se trouvaient l'Empereur et le Prince impérial : la brigade Tilliard était venue protéger leur passage.

Après une nuit passée en plein air, le 17 à midi, la brigade Tilliard repartait pour Sainte-Menehould, où elle arriva vers 4 heures du soir.

Le lendemain même, 18, la brigade Margueritte, trompettes sonnant, arrivait dans cette même ville à 4ʰ 30 du matin et s'installait au bivouac, à côté de la brigade Tilliard, dans une grande prairie qui touche la ville, au nord, du côté des Islettes ; mais à midi, l'emplacement ayant été reconnu trop humide, le camp fut levé et porté sur la hauteur, à la sortie opposée de la ville, à droite et à gauche de la route de Châlons.

Les deux brigades prirent position à mi-côte ; il y avait au-dessous d'elles un ravin riche en jardins fertiles et au fond duquel coule l'Auve. Le général Margueritte établit son quartier dans un moulin à la porte même du camp ; l'hôpital, qui était à proximité du bivouac, mit à la disposition des officiers toutes ses ressources.

Un escadron des guides de la Garde impériale était campé avec la brigade des chasseurs d'Afrique.

Formation de la division Margueritte

C'est à cette date du 18 août que les brigades Margueritte et Tilliard, réunies à Sainte-Menehould, furent effectivement formées en une division commandée par le général de brigade Margueritte ; mais l'ordre ne parut que le 26.

Le 1re brigade, séparée de l'armée de Metz, est attachée à l'armée de Châlons ; elle recevra dès qu'elle pourra le 4e chasseurs d'Afrique, qui n'a pu rejoindre encore.

La 2e brigade est distraite de la division de Salignac-Fénelon qui ne comptera plus que deux brigades.

Les cinq régiments placés sous les ordres du général Margueritte formaient ainsi une des plus belles divisions de cavalerie légère qui eussent jamais existé.

Elle ne relevait désormais que du maréchal de Mac-Mahon.

Cette nouvelle division prit le nom de *2e division de réserve de cavalerie*.

Elle fut, dans le principe, appelée aussi : *division d'éclaireurs de la 2e armée du Rhin*.

Les événements en ont décidé autrement ; elle est connue sous le nom de « Division Margueritte » : c'est le nom glorieux sous lequel elle s'est illustrée ; laissons-le-lui.

La première division de réserve était commandée par le général de division vicomte de Bonnemains et faite avec les 1er, 2e, 3e et 4e régiments de cuirassiers, qui formaient, à Lunéville, la 2e division de cavalerie ; il y eut souvent dans ce numérotage une source d'erreurs.

Avant de suivre la division pas à pas, il est nécessaire de connaître les éléments dont elle vient d'être composée.

La 1re brigade, formée de troupes d'Afrique sous le commandement du général de brigade Margueritte, comprenait les 1er, 3e et 4e régiments de chasseurs d'Afrique.

La 2e brigade était formée de troupes de France ayant longtemps d'ailleurs et tout récemment séjourné en Afrique ; elle était sous le commandement du général de brigade Tilliard et comprenait le 6e régiment de chasseurs, revenant de la province de Constantine en décembre 1869, et le 1er régiment de hussards, revenu de la province d'Oran en 1866.

Une batterie d'artillerie à cheval devait être attachée à la nouvelle division.

Effectifs des régiments au moment du départ de leurs garnisons

Les effectifs au moment du départ pour la campagne étaient les suivants :

BRIGADE MARGUERITTE. — a) *1er régiment de chasseurs d'Afrique :*

Parti de Blidah, commandé par le colonel Clicquot, le régiment s'embarquait à Alger à bord des transports l'*Intrépide* et le *Jura*, le 26 juillet 1870, à l'effectif de 44 officiers, 638 hommes de troupe et 628 chevaux (dont 100 chevaux d'officiers environ).

Il formait quatre escadrons : c'étaient les 3e, 4e, 5e et 6e ; chacun était fort de 125 sabres et 25 hommes à pied, au total 600 hommes ; le surplus était fourni par des ordonnances divers et le petit état-major.

Les numéros des escadrons sont dans l'ordre du « tour de marche » pour les cinq régiments.

b) *3e régiment de chasseurs d'Afrique :*

Parti de Constantine le 18 juillet 1870, commandé par le colonel de Galliffet, le régiment s'embarquait à Stora : le 28 juillet, le colonel et le 6e escadron, à bord du transport la *Dryade ;* puis le 3 août, le reste du régiment à bord du transport l'*Intrépide,* à l'effectif de 39 officiers, 590 hommes de troupe et 572 chevaux (dont 82 chevaux d'officiers environ).

Il formait quatre escadrons : c'étaient les 6e, 1er, 2e et 3e ; chacun était fort de 120 sabres et 25 hommes à pied, au total 580 hommes environ ; le surplus était fourni par le petit état-major.

c) *4e régiment de chasseurs d'Afrique :*

Parti de Mascara, le 20 juillet, commandé par le colonel de Quélen, le régiment s'embarquait à Mers-el-Kébir, les 4, 5, et 7 août 1870 à bord des transports le *Jura,* la *Drôme* et l'*Eure,* à l'effectif de 41 officiers, 612 hommes de troupe, 571 chevaux (dont 77 chevaux d'officiers).

Il formait quatre escadrons : c'étaient les 1er, 2e, 3e et 4e ; chacun était fort de 120 sabres et 30 hommes à pied, au total 600 hommes ; le surplus était fourni par le petit état-major.

Ce régiment rentrait de l'expédition de l'Oued-Guir, dans le Sud-Oranais.

BRIGADE TILLIARD. — a) *1er régiment de hussards :*

Le régiment partit de Niort, commandé par le colonel de Bauffremont, les 23 et 24 juillet 1870, à l'effectif de 44 officiers, 657 hommes de troupe et 630 chevaux (dont 98 chevaux d'officiers environ).

Il formait cinq escadrons : c'étaient les 5e, 6e, 1er, 2e et 3e ; chacun était fort de 105 sabres et 25 hommes à pied, au total 650 hommes ; le surplus était fourni par le petit état-major.

b) *6e régiment de chasseurs :*

Le régiment partit de Tarascon, commandé par le colonel Bonvoust, les 29 et 30 juillet 1870, à l'effectif de : 42 officiers 620 hommes de troupe et 616 chevaux (dont 70 chevaux d'officiers environ).

Il formait cinq escadrons : c'étaient les 6e, 1er, 2e, 3e et 4e ; chacun était fort de 108 sabres et 20 hommes à pied, au total 640 hommes ; le surplus était fourni par le petit état-major.

Ces cinq régiments n'avaient pas emporté leurs étendards.

Les effectifs comparés des régiments au moment du départ de leurs garnisons sont donc les suivants :

RÉGIMENTS	NOMBRE d'es-cadrons	OFFI-CIERS	TROUPE		CHEVAUX	
			à cheval	à pied	officiers	troupe
1er chasseurs d'Afrique . . .	4	44	528	110	100	528
3e —	4	39	490	100	82	490
4e —	4	41	486	126	77	494
1er hussards	5	44	532	125	98	532
6e chasseurs	5	42	546	104	70	546
	22	210	2 582	565	427	2 590
Totaux.			3 147		3 017	

Les effectifs, à la date du 18 août, sont déjà sensiblement plus faibles que ceux qui précèdent, mais diffèrent très peu de ceux qui furent mis en ligne le 1er septembre et auxquels nous renvoyons le lecteur.

Nous avons d'ailleurs fait connaître successivement les causes qui ont amené des diminutions dans les effectifs que nous donnons maintenant.

La division Margueritte n'eut pas d'état-major de division.

Le général avait, comme aide de camp, le capitaine Henderson, du corps d'état-major, et comme seul officier d'ordonnance le lieutenant Reverony, du 1er chasseurs d'Afrique.

Il avait, en outre, amené avec lui d'Alger le capitaine instructeur du 1er chasseurs d'Afrique Braün, à cause de sa parfaite connaissance de la langue allemande.

Dès que la brigade Tilliard passa sous ses ordres, le général adjoignit à son état-major le sous-lieutenant de Senneville, du 1er hussards.

Dans la journée du 1er septembre, le général eut en outre, momentanément, plusieurs officiers détachés près de lui; ils furent désignés par les colonels et pris de préférence parmi ceux qui n'avaient pas de commandement.

Le 1er chasseurs d'Afrique fournit au général Margueritte une escorte de quatre chasseurs.

Le maréchal des logis Weyer, du 1er chasseurs d'Afrique, neveu du général Yusuf, était secrétaire porte-fanion... sans fanion; il conservait dans une *djebirah* les très rares papiers courants nécessaires au service. Les archives de la brigade étaient restées à Metz.

Enfin, en ajoutant le trompette Rigoud et Jean Wurtz, ordonnance du général, avec le chasseur Champagne qui conduisait les chevaux de selle, tous trois aussi du 1er chasseurs d'Afrique, on aura la liste complète des hommes détachés près du général commandant la nouvelle division de réserve.

Le général Margueritte n'avait plus que trois chevaux de selle.

La division n'eut d'ailleurs ni intendance ni prévôté; elle vécut par réquisitions.

Les officiers faisaient, pour la plupart, préparer leur nourriture avec celle de leur troupe.

Nous avons vu les bagages de la 1re brigade rétrograder sur Metz, ceux de la 2e brigade étaient restés au camp de Châlons; ils devaient rejoindre. Nous verrons par la suite ce qu'il en advint.

CHAPITRE III

MARCHES ET OPÉRATIONS DE LA DIVISION MARGUERITTE
DU 19 AU 30 AOUT INCLUS

Le 19 août, le 1er escadron du 6e chasseurs va en grand'garde à Brizeau, en laissant un peloton aux Islettes ; le 2e escadron est à Sivry-sur-Antes.

La journée fut très chaude.

Les bagages de la brigade Tilliard arrivèrent du camp de Châlons.

Le 20, le 1er escadron du 6e chasseurs se rend aux Islettes où il doit coucher ; il voit passer, vers 4 heures, le train qui amène à Châlons la maison de l'Empereur.

A 8 heures du soir, un nuage de poussière, qui s'élève du côté de Sainte-Menehould, indique l'approche d'une troupe de cavalerie, c'étaient les 3e et 6e escadrons du 3e chasseurs d'Afrique qui se portaient rapidement au-devant du 1er régiment.

Le 1er chasseurs d'Afrique, sous les ordres du colonel Clicquot, avait en effet été envoyé à la rencontre d'un fort convoi de six cents voitures de vivres qui rétrogradaient de Verdun sur Reims ; le retard du convoi donna de l'inquiétude au général Margueritte, qui envoya dans la même direction deux escadrons du 3e chasseurs d'Afrique.

A 9 heures, le convoi atteignait Clermont, au moment où les escadrons du 3e y arrivaient eux-mêmes ; à 11h30, tout le convoi était en sûreté.

Les 3e et 4e escadrons du 1er chasseurs d'Afrique et les 3e et 6e escadrons du 3e, sous les ordres du colonel Clicquot, quittèrent Clermont vers minuit et revinrent ensemble aux Islettes.

A 5 heures du matin, le 21, le colonel Clicquot donna au

capitaine Cramparet, commandant le 1er escadron du 6e chasseurs, l'ordre d'escorter le convoi jusqu'à Sainte-Menehould et il continua sa route, laissant en grand'garde le 3e chasseurs d'Afrique.

Les 5e et 6e escadrons du 1er chasseurs d'Afrique, sous les ordres du lieutenant-colonel Ramond, avaient été chargés de protéger au loin le chemin de fer et ne ralliaient à leur tour Sainte-Menehould que le 22.

Le dimanche 21 fut un jour de repos. On en profita pour passer des revues et établir les situations ; on put lire sur tous les murs la nouvelle de la « victoire de Gravelotte » : on espérait la jonction des maréchaux et les troupes redevenaient confiantes.

Les deux escadrons du 1er chasseurs d'Afrique (3e et 4e) rentrèrent à 8h 30.

Les deux escadrons du 3e chasseurs d'Afrique étaient restés en grand'garde, le 3e à Clermont, le 6e aux Islettes.

Le 21 au matin, la brigade Tilliard reçut l'ordre de renvoyer sur le camp de Châlons ses bagages et ses chevaux de main, qui avaient rejoint l'avant-veille, 19 —, au grand mécontentement du général Margueritte, dont le rêve était d'avoir une division vraiment légère.

La 2e brigade eut un vif regret de voir s'éloigner ses bagages ; au convoi du 1er hussards, il y avait environ 80 hommes et 60 chevaux ; au convoi du 6e chasseurs, le petit dépôt, l'infirmerie, tous les deuxièmes chevaux des officiers, à peu près en tout 80 hommes et 60 chevaux.

Le maréchal de Mac-Mahon quitta ce jour-là le camp de Châlons pour se diriger par Reims sur Paris.

Le 22, depuis 10 heures du matin, le camp était levé, les chevaux sellés. On ne partit qu'à 5 heures du soir, après la rentrée des 5e et 6e escadrons du 1er chasseurs d'Afrique, qui arrivèrent à 4 heures, ainsi que les 3e et 6e escadrons du 3e ; toute la journée s'était passée dans une longue attente, la bride au bras.

La division quitte enfin Sainte-Menehould, où elle s'est arrêtée cinq jours, et se dirige vers le nord, en descendant la vallée de l'Aisne.

La marche est vive, l'allure sévère, la route serpente à travers bois sur les flancs de la colline ; après La Neuville-au-Pont, une longue côte conduit à un vaste plateau dénudé, aride, rappelant la Champagne Pouilleuse ; la nuit s'est faite calme et obscure.

Tout à coup, dans le lointain, vers l'ouest, dans la direction du camp de Châlons, l'horizon s'embrase et jette des lueurs sinistres. On se perd en conjectures...

C'était le camp et les immenses approvisionnements rassemblés à si grand'peine que nous livrions nous-mêmes aux flammes.

Quelques dépendances du quartier impérial, les baraquements des troupes, les vastes hangars, les gigantesques constructions du parc à fourrages n'étaient plus qu'un éclatant et immense brasier. Les cavaliers, dirigés par un sous-lieutenant, présentaient une allumette enflammée à chaque meule qui faisait aussitôt une gerbe de feu.

Et une nuit suffit ainsi, du 22 au 23 août, pour anéantir l'œuvre de treize années.

Du quartier impérial même, on enleva les aigles, les tableaux d'Yvon, les objets d'art, tout ce qui pouvait être emporté comme trophée par l'ennemi dont on sentait l'approche triomphante.

Vers 9 heures, la division arrivait à Berzieux (12 kilomètres) et campait en avant du petit village ; les tentes étaient plantées de chaque côté de la route dans des champs de blé récemment moissonnés ; les chasseurs d'Afrique à gauche de la route, la brigade Tilliard en face à droite. Les habitants se conduisirent comme des braves gens et donnèrent aux soldats de la paille, de l'avoine, du pain et du vin.

L'armée de Châlons séjourne à Reims, le maréchal se décide à abandonner la direction de Paris et à marcher au secours du maréchal Bazaine, en faisant une forte courbe sur Mouzon. Le maréchal comptait s'appuyer sur les places de Mézières, Sedan et Montmédy. La division Margueritte dut couvrir le mouvement sur le flanc droit.

Le 23, à 5 heures du matin, dès l'aube, la division se met en

route par une pluie battante et un froid vif; elle fait 20 kilomètres, arrive à Monthois entre 9 et 11 heures et s'installe dans un
immense champ de culture.

Au-dessous de Monthois s'étend une vaste plaine coupée de
bouquets d'arbres.

Les régiments, dès le départ, avaient pris des directions différentes.

Le 3e escadron du 6e chasseurs fut en grand'garde à 3 kilomètres de Monthois.

Trois escadrons du 1er hussards, sous les ordres du colonel de
Bauffremont, vont à Grand-Pré; un seul escadron s'y installe, les
deux autres prennent position dans les villages voisins pour couvrir le large défilé en avant de Grand-Pré.

Deux pelotons, sous les ordres du capitaine Godard-Desmarest, occupent une ferme à 500 mètres de la route, dans la direction de Dun, aux environs de Saint-Juvin.

Un service de correspondance est établi entre Monthois et
Grand-Pré par les soins du 1er escadron (un cavalier à Termes,
un à Mouron, un à Brécy et un à Monthois) et Monthois est mis
en état de défense.

Le 6e escadron (capitaine de Bonneval) est envoyé en reconnaissance; il fait 35 kilomètres environ, passe par Buzancy et
pousse jusqu'à la Meuse à Dun. Les postes ennemis qu'il aperçoit à 800 mètres repassent la rivière à Dun-sur-Meuse même,
sans faire feu.

Le maréchal était sur la Suippe.

Le 24, la division reste en séjour à Monthois.

Le général Margueritte fait paraître des instructions détaillées
sur la conduite à tenir en présence de l'ennemi.

On profite du séjour pour réparer le harnachement. Les
ouvriers selliers des quatre régiments s'installèrent en ville avec
les ouvriers de la localité et on fit un vaste atelier.

Le 3e chasseurs d'Afrique est passé en revue; la veille, le colonel avait trouvé les ceintures mal roulées; il fallait que le bout
extrême vînt finir à la hanche droite : c'était une étude pour
chaque homme qui devait savoir exactement à quelle partie de sa

taille il avait à mettre l'autre extrémité avant de commencer à s'enrouler.

Les escadrons du 1ᵉʳ hussards continuent d'occuper Grand-Pré ; ils font encore des reconnaissances et acquièrent la certitude que l'ennemi occupe la rive droite de la Meuse aux environs de Dun-sur-Meuse.

Le temps avait été couvert toute la journée ; il plut toute la soirée et une partie de la nuit.

Le maréchal était à Rethel.

Le 25, la division quitte Monthois à 5 heures du matin ; le 1ᵉʳ hussards la rallie en route et vers 11 heures, après une marche de 20 kilomètres, elle campe dans une vallée qui s'étend sur les bords de l'Aisne entre Voncq et Semuy.

La division, pendant son trajet, avait ainsi longé le pied de l'Argonne en allant vers le nord ; elle avait traversé vers 7 heures Vouziers, où le 6ᵉ chasseurs, qui tenait la tête ce jour-là, croisa un escadron du 4ᵉ hussards en marche sur Grand-Pré (c'était, dit-on, l'escorte du général de Failly), puis Terron-sur-Aisne, en reconnaissant les défilés sur la droite.

A Vouziers, se trouvait le général Douay (7ᵉ corps); Voncq était occupé par des bataillons du 1ᵉʳ corps (général Ducrot).

Voncq et Semuy sont distants de 3 kilomètres, Semuy est sur le bord même de la rivière ; le camp fut établi sur la rive droite de l'Aisne, les tentes installées au-dessous de la colline de Voncq, dans les champs voisins de la route ; le camp fut consigné : heureusement les pommes de terre étaient en abondance... à portée de la main.

Le 6ᵉ chasseurs, continuant sa route, dépasse Voncq et va s'établir au Chesne, où il reçoit un accueil empressé ; ses grand'gardes poussent jusqu'à Brieulles-sur-Bar (1ᵉʳ escadron), aux Petites-Armoises (2ᵉ escadron) et à Buzancy (un officier et douze cavaliers).

A Semuy, la division reçut sa batterie d'artillerie ; elle arriva vers 1 heure du matin.

Cette batterie, 2ᵉ du 19ᵉ régiment d'artillerie à cheval, commandée par le capitaine Hartung, était partie de Valence le

3o juillet pour Châlons, d'où elle venait ; elle avait à l'effectif :
3 officiers, 81 hommes, 101 chevaux et 6 pièces de 4 rayé de
campagne.

L'armée de Châlons avait fait séjour à Rethel.

Le 26, la division part de Semuy à 5 heures du matin, passe à
Montgon, arrive au Chesne à 7ʰ3o, franchit le défilé ; puis les
brigades se séparent.

La 1ʳᵉ brigade arrive à Tannay vers 10 heures et y bivouaque.

La brigade Tilliard, par une pluie battante, va occuper, à 3 kilomètres de Tannay, les Petites-Armoises ; un escadron du
1ᵉʳ hussards est placé en grand'garde sur une haute colline qui
domine tous les environs et au pied de laquelle est le village des
Petites-Armoises.

Le bivouac du 1ᵉʳ hussards aux Petites-Armoises était établi
dans une prairie, sur les bords d'un ruisseau qui se jette dans la
Bar. On y trouva du cresson et des écrevisses.

La nuit fut affreuse sous un ciel sans pitié ; les hommes la passèrent sans manteau, sans feu, la bride au bras, les pieds dans
l'eau...

Le 6ᵉ chasseurs, dépassant les Petites-Armoises, continue sa
route et s'avance en fouillant le pays jusqu'à Saint-Pierremont ;
de là, il pousse son premier escadron sur Sommauthe, où celui-ci
arrive dès 8 heures du matin. Sommauthe domine la plaine de
Beaumont ; le 2ᵉ escadron va jusqu'à Stonne.

Le 1ᵉʳ escadron rallie le soir Saint-Pierremont, sauf le 1ᵉʳ peloton (lieutenant de Monerie) qui passe la nuit sur place, aidé par
les paysans qui organisent des patrouilles dans les bois.

C'est à Tannay, le 26, que parut l'ordre qui formait la division
Margueritte.

Le maréchal était à Tourteron avec le 12ᵉ corps.

Le 27, la division quitta silencieusement ses bivouacs avant
5 heures du matin, pendant qu'autour d'elle l'armée venue de
Châlons, par toutes ses sonneries et batteries, indiquait bruyam-
ment son réveil. Le temps était brumeux.

Le 6ᵉ chasseurs, parti de Saint-Pierremont vers 3 heures du

matin, reconnaît le pays en avant de Sommauthe et au sud, jusqu'à Buzancy, Nouart et Beaumont ; le colonel Bonvoust, avec le 4ᵉ escadron, va à Buzancy ; le commandant Manès, avec le 3ᵉ, va jusqu'à Nouart ; le commandant Poncin à Beaumont, avec le 1ᵉʳ. L'ennemi est devant nous, toutes les reconnaissances le signalent ; ses vedettes ont passé la nuit près de nous dans des sortes d'abris en paille improvisés — la première de ces guérites est à 500 mètres à peine de nos lignes, sur la route de Buzancy. Nos vedettes n'ont rien vu... Le 6ᵉ chasseurs ralliera à Sommauthe.

La division rompue en colonne, les généraux en tête, suit d'abord la route de Stenay-Montmédy ; elle passe à Stonne à 7 heures, à Beaumont à 10 heures, y fait manger les chevaux, puis se jette au sud-sud-ouest et suit un chemin rocailleux, qui serpente à travers une série de monticules. Le pays paraît nu, sauvage ; il est tacheté de bouquets de bois ; les éclaireurs, qui fouillent dans toutes les directions, croient voir au loin les vedettes ennemies se retirer à notre approche.

L'ordre est donné de faire charger les armes : c'était la première fois.

A Sommauthe, à 1ʰ30, la division fait halte en avant du village, à l'entre-croisement des deux routes, celle qui va sur Stenay, à 13 kilomètres à l'est, et celle qui descend au sud vers des gorges profondes bordées de bois touffus ; entre les deux routes, un plateau élevé, aux flancs escarpés, est occupé par un escadron du 1ᵉʳ hussards.

Une reconnaissance du 6ᵉ chasseurs, le 3ᵉ escadron, revenant de Nouart, sous la direction du commandant Manès, rallie la division et signale un régiment de dragons prussiens à 3 kilomètres de là ; le commandant avait vu l'ennemi dans les bois de la Folie, et des renseignements recueillis par le capitaine Lafontaine, il résultait que les troupes prussiennes avaient défilé dans ces bois pendant sept heures.

Le général Margueritte part aussitôt dans la direction de Nouart et de Buzancy avec les deux régiments de chasseurs d'Afrique, tandis que trois escadrons du 1ᵉʳ hussards, sous les ordres du commandant Brissaud-Desmaillet, filent par la route de Stenay dans le but de tourner l'ennemi.

Après une course d'une heure, les escadrons rentrent sans avoir rencontré les Allemands ; la pluie tombe toujours et on reste pied à terre dans la boue jusqu'à 5ʰ45, entendant dans le lointain le bruit sourd du canon, sans pouvoir se rendre compte de ce qui se passe.

Une reconnaissance du 12ᵉ chasseurs (deux escadrons) commandée par le lieutenant-colonel de Laporte, venait de se heurter au 3ᵉ régiment de dragons saxons sur la route de Stenay, en sortant de Buzancy ; les escadrons avaient eu 2 hommes tués et 34 blessés dont 5 officiers — parmi ces derniers le lieutenant-colonel de Laporte, très sérieusement atteint. L'artillerie allemande canonnait dans sa retraite le 12ᵉ chasseurs, obligé de se retirer devant des forces supérieures. C'était le canon qu'on avait entendu.

A 5ʰ45, la division quitte Sommauthe, elle va établir son bivouac sur le plateau d'Oches, à 2 kilomètres de Saint-Pierremont : cette partie du plateau s'appelle le *Champ de la Croix ;* Dumouriez, le 2 septembre 1792, y avait son avant-garde, qui tenait également Sommauthe et Saint-Pierremont. Le souvenir de ce fait est resté dans le pays ([1]). Ce plateau dominait au loin de profondes vallées. La division arrive à 8 heures du soir ; les tentes ne sont pas dressées ; on n'allume pas de feux, et la nuit froide et noire se passe la bride au bras, dans un terrain labouré. Le visage fouetté par la bise, sous la pluie battante, sans bois ni eau, les hommes exténués se laissaient tomber dans la boue ; les généraux en sont réduits eux-mêmes à se coucher à terre roulés dans leurs manteaux.

Devant nous, au plus loin que l'on puisse apercevoir, d'immenses jets de fumée et de flammes filtrant à travers les arbres des forêts, dénotent la présence de forces considérables.

Le 2ᵉ escadron du 3ᵉ chasseurs d'Afrique est de grand'garde, tout à fait à proximité de l'ennemi, qui occupe Belval et le bois des Dames. A la pointe du jour, le 1ᵉʳ peloton, commandé par le lieutenant de La Moussaye, reçoit l'ordre d'aller occuper Stonne et de s'y maintenir ; il y fut relevé par le 12ᵉ corps d'armée (général Lebrun).

([1]) Lettre de Dumouriez à Servan, datée de La Berlière, 2 septembre 1792.

L'armée occupait Vendresse (1er corps), Le Chesne (état-major général — 12e corps), Vouziers (7e corps) et Grand-Pré (5e corps).

Le dimanche 28, à 7h 15, la division quitte son campement ; un escadron d'arrière-garde bat en retraite méthodiquement.

Le ciel est noir de nuages ; la pluie, toujours la pluie qui tombe à torrents ; la division revient sur ses pas et prend position au-dessous de Stonne, à l'est des Grandes-Armoises, pour protéger le passage de l'armée qui défile derrière son rideau.

La division est en bataille sur la hauteur, à 600 mètres à droite de la route qui va directement à la Meuse et au pont de Mouzon ; elle est en équerre bordant les deux côtés de l'angle d'un vaste plateau entouré de haies et de chemins creux.

Pendant toute la journée, la division Margueritte voit passer au-dessous d'elle, tambours battants, une partie de l'armée de Châlons, le 12e corps presque entier.

Vers 1 heure, parut l'Empereur, qui marchait à côté du général Lebrun.

On voyait beaucoup de traînards ; les hommes des quatrièmes bataillons donnaient le plus triste spectacle. On en avait le cœur serré.

Le général Margueritte et le général Tilliard étaient allés faire une longue reconnaissance dans les bois.

La faim, la pluie constante, l'attente, rendaient bien pénible cette interminable station ; à peine avait-on pu allumer un feu, auquel chacun se chauffait à son tour.

Les champs de pommes de terre environnants furent de suprême ressource et les deux généraux, à leur retour, profitèrent gaiement de ce repas improvisé.

Le général Margueritte était allé voir l'Empereur et le maréchal de Mac-Mahon à leur passage à Stonne ; c'est là qu'il eut connaissance du nouveau plan de campagne et qu'il apprit, de la bouche du général Faure, sa promotion prochaine au grade de général de division et celle du colonel de Galliffet au grade de général de brigade.

Le soir, vers 5h 30, le dernier bataillon était enfin passé ; la division descendit dans une vallée profonde au-dessous du village

de La Berlière ; à 8 heures, le bivouac fut installé près d'un ruisseau, dans une prairie marécageuse qui dépendait du château. La
prairie était entourée de beaux arbres et de haies ; ces bas-fonds
étaient complètement détrempés par les pluies ; on ne sortait pas
de la boue.

Toutes les hauteurs environnantes sont garnies de vedettes et
de postes. En bas, les feux sont permis ; les habitants donnent de
la paille ; la division se repose enfin.

Le général Margueritte avait pris à son état-major le lieutenant
de Rey, qu'il chargea spécialement des fonctions de sous-intendant — il eut mission de faire vivre la division.

Le maréchal était à Stonne ; l'armée occupait Raucourt
(1er corps), La Besace (12e corps), Stonne (7e corps), Nouart et
Buzancy (5e corps).

Le 29, la division part à 5 heures du matin ; elle doit gagner
la Meuse et occuper les ponts de Mouzon, jusqu'à l'arrivée de
l'infanterie ; elle quitte donc le flanc droit de l'armée pour passer
sur son flanc gauche.

Le temps s'est un peu remis au beau.

La division suit des gorges profondes entourées de collines
boisées ; par les sentiers, par les prairies, après deux heures de
marche, elle atteint la route de Mouzon ; le 12e corps, qu'elle y
rencontre, s'arrête et la division passe ; elle est de nouveau dans
des chemins difficiles et cailloux. Elle a traversé successivement La Besace, Flaba, puis Pourron, où le général Margueritte
fait prendre l'avant-garde par les 1er et 2e escadrons du 1er hussards ; il a donné l'ordre au chef d'escadrons Brissaud-Desmaillet, qui commande ces escadrons, de « reconnaître, de prendre
et de passer coûte que coûte Mouzon, le futur passage de toute
l'armée ».

Enfin la division arrive à Autrecourt, où elle fait une halte d'une
heure ; là, le paysage change, le soleil s'est fait éclatant sur cette
belle plaine verte de la Meuse où paissent de nombreux troupeaux.

La division avait été conduite dans ce trajet difficile par une
jeune et belle paysanne, qui s'était hissée sur un caisson entre

deux artilleurs. Un bon souvenir à cette brave fille inconnue, qui, pendant un moment, a fait partager à nos cavaliers son patriotisme et sa gaîté.....

La division gagne au grand trot Mouzon, où le 6ᵉ chasseurs, en tête de colonne, arrive à 11 heures; elle y est reçue avec enthousiasme. Les éclaireurs allemands, venant de Stenay par la rive droite, avaient le matin même traversé la ville; d'après les habitants, ils avaient le sabre à la main, le pistolet au poing et les rênes aux dents.

On franchit la Meuse sur le pont; le général Lebrun cause un instant avec le général Margueritte et les régiments gravissent au galop de charge la pente rapide, par un chemin étroit et difficile. « Serrez! serrez! » criait le général Lebrun. Il craignait que le plateau ne fût déjà occupé, l'ennemi étant tout près; ces craintes ne furent pas justifiées et la division Margueritte put s'établir sur cette position dont les flancs abrupts et rocheux surplombent la Meuse et séparent sa vallée de celle de la Chiers.

La division avait pour mission de se tenir là coûte que coûte jusqu'à l'arrivée de l'infanterie; elle se mit en bataille à 2 kilomètres au-dessus et à l'est de Mouzon dans une vaste clairière; le coup d'œil était superbe : au pied du plateau, devant elle, Mouzon, la Meuse, les prairies; en arrière, un rideau d'arbres, et, perdus dans la verdure, Vaux et Carignan, aux toitures en ardoises.

Le général avait envoyé des reconnaissances de tous les côtés et il interrogeait l'horizon avec sa longue-vue.

A peine arrivée, en effet, la division voyait au loin, dans la direction du bois des Dames, les éclairs du canon, puis la fumée qui s'élevait; à la lunette on pouvait voir, sans distinguer leur nationalité, de longues colonnes de troupes qui descendaient rapidement les collines.

C'était le 5ᵉ corps (général de Failly) qui cédait le terrain aux Saxons.

A 3 heures environ, le 12ᵉ corps vint occuper le plateau; le commandant Brissaud-Desmaillet, qui avait tenu une ligne avancée au sud de Moulins, sur la route de Stenay, rallia la division; celle-ci, vers 4 heures, installa son bivouac à 3ᵏᵐ,5oo à l'est de

Mouzon, dans la direction de Carignan, sur le flanc d'un bas-fond raviné, au-dessous du petit village de Vaux :

Les chasseurs d'Afrique près d'un petit ruisseau, les hussards à 250 mètres au-dessous du village ; derrière eux, plus près du village, l'artillerie.

On sentait la bataille prochaine et la division était superbe d'entrain.

L'ordre fut donné aux chasseurs d'Afrique de ne plus mettre le couvre-nuque.

Le bivouac était splendide ; les hauteurs illuminées de feux présentaient un coup d'œil magique ; le temps était beau.

L'armée devait se concentrer le lendemain entre Mouzon et Ca-rignan ; le maréchal était à Raucourt ; l'armée occupait Raucourt (1er corps), Mouzon (12e corps), Beaumont (5e corps).

La 1re division de cavalerie de réserve était à Raucourt ; elle fut également prévenue dans la nuit du 28 au 29 de la présence probable de l'ennemi à Mouzon ; dès l'arrivée à Raucourt, une forte reconnaissance sous les ordres du commandant de Négroni, du 4e cuirassiers, fut envoyée sur ce point ; elle y trouva le 12e corps déjà installé.

Le 30 août, la division était prête à monter à cheval depuis 4 heures du matin ; elle attendit en vain des ordres pendant toute la matinée à son bivouac de Vaux.

Les hommes qui, depuis un mois, avaient eu à peine le temps de se nettoyer, profitèrent de cette station, et leur tenue fut aussi belle que s'ils se préparaient à passer une revue.

La journée fut d'ailleurs superbe.

Le lieutenant Buton, du 1er hussards, alla requérir à Moulins « de quoi faire vivre la division ». Buton put heureusement rap-porter de l'avoine, du pain et de la viande.

Pendant ce temps, la bataille de Beaumont s'était vivement engagée ; on suivait très bien l'intensité de l'action par la canon-nade.

Enfin, vers 2 heures, la division reçut l'ordre de repasser les ponts de Mouzon pour aller porter aide au corps de Failly. « Partez pour protéger la retraite du 5e corps », dit le général

Lebrun au général Margueritte, qui fit lever immédiatement le bivouac.

Le 3ᵉ escadron du 3ᵉ chasseurs d'Afrique (capitaine Rapp), détaché à la ferme modèle de Blanchampagne et au bois d'Inor, avait reçu l'ordre de rallier en passant le gué à Mouzon; la droite de la ligne de ses vedettes était à la ferme de Belle-Fontaine.

Cet escadron eut le contact avec les vedettes allemandes sur la route de Stenay; un paysan, qui avait bien voulu aller jusqu'à Stenay même, revint annoncer, vers 8 heures du matin, au lieutenant de Ganay que les troupes ennemies passaient la Meuse, marchant sur Beaumont. Ce précieux renseignement ne parvint au maréchal que vers midi, au moment même où ces troupes commençaient leur attaque.

Au grand trot, toute cette belle division de cavalerie vient donc au-dessus de Mouzon et descend vers la Meuse. Les hommes allégeaient leur paquetage et jetaient, sur la route, du campement et de l'avoine. Les officiers laissaient faire, le lieutenant-colonel Aubert, du 6ᵉ chasseurs, disait en souriant : « Enfin, voilà une cavalerie qui va devenir bonne à quelque chose... Les chevaux n'en courront que mieux »; et les bottillons de foin dégringolaient sur la route. Le 12ᵉ corps est là sur le plateau, tout entier en bataille, il occupe une longue ligne d'escarpements qui dominent la rive droite du fleuve; les artilleurs sont aux pièces; l'infanterie de marine, derrière les faisceaux formés, acclame la cavalerie quand elle passe.

Pendant que la division descend vers la Meuse, elle croise, à 3ʰ 3o, l'Empereur, qui montait au plateau. Les généraux se portèrent de suite près de lui; dans cet endroit, la route était en déblai et au bas d'une pente couverte de vignes; la voie était assez large pour que la colonne pût, en appuyant, livrer passage à l'Empereur, à son état-major et à son escorte, qui était formée par une forte division de cent-gardes, en tenue de campagne, chapeaux et tuniques.

L'Empereur était à cheval malgré ses souffrances; il avait l'air très fatigué. Dès qu'il avait aperçu la cavalerie, l'Empereur avait quitté sa voiture — ses équipages, peu nombreux d'ailleurs, restèrent à quelque distance.

Il passa, annonçant lui-même au général Margueritte et au colonel de Galliffet leurs nominations, décidées de la veille.

L'Empereur dit au colonel : « Vous êtes général de brigade ; je suis heureux de vous apprendre que je vous ai nommé à ce grade en récompense de vos services. »

La division avait salué le souverain par d'énergiques « Vive l'Empereur ! » poussés par ceux-là mêmes auxquels ce cri n'était pas familier et qui le confondaient alors avec « Vive la France ! ».

La vue de l'Empereur, l'espoir de joindre l'armée de Metz, remplissaient chacun d'élan.

Quant à lui, sa pensée était ailleurs ; dès qu'il avait pu voir la vallée, son œil s'était fixé sur l'horizon.

Sans faire un geste, sans dire une parole, l'Empereur avançait lentement au pas de son cheval ; son visage mat comme de la cire restait impassible et son regard persistant et profond interrogeait toujours cette vallée fatale où se jouait sa couronne ; comme son oncle à Waterloo, peut-être entrevoyait-il déjà le suprême écrasement. Il poursuivit son chemin.

La division Margueritte ne devait plus revoir l'Empereur.

La division, continuant sa route, arrive au pont ; impossible de s'y frayer passage : il est encombré de voitures, d'hommes, de cavaliers dans le plus grand désordre.

On était là, attendant depuis une demi-heure, lorsque le maréchal de Mac-Mahon traversa, se dirigeant vers les batteries du plateau ; c'est alors qu'il fit connaître au général Margueritte la fatale issue de la surprise de Beaumont dont les fuyards atteignaient déjà Mouzon.... ; il lui donna l'ordre de rétrograder.

Le colonel d'Abzac, en partant avec le maréchal, disait : « Margueritte ! Margueritte ! » et, lui faisant voir trois doigts levés, lui annonçait à son tour sa nomination de divisionnaire.

C'était une allusion aux trois étoiles qui marquent le grade de général de division.

La division remonte de suite sur le plateau et s'y forme en échelons : les deux régiments de chasseurs d'Afrique en tête, le 1er hussards au centre, le 6e chasseurs en troisième ligne. Le beau soleil des derniers jours d'août brillait dans tout son éclat ; on sui-

LE COLONEL DE GALLIFFET

COMMANDANT LE 3e RÉGIMENT DE CHASSEURS D'AFRIQUE (JUILLET 1870)

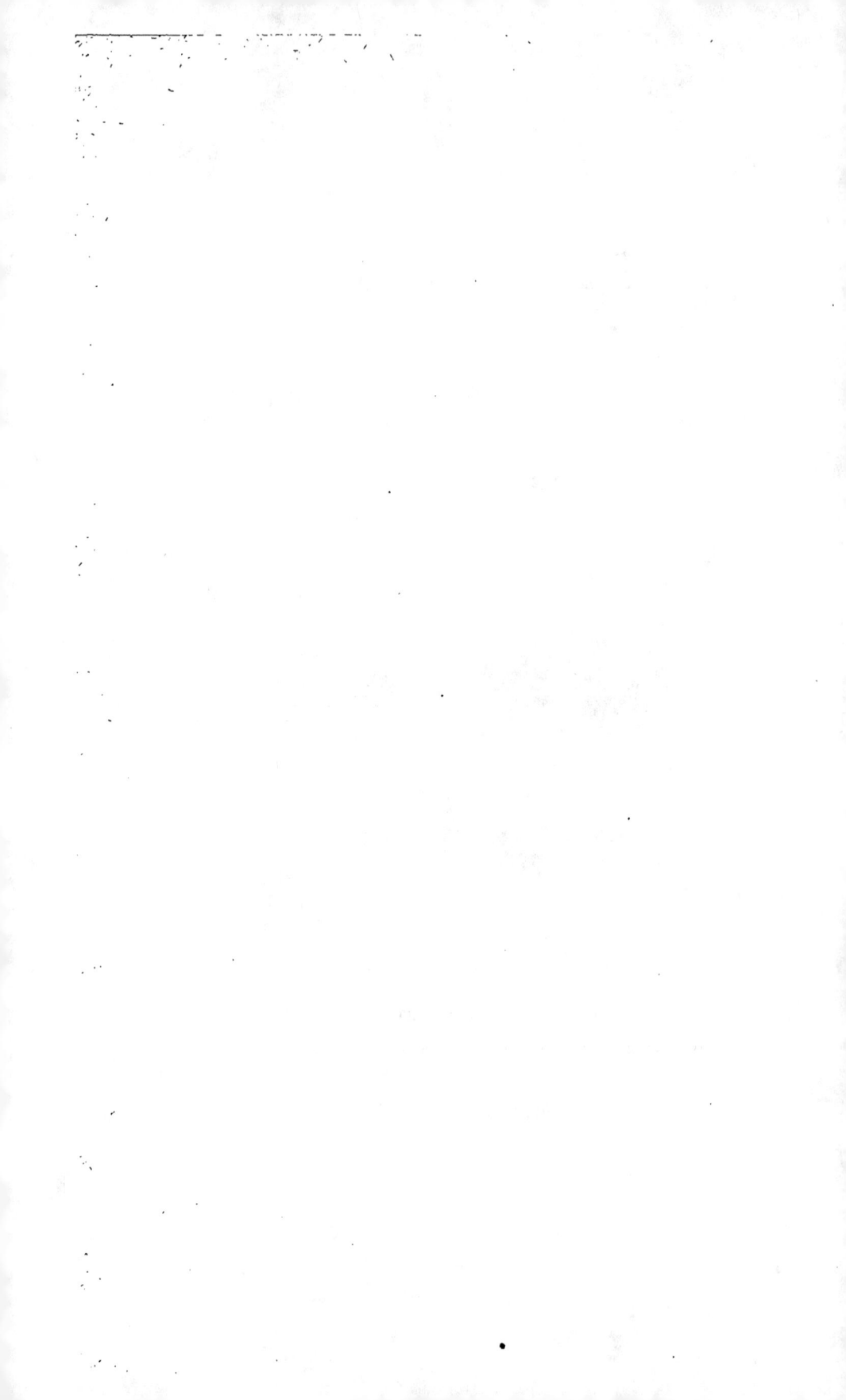

vait très bien la fin de la bataille; on distinguait à la lorgnette le corps de Failly en retraite et les Prussiens qui le talonnaient; on put voir la charge infructueuse du 6ᵉ cuirassiers, puis, vers 4 heures, on n'entendit plus que de rares coups de canon. .

Le 4ᵉ chasseurs d'Afrique avait enfin joint sa brigade sur le plateau de Mouzon; ces marches jusqu'à cette date du 30 août sont relatées ci-après.

A 5 heures, la division s'installait, complète pour la première fois, à son bivouac de Sailly.

Sailly est un petit village sur la rive gauche de la Chiers, en face de Blagny; les tentes furent plantées dans une vaste prairie en avant du village et sur le côté gauche de la route. Sailly est entre Vaux et Blagny d'une part, entre la ferme de Blanchampagne et Carignan de l'autre.

Le général Margueritte fait barricader le village; de nombreuses reconnaissances sont envoyées dès l'arrivée au camp; le général donne lui-même ses instructions.

Les grand'gardes sont établies : celle du 1ᵉʳ chasseurs d'Afrique (4ᵉ escadron, capitaine Leroy) à Charbeaux d'abord, puis elle est portée à Marqut, sur la route de Montmédy; celle du 6ᵉ chasseurs (3ᵉ escadron, capitaine Lafontaine) à la ferme modèle de Blanchampagne et vers les bois qui bordent la route de Stenay; le sous-lieutenant Gosselin, de cet escadron, reconnut la présence à Villy de deux régiments de cavalerie allemande.

La grand'garde du 6ᵉ chasseurs fut alors renforcée par une division du 1ᵉʳ escadron du 3ᵉ chasseurs d'Afrique (capitaine de Latour). Cet escadron était appuyé au 7ᵉ lanciers, dont le lieutenant-colonel Cramezel de Kerhué avait installé le service d'avant-postes : une confusion de mot d'ordre rendit les rondes impossibles; les chevaux arabes, excités par le voisinage des juments, s'échappaient et parcouraient à fond de train les lignes des vedettes, qui tiraient sur eux, et augmentaient ainsi le désordre, qui dura jusqu'au départ dans la nuit.

Enfin, la grand'garde du 4ᵉ chasseurs d'Afrique (3ᵉ escadron, capitaine Grenier) fut établie sur les hauteurs du côté de Mouzon.

Les avant-postes de la division furent placés ce jour-là par le colonel de Galliffet.

Pendant ce temps, le canon a grondé de nouveau, les monta-
gnes des Ardennes grossissent et répercutent tellement le bruit
qu'il semble tout près de nous ; puis c'est le déchirement connu
des mitrailleuses qu'on entend : c'était l'artillerie du général
Lebrun qui prenait part au combat de Mouzon.

A 7ʰ 25, tout se tut.

Le colonel de Galliffet, accompagné d'un peloton du 4ᵉ chasseurs
d'Afrique (1ᵉʳ du 3ᵉ escadron, lieutenant Peffault de la Tour, sous-
lieutenant Bès), était allé d'un temps de galop sur la hauteur voir
le tir des mitrailleuses ; il trouva l'Empereur qui se promenait à
pied avec le maréchal.

A 8 heures, le général Margueritte donna au capitaine Fiévée,
du 6ᵉ chasseurs, l'ordre suivant : « Aller à Blagny, se mettre en
communication avec le commandant des troupes campées au delà
du chemin de fer ; l'informer que nous avons à Margut deux escadrons de grand'garde qui poussent des reconnaissances en
avant ; l'informer qu'il y a derrière lui une division de cavalerie
et que les Prussiens se sont montrés à Pouilly et n'ont pas évacué
Stenay. » Dans son trajet difficile, le capitaine Fiévée eut pour
guide un brave homme de Villette près Glaire, qui s'appelait
Duplan ; de proche en proche, il conduisit le capitaine jusqu'à
Carignan, près du général Ducrot.

A la même heure, le général Margueritte envoya une dépêche
au maréchal de Mac-Mahon ; le capitaine Boisaubin, du 3ᵉ chasseurs d'Afrique, accompagné d'un maréchal des logis, eut l'ordre
de remettre la dépêche en mains propres, « coûte que coûte ».

Dans la soirée, le général Margueritte signa, pour la première
fois, une demande pour une journée de vivres à prélever sur un
convoi de réserve qui était dans la gare de Carignan ; sa demande
fut rejetée. Le lendemain, les Allemands prenaient le convoi,
déjà en partie pillé par nos troupes ; il s'était passé là des scènes
bien regrettables.

Aux avant-postes, il fait froid sous la feuillée ; la nuit est noire
comme de l'encre ; à l'écoute dans les sentes des bois, les vedettes
entendent les voix allemandes ; le feuillage de la même forêt recouvre Français et Prussiens, à peine séparés par quelques arbres.

Au bivouac, les nouvelles qui nous parviennent sont bonnes,

dit-on ; chacun s'endort comme il peut, en pensant à l'ennemi qui sera battu demain ; à Metz qui sera délivrée.

Hélas ! pendant ce moment même, la direction de Montmédy à Metz est abandonnée ; le maréchal se décide à remonter au nord et à livrer bataille en s'appuyant sur Sedan.

La surprise de Beaumont a fait le désastre de Sedan.

Il est décidé que la division Margueritte quitte son rôle d'avant-garde : elle devient arrière-garde et a mission de dérober à l'ennemi le mouvement de l'armée, dont elle doit protéger le flanc droit entre la Meuse et la frontière de Belgique.

Pendant cette soirée-là, on prit donc les précautions les plus grandes pour éviter toute surprise : de nombreuses vedettes furent placées autour du camp, les chevaux restèrent sellés et on ne dressa pas les tentes ; couchés à terre ou bien debout, la tête et les coudes appuyés sur la selle, les hommes se reposaient.

Le général Margueritte était installé avec son état-major dans une des premières maisons, à l'entrée du village — une sorte de grande chaumière que son propriétaire avait abandonnée ; la pièce que le général s'était réservée, la plus grande du rez-de-chaussée, avait les murs nus blanchis à la chaux ; comme sol, la terre battue. Une table grossière, massive, couverte de taches, des bancs, quelques escabeaux et une chaise de bois composaient tout l'ameublement ; un feu vif brillait et pétillait dans une vaste cheminée ; il éclairait la pièce, avec une lampe fumeuse, sans verre, qui jetait sa lumière indécise sur un gros encrier de plomb, sur les cartes et les papiers épars sur la table.

Il faisait très chaud dans cette salle basse ; discrètement, sur des bottes de paille ou sur les bancs le long des murs, les officiers, dans leurs manteaux, veillaient, fumaient ou dormaient. Le général fumait constamment le cigare et la fumée bleuâtre emplissait la chambre dans laquelle le feu clair et l'obscurité noire faisaient des ombres fantastiques.

Au dehors, les officiers rôdaient, attendant les nouvelles ; les plantons circulaient ; puis le pas de leurs chevaux se perdait dans la matité de cette triste nuit..... C'était la dernière soirée que le général passait dans une maison.

Quant à lui, il ne dormait pas ; tout couvert encore de la boue de la journée, la pelisse ouverte, son sabre sur la table, son étui à cigares à portée de la main, il était assis sur la chaise, le coude appuyé, les pieds allongés vers l'âtre ; mâchonnant son cigare, il tournait de la main les dépêches et son esprit travaillait ; de temps à autre, il buvait à petites gorgées du café froid qu'on avait mis dans un pot de faïence blanche à larges dessins de couleur ; les officiers, les plantons, les espions entraient et lui rendaient compte ; il est entré tant de monde dans cette salle basse ! Le général lisait les dépêches à la clarté d'un falot que tenait un homme ; on eût en vain cherché à deviner sur sa figure impassible le sentiment qu'il éprouvait ; parfois, sa main essuyait la sueur qui perlait sur son front ; sa voix muette et saccadée donnait un ordre bref ou il écrivait rapidement quelques mots ; le courrier partait et l'on n'entendait plus que le tic-tac d'une grande horloge à gaine dont le balancier, au large disque de cuivre poli, accrochait, à chaque oscillation, la lumière.

De cette petite maison au bivouac, le va-et-vient était continuel.

Là-bas, le silence régnait ; le temps était devenu plus doux ; la division, en longues lignes noires, reposait, et autour d'elle, dans l'ombre, on devinait des masses profondes qui peuplaient les ténèbres ; cette obscurité était vivante.

Vers 11 heures, le capitaine Boisaubin rentra, ayant accompli sa mission ; il fut aussitôt rendre compte au général : après de longues recherches, il avait trouvé enfin le maréchal au bivouac du général Lebrun, non loin de Mouzon ; le maréchal, entouré de nombreux officiers, était près d'un grand feu. L'abattement du maréchal était tel, que le capitaine obtint à grand'peine des réponses précises aux questions qu'il était chargé de faire ; le maréchal lui dit enfin : « Dites au général Margueritte que je suis obligé de battre en retraite sur Sedan, par suite de l'affaire manquée du général de Failly ; que je le charge de protéger mon flanc gauche et que je compte sur sa prudence pour éviter toute espèce d'engagements, qui ne sont jamais pour nous que désastreux ! Dites au général que je m'en rapporte entièrement à lui ; nous battons en retraite par Douzy et Carignan. »

Le général remercia le capitaine et lui dit : « Vous devez être bien fatigué, capitaine ; vous avez quelques moments pour vous reposer : profitez-en. »

Mais le général Ducrot, ayant appris le retour d'un officier qui avait pu voir le maréchal, fit appeler de suite Boisaubin à Carignan.

Celui-ci s'y rendit et renouvela le compte rendu de sa mission ; le général saisit alors le capitaine violemment par le bras et, le poussant avec force vers une carte, il lui dit : « C'est impossible, capitaine, c'est impossible : sinon, regardez bien : nous serons pris et cernés, là, là ! » et son doigt montrait Sedan.

Peu d'instants après, le général Ducrot, qui déjà, dans la soirée, s'était entretenu avec le général Margueritte, lui faisait tenir une lettre dans laquelle il lui conseillait de « passer sur la rive droite de la Chiers, l'invitant à marcher le lendemain de concert avec lui ».

Le corps du général Ducrot faisait l'arrière-garde de l'armée.

Le général Margueritte répondit au général Ducrot qu'il « suivait son conseil et passait sur la rive droite… ; quant au lendemain, il se mettait à ses ordres » ([1]).

Dès le retour du capitaine Boisaubin, le général Margueritte avait fait appeler les chefs de corps ; à 11ʰ 30, ils reviennent à leurs troupes et donnent l'ordre de réveiller tout le monde sans bruit ; la division va partir… La cavalerie alignée, comme vivres, a une demi-ration d'avoine en avance ; la batterie, une ration entière.

L'armée qui, le 30 au matin, occupe Beaumont (5ᵉ corps), Mouzon (12ᵉ et 1ᵉʳ corps), Remilly (7ᵉ corps), se serre sur Sedan.

Marches du 4ᵉ régiment de chasseurs d'Afrique jusqu'à sa jonction avec la division Margueritte, le 30 août

Le 4ᵉ chasseurs d'Afrique partit de Mascara, sa garnison, le 20 juillet ; il fit étape successivement à l'Oued-el-Hammam, à Saint-Denis-du-Sig, à Sainte-Barbe-du-Tlélat, et arrivait à Oran

---

[1] Ces lettres sont publiées *in extenso* dans la *Journée de Sedan,* par le général Ducrot.

le 23 ; il dut y attendre longtemps les navires destinés à le conduire de Mers-el-Kébir en France.

Le commandant de Vernon partit sur le *Jura* le 5 août,
avec le 1ᵉʳ escadron et la moitié du 2ᵉ ; il débarqua à Toulon le
8 et s'installa au bivouac sur les boulevards ; le 10, de grand
matin, il partait pour Commercy avec une partie des troupes
qu'il avait amenées.

Le colonel s'embarqua le 6 vers 4 heures du soir, sur la
Drôme, avec trois pelotons du 3ᵉ escadron et le reste du 2ᵉ ; arrivé à Toulon vers 8 heures du soir, le 9 août, il débarqua le 10
dans la matinée, vers 10 heures, en même temps que deux escadrons du 7ᵉ chasseurs arrivant de Civita-Vecchia.

Enfin le commandant Archambault, embarqué le 7 sur l'*Eure*
avec le 4ᵉ escadron et la portion restante du 3ᵉ, était le 11 à Toulon.

Les quatre escadrons partirent dans la nuit du 10 et la journée
du 11, en trois trains ; ils suivirent le même itinéraire : Marseille,
Lyon, Dijon, Chaumont, Blesmes, etc... Mais la ligne ferrée
ayant été coupée entre Frouard et Metz, ils durent s'arrêter à
Commercy, où ils se trouvaient tous réunis dans la nuit du 13 au
14 août.

Le 14, ils partaient par la voie de terre, pour rallier à Metz la
division du Barail ; les trois premières fractions se mirent en
route à 4 heures du matin.

Dans la matinée, à 8 heures, en arrivant à l'étape à Saint-Mihiel, on apprit que la route de Metz était coupée, que celle de
Verdun était menacée ; l'ordre était de se rendre à Verdun, mais
un télégramme de l'Empereur, adressé directement au colonel de
Quélen, modifia la direction, et le 4ᵉ régiment de chasseurs
d'Afrique dut rétrograder sur le camp de Châlons, renonçant à
rallier la division du Barail.

Le même jour donc, à 4 heures du soir, le régiment partit pour
Bar-le-Duc ; il y arriva le 15, à 1 heure du matin, et campa sur les
promenades au bord de la rivière.

Le 15, à 10ʰ 30, le régiment, réuni pour la première fois, partait pour Vitry-le-François ; il s'installait vers 5 heures au bivouac,
dans les prairies en dehors de la ville, sous les murs d'enceinte.

Le 16, à 4 heures du matin, le régiment au complet, appuyé

par deux batteries de mitrailleuses qu'il avait prises en passant à Lérouville le 14, va faire une reconnaissance sur la station de Blesmes; il était rentré à 11 heures. Cette reconnaissance avait pour but de protéger le passage du maréchal de Mac-Mahon, qui du reste ne vint pas par là.

Le 17 fut un jour de repos bien nécessaire; les escadrons ne quittèrent pas la ville.

Le 18, le régiment partit pour Châlons-sur-Marne, où il arriva à midi.

Le 19, l'arrivée au camp de Châlons eut lieu à 9 heures du matin.

Le régiment ne passa au camp que la journée du 20.

A cette date, le 4ᵉ chasseurs d'Afrique fut régulièrement rattaché à la division de Salignac-Fénelon, qu'il eut ordre de rallier immédiatement.

Le 21, le régiment part à 4ʰ30 du matin, pour La Romanie, en suivant la voie romaine, et y rejoint à 9 heures une brigade de lanciers, composée des 1ᵉʳ et 7ᵉ régiments, qui constitue à elle seule, pour le moment, toute la division de Fénelon; le 4ᵉ chasseurs d'Afrique passe alors effectivement sous les ordres du général de Fénelon; il y resta jusqu'au 26.

Le général fait quitter La Romanie à midi, et on va camper à Saint-Mard-sur-le-Mont, en passant par Noirlieu. On y arrive à 6 heures; cinq heures après, à 11 heures, le camp est subitement levé et, après une marche de nuit, on revient à La Romanie à 4ʰ30 du matin, le 22.

Le 23, la division de Salignac-Fénelon se remet en marche vers le camp de Châlons; à 3 heures du matin, elle part pour Saint-Honoré-le-Grand; on y fait grand'halte pendant une heure et demie, malgré une pluie torrentielle; puis on se remet en route. Mais bientôt la direction change et la division va camper à Bétheniville, en passant par Suippes, Jonchery, Dontrien, etc.; le 4ᵉ chasseurs d'Afrique arrive au bivouac à 4 heures du soir.

Pendant toute la journée, les troupes qui venaient de quitter le camp avaient contrarié et traversé la marche de la colonne. L'Empereur et le maréchal de Mac-Mahon étaient logés à Bétheniville, chez M. Wassin.

Le 24, à midi, la division part pour Bignicourt; elle arrive à 4 heures du soir, en passant par La Neuville-en-Tourne-à-Fuy.

Le 25, après avoir traversé Juniville et Perthes-Le Châtelet, le régiment, qui avait quitté Bignicourt à 6 heures, arrive à Rethel à 10 heures. Toute l'armée de Châlons, fort en désordre, est réunie autour de cette petite ville. L'Empereur est logé à la sous-préfecture ; le maréchal chez un filateur, M. Tranchart.

Le 26 août, à 5 heures du matin, le régiment est envoyé en mission spéciale jusqu'à Tourteron, où se trouve l'Empereur; il y arrive vers midi et pousse jusqu'à Lametz, sur la route du Chesne ; arrivé à 2ʰ 3o, il bivouaque en dehors du village. On touche les distributions pendant la nuit.

Le régiment a quitté définitivement la division de Salignac-Fénelon.

Le 27, le 4ᵉ chasseurs d'Afrique part à 5 heures du matin et est au Chesne à 6 heures. Le prince impérial y passe à la même heure, se dirigeant sur Mézières.

Le régiment est mis momentanément à la disposition du général Lebrun, qui le fait partir de suite pour Germont; la grand'halte se fait de 9ʰ 3o à midi à Châtillon-sur-Bar, puis le régiment prend la route de Belleville-sur-Bar, passe à Boult-aux-Bois et arrive à Germont à 1ʰ 3o.

A Germont, le régiment trouva les escadrons du 12ᵉ chasseurs, qui venaient de joindre l'ennemi à Buzancy; les blessés se faisaient panser sur le bord de la route, où l'on voyait une trentaine de chevaux pris aux dragons saxons.

On entendait depuis un certain temps le canon du côté de Buzancy.

Le 4ᵉ chasseurs d'Afrique se forme en bataille, prêt à faire un mouvement vers l'ennemi ; sous la pluie qui tombe assez fort, le régiment attend le passage du corps de Failly qui défile, et à 3ʰ 3o du soir, trop découvert par la retraite du 5ᵉ corps, il rétrograde sur Châtillon-sur-Bar. A peine y est-il installé que le colonel reçoit l'ordre de rejoindre la division Litchlin à la ferme de Basancourt, au sud-sud-est des Petites-Armoises; on y arrive enfin à 7ʰ 3o du soir, par une nuit noire et une pluie battante; pendant toute la journée, l'encombrement des routes avait été une cause

constante d'arrêts répétés et d'à-coups ; les hommes et les chevaux étaient fatigués, épuisés, par des stations qui n'en finissaient
pas.

Le 27, les bagages du régiment le quittèrent pour prendre désormais leur place dans le grand convoi des bagages de l'armée,
à Tourteron.

Le 28, le réveil eut lieu à 3 heures du matin, par une pluie
battante ; le régiment quitte à 9 heures Basancourt et va en reconnaissance du côté du Chesne avec le général Lebrun ; à 2 heures,
la colonne passe à Stonne où se trouvait l'Empereur ; on le vit, sur
le seuil d'une porte, ouvrir et examiner avec soin la giberne d'un
fantassin ; le général Lebrun donna lui-même au colonel de
Quélen l'ordre de pousser au trot par La Besace sur Beaumont,
où un escadron ennemi est entré le matin ; mais en y arrivant,
à 4 heures, nous trouvons notre infanterie de marine qui occupe
déjà les points culminants ; le bivouac est établi dans les environs
du village.

La division Litchlin arrive aussi à Beaumont. Vers 5 heures, il
y eut une alerte causée par la rencontre des patrouilles du 4ᵉ avec
celles de la division Marguerite ; quelques coups de feu furent
échangés, mais enfin on avait retrouvé la division qu'on cherchait depuis Le Chesne.

Le 29, départ à 10 heures, on se replie sur La Besace ; le régiment prend la route de Stonne ; à mi-chemin de Stonne, il fait
grand'halte ; le corps de Failly passe, marchant sur Beaumont. On
se dirige ensuite sur Mouzon, par Yoncq et Pourron ; le régiment
arrive à Mouzon à 4 heures du soir : la ville est tellement encombrée qu'on y passe en colonne par un ; enfin, sur l'ordre du général Lebrun, le bivouac est établi, vers 5ʰ 30, près de là, en face
du village de Moulins, dans une prairie, sous de grands arbres,
pas loin de la borne qui indique la séparation des deux départe-
ments, Meuse et Ardennes.

Le commandant Archambault place lui-même le 4ᵉ escadron en
grand'garde.

A 2 heures du matin, par un brouillard intense, le lieutenant
de Roquefeuille est envoyé en reconnaissance vers Inor et Mar-
tincourt ; il est en contact avec les vedettes ennemies.

Vers 6 heures, le colonel de Quélen réunit ses officiers et leur donne communication d'une lettre du général Margueritte. Le général faisait connaître « qu'il avait pris le commandement de la division et que le colonel de Galliffet le remplaçait à la tête de la 1re brigade ».

Le 30 août, à midi, le canon de Beaumont se fait entendre ; à 2 heures, on monte à cheval ; les 1er et 2e escadrons, sous les ordres du commandant de Vernon, sont envoyés en reconnaissance à Inor ; à 3 heures, ils sont rappelés et le régiment a l'ordre de se rallier sur Mouzon. Le 4e chasseurs d'Afrique joint enfin la division Margueritte vers 6 heures, à son bivouac de Sailly ; le sous-lieutenant de Kergariou, du 3e chasseurs d'Afrique, avait apporté l'ordre et conduisit le régiment.

Le 4e chasseurs d'Afrique ne devait pas rester plus de quarante heures sous les ordres du général Margueritte.

CHAPITRE IV

La journée du 31 août

La nuit continuait, toujours brumeuse. Le camp est plongé dans la plus profonde obscurité, car défense a été faite d'allumer des feux ; de proche en proche on se réveille, de petits groupes se forment ; le commandant Laigneau, les larmes aux yeux, raconte les mauvaises nouvelles... On sait maintenant d'une façon certaine que le général de Failly s'est laissé surprendre ; on dit que son corps d'armée et celui du général Douay sont anéantis ; enfin, comme résultat, l'armée se retire devant l'ennemi et se rabat sur Sedan... C'est dorénavant partout, sur la terre et dans les âmes, la tristesse, l'obscurité, le doute, l'appréhension des choses funestes.

Le départ avait été fixé à 1ʰ30 ; il eut lieu à l'heure exacte : à 2ʰ30, la division passe la Chiers à Blagny sur un pont de bois et vient se placer au sud-est du village de Carignan. Le brouillard couvre entièrement la plaine, et la nuit, noire, épaisse, dérobe notre mouvement de retraite à l'ennemi.

A 10 heures, pendant cette même nuit, la 1ʳᵉ division de cavalerie de réserve avait passé la Meuse sur le pont de bois de Remilly ; le général vicomte Bonnemains avait reçu son ordre le 29 au soir. Le 30, la division était à cheval, se préparant à partir, lorsque le maréchal donna lui-même l'ordre au général de ne quitter Raucourt qu'après le départ d'un immense convoi qui y était arrivé pendant la nuit. Ce convoi mit quatre ou cinq heures à se mobiliser et la cavalerie, qui aurait dû éclairer, ferma la marche.

A Carignan, la division Margueritte se forme en colonne serrée dans les champs de betteraves qui bordent à gauche la route de Sedan ; elle est placée derrière la cavalerie du 1ᵉʳ corps (général

Ducrot) et son flanc gauche est appuyé au chemin de fer. On mit ensuite pied à terre, gardant la bride au bras et en observant le plus grand silence ; de petits postes à pied furent par précaution placés sur la voie ferrée.

Il y avait peu de temps que la division était là, lorsque, à sa surprise extrême (la division ne faisait jamais aucune sonnerie), le réveil sonne dans tous les régiments voisins, à la fois ; ce bruit de trompettes n'est pas suffisant, paraît-il, pour indiquer notre présence à l'ennemi, car les feux s'allument partout ; les troupes qui levaient le bivouac brûlaient leur paille de couchage : on aurait dit des feux de joie.

A 3ʰ 3o, les colonnes se mettent en marche vers Sedan. Quel encombrement de bagages, de charrois, quel pêle-mêle ! C'est la retraite avec toutes ses conséquences désastreuses.

Lorsque les dernières troupes eurent passé la Chiers, le génie fit sauter le pont de Blagny.

Le soleil avait paru, la journée s'annonçait superbe ; à l'aurore, le capitaine Faverot de Kerbrech, officier d'ordonnance du général Ducrot, vient donner l'ordre aux divisions Michel et Margueritte de se porter « en avant de Carignan, pour éclairer ».

A 6 heures, la division se met en mouvement.

Au départ, le capitaine Pordelanne, du 4ᵉ chasseurs d'Afrique, nouvellement promu et sans emploi, fut attaché à l'état-major de la division : « Votre mission, lui dit le général Margueritte, consistera à être toujours prêt à prendre et à porter les ordres ; vous ne relevez de personne. »

Au 1ᵉʳ hussards, le colonel de Bauffremont désigne le sous-lieutenant d'Assailly pour conduire à Sedan les chevaux de main de la division ; cet officier fut assez heureux pour accomplir sa mission et rallier son régiment le lendemain, 1ᵉʳ septembre, à 6 heures du matin.

A la sortie de Carignan, un officier d'état-major du 1ᵉʳ corps vint à son tour transmettre verbalement l'ordre de marche — le voici tel qu'il fut écrit sous la dictée :

« Route suivie par l'infanterie : Osnes, Messincourt, Escombres, Pouru-aux-Bois, Francheval, Villers-Cernay, Givonne, Illy, où on bivouaquera.

« La division de cavalerie de réserve marchera entre la route suivie par l'infanterie et la grande route.

« Se masser sur le plateau entre Francheval et Douzy et communiquer avec le général Ducrot. »

Cet ordre de marche était la confirmation de la lettre que le général Ducrot avait fait parvenir la veille au soir au général Margueritte.

Celui-ci exécuta de suite l'ordre qu'il recevait.

Après avoir contourné Carignan, occupé par des zouaves et des turcos, la colonne prend, vers 7 heures, un chemin de traverse, ce qui permet de protéger encore quelques débris échappés au désastre de la veille. Ces malheureux vaincus, exténués, surgissaient de tous côtés par petits groupes ; puis, au milieu d'eux et de toute une queue interminable de bagages qui marchent lentement, viennent se réfugier les habitants des campagnes qui fuient à l'approche de l'ennemi ; ils emportent dans leurs bras ou entassé sur des voitures ce qu'ils ont de plus précieux. Quel spectacle navrant de voir ces pauvres gens abandonnant leur sol, chargés de sacs, de paquets, suivant le flot sans tourner la tête ! On aurait dit la migration d'un peuple entier fuyant devant des barbares.

La division marche vers le nord, à travers champs, entre la route de Sedan à Mézières et les collines qui nous séparent à droite de la Belgique ; elle suit la route des hauteurs.

Elle est couverte par un escadron du 4ᵉ chasseurs d'Afrique. Cet escadron, déployé en tirailleurs à la gauche de la colonne, fut tout le temps en contact avec l'ennemi.

La deuxième division du 3ᵉ escadron du même régiment, sous le commandement du capitaine Schürr, forme l'extrême arrière-garde ; elle n'arriva au bivouac d'Illy qu'à 9 heures du soir, ayant dû, sur la demande du général de Lartigue, prêter son appui à un convoi du génie, dans lequel des ulans avaient jeté la panique.

Pendant cette marche, le général Margueritte se multiplie : son activité n'a jamais été poussée plus loin. En face de chaque bois, la division s'arrête, le général part avec quelques chasseurs, gravit les côtes au galop et interroge l'horizon ; sa vigilance est toujours en éveil : aussi chacun se reposait-il entièrement sur lui.

Vers 9 heures, on fit un arrêt d'un quart d'heure sur le bord de la route ; les débris du 5e corps, maudissant leur chef, défilaient à la débandade, beaucoup d'hommes sans sac, sans fusil. Pauvres troupes désorganisées qui avaient déjà tant souffert, elles n'avaient plus ni entrain ni confiance ; il suffisait du reste de les voir : les vêtements couverts de boue, le visage hâve et fatigué, les soldats d'infanterie semblaient avoir besoin de toutes leurs forces pour porter leur sac, leur fusil et ils allaient tristement, machinalement, marchant, marchant toujours jusqu'à la catastrophe.

A ce moment, le lieutenant de Waru, du 1er hussards, passa sur la route, en contre-bas à cet endroit, avec le maréchal de Mac-Mahon, près duquel il était détaché ; de Waru monta voir son régiment et fit connaître les détails du combat de Beaumont.

Cet officier portait dans sa sacoche les lettres de service du général de division Margueritte et du général de brigade de Galliffet ; ces lettres étaient préparées pour recevoir la signature du maréchal ; la sacoche contenait aussi la nomination du lieutenant de Waru au grade de capitaine.

Un peu plus tard, on rencontra la division Michel.

La division Margueritte, poursuivant sa route, passe à Osnes, Messincourt, à Escombres vers 11 heures, à Pouru-aux-Bois à 11h 3o, puis à Francheval où elle s'arrête une heure. On en profita pour faire boire les chevaux.

Le général Margueritte était triste et silencieux ; à l'angle des chemins de Pouru-aux-Bois et de Douzy, il rencontra le général Ducrot avec lequel il s'entretint un moment.

Le village de Francheval était presque désert ; les habitants, pour la plupart, avaient gagné la Belgique avec leurs voitures et leurs animaux ; néanmoins, ce fut dans cette petite localité que le lieutenant de Rey trouva quelques vivres qu'il s'empressa de requérir, et bien lui en prit : c'étaient les derniers, car les villages suivants avaient été complètement épuisés par les troupes qui nous précédaient.

La dernière proclamation de l'Empereur était affichée à Francheval, datée de Sedan.

La division traverse ensuite Villers-Cernay, La Chapelle ; aux

LE COLONEL CLICQUOT

COMMANDANT LE 1er RÉGIMENT DE CHASSEURS D'AFRIQUE (1870)

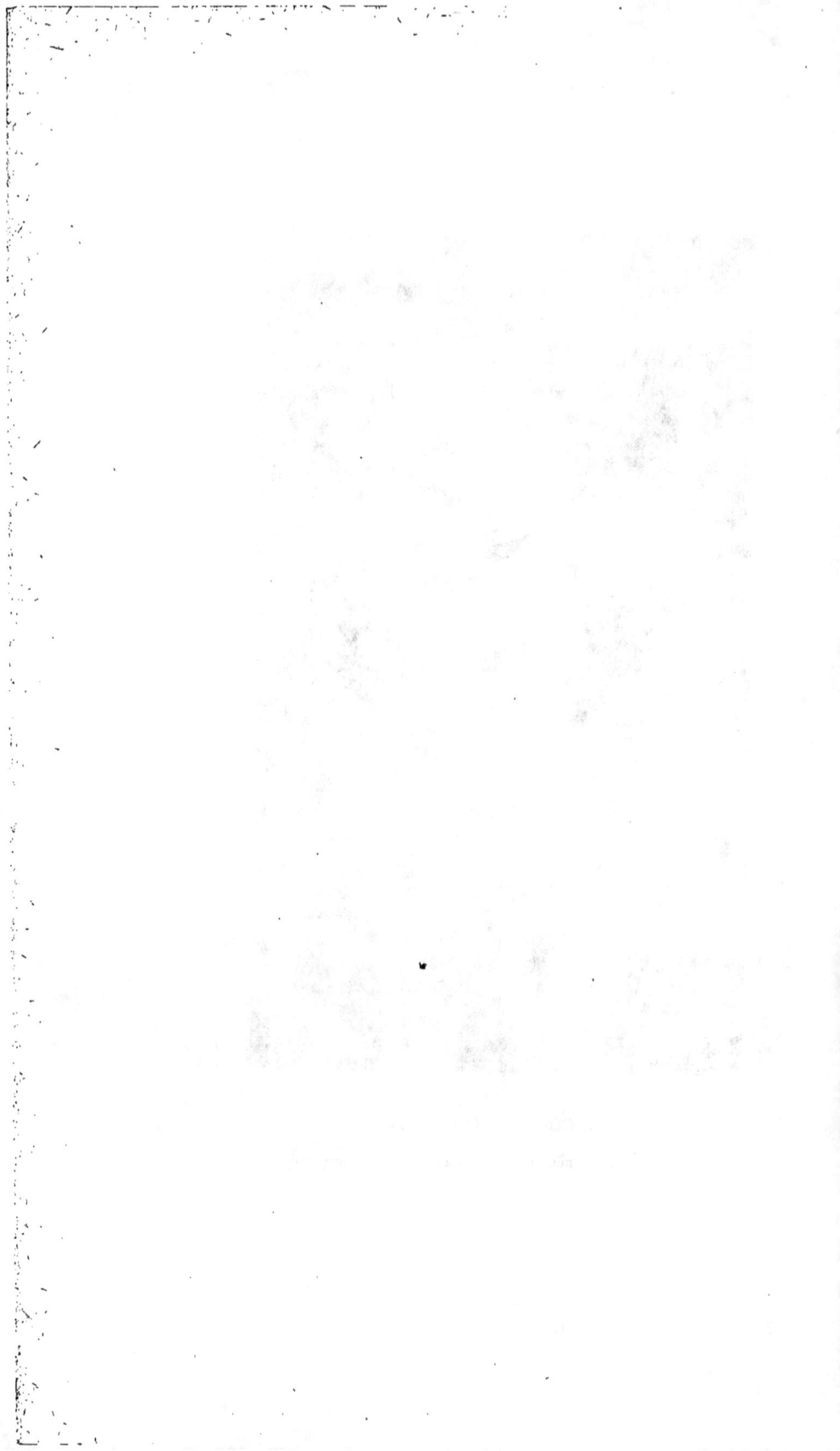

premières maisons, elle tourne à gauche pour entrer dans le bois du Petit-Terme, puis, gagnant Olly, elle y passe la Givonne, se rabat vers l'ouest, incline au nord et dépasse Illy de 500 mètres ; là, le général Margueritte reçoit un ordre écrit, apporté par un chef d'escadron du train de la Garde ; en vertu de cet ordre, il revient sur ses pas et à 3h 30 les régiments sont au bivouac à 350 mètres environ au nord et au-dessous du calvaire d'Illy, à leur dernier bivouac !

Il était 5 heures quand la division fut installée : le soleil disparaissait ; les hommes étaient exténués ; certains escadrons étaient depuis dix-sept heures à cheval et la chaleur avait été accablante ; la division avait mis de 1h 30 du matin à 5 heures du soir, soit quinze heures et demie, pour faire 26 kilomètres.

Sur notre gauche, vers la Meuse, dans la direction de Remilly, nous avions entendu pendant une partie de la journée une canonnade suivie. C'était le 1er corps bavarois (général von der Tann) qui bombardait Bazeilles ; il venait, en suivant la piste du général Douay, de déboucher sur les collines de la rive gauche de la Meuse ; l'artillerie du général Lebrun (12e corps) lui répondait de son mieux.

En arrivant au Calvaire, le commandant du train avait annoncé au général Margueritte que le convoi de la division avait été mis en déroute et en partie enlevé.

Voici ce qui était advenu.

Les bagages de la 2e brigade avaient pris leur place à la gauche de l'immense convoi des bagages de l'armée. Parti le 23 août du camp de Châlons pour Saint-Mesmes, le convoi passait les journées des 24, 25 et 26 à Rethel ; le 27, il était à Tourteron, où les bagages du 4e chasseurs d'Afrique ralliaient ceux de la 2e brigade ; le 28, à Stonne ; le 29, à Raucourt ; de Raucourt il devait aller, par Autrecourt, passer la Meuse à Mouzon.

Le convoi commença de quitter Raucourt le 30, à 6 heures du matin ; il se déroulait sur une longueur de 8 kilomètres. Son départ fut protégé, comme nous l'avons vu, par la 1re division de cavalerie de réserve ; quand il eut défilé, celle-ci se dirigea sur Remilly et le convoi poursuivit seul sa route vers Mouzon, avec de fréquents arrêts dus à sa longueur ; le peloton du 1er hussards fermait la marche.

Le canon ne cessait de se faire entendre et le bruit arrivait de plus en plus rapproché. Vers 4 heures, le convoi débouchait d'Autrecourt dans la plaine et voyait la bataille engagée sur sa droite et en avant de lui.

Peu après, les batteries allemandes, qui s'étaient avancées sur les collines de la rive gauche de la Meuse, ouvrirent à petite distance leur feu, d'abord sur la tête du convoi. En un instant, la route est encombrée de débris et de voitures abandonnées ; tout devient désordre, la panique se met dans le convoi et force fut de se sauver avec ce qui put être enlevé ; les hommes, les chevaux, les conducteurs, les attelages, tout se disperse à travers champs, et les fuyards vinrent s'engouffrer dans Sedan pendant toute la nuit et pendant la journée du 31. Les bagages de la 2e brigade qui purent échapper au désastre se réfugièrent dans le faubourg de Torcy ; ils se réunirent près du grand pont, sur l'emplacement occupé par le parc d'artillerie ; au 6e chasseurs, on compta 50 hommes et 40 chevaux.

Le bivouac d'Illy était sur le flanc nord du Calvaire, dans une grande prairie et des champs de luzerne entourés de haies vives, qui existent encore ; la division s'installa sur deux lignes, face à Givonne, chaque brigade ayant ses régiments accolés.

Dans le bas, vers Illy, les régiments de chasseurs d'Afrique formés en colonnes serrées d'escadrons ; puis en haut, vers le sommet, le 1er hussards et le 6e chasseurs inversé, en colonnes d'escadrons à demi-distance ; chaque régiment occupait une sorte de carré entouré par une haie vive.

La prairie, alors presque entièrement en luzerne, longe, à gauche, la route allant d'Illy à Givonne ; elle fait suite aux vergers qui entourent Illy ; elle est à 300 mètres environ du Calvaire. Au-dessous du bivouac, dans le fond, à 200 ou 300 mètres, on voyait Illy avec ses toits d'ardoises ; à droite, vers l'est, une ligne d'horizon assez proche, bleuâtre, boisée : c'était la Belgique.

Les six pièces de la division s'établirent en batterie à proximité du bivouac, à l'est, derrière des broussailles, sur un point culminant.

Dès l'arrivée au bivouac, de nombreuses corvées furent envoyées dans les environs pour ramasser l'avoine, qui fut coupée sur pied.

On fit boire à Illy.

La distribution des vivres dura jusqu'à 11 heures du soir, sur la place du village, elle avait lieu à la lueur des lanternes ; on toucha tous les petits vivres, l'avoine, la viande, le pain apportés de Francheval et de Messincourt ; la division avait reçu ses distributions pour la journée du 31.

Le dîner du général Margueritte avait été commandé dans la maison d'Illy la plus proche du camp : le général ne voulut pas quitter le bivouac et les ordonnances allèrent chercher ce dîner — une soupe à l'oignon et un lapin sauté.

La tente du général était sur le bord de la route ; il y avait avec le général, à ce repas qui devait être le dernier pour lui, le général de Galliffet, les capitaines Braün et Henderson, le lieutenant Reverony et le sous-lieutenant de Senneville.

Le général Tilliard, son aide de camp le capitaine Proust, les lieutenants de Müllenheim et Berthaut, ses officiers d'ordonnance, avaient reçu l'hospitalité dans une maison particulière d'Illy. Au dîner, on but le champagne au succès du lendemain. Le général et le capitaine Proust étaient sans entrain et tristes.

Les officiers des régiments mangeaient depuis longtemps avec leurs hommes ; nous sommes loin, comme on le voit, du luxe et du confortable si souvent reprochés alors aux chefs de l'armée.

Sous la tente du capitaine de Varaigne, trois officiers prenaient le café : c'était, avec lui, le lieutenant-colonel de Liniers et le lieutenant de Marsaguet ; il semblait, à voir leur tristesse, qu'un coin du voile qui cache l'avenir se levât déjà pour eux ; ils furent tués tous trois le lendemain.

Ailleurs, la gaieté ne perdait pas ses droits et on faisait cuire en riant les rogatons qu'on avait pu collectionner en route — entre autres, une vieille andouille qui se balançait la veille comme enseigne chez un industriel de Carignan ; Triboulet l'avait recueillie en passant et maintenant il la faisait bouillir, en chef de popote prévoyant ; lui aussi fut tué le lendemain.

Puis la nuit vint, froide et brumeuse comme la précédente, couvrant de son ombre intense tout ce pays accidenté ; la pluie fine et serrée se remit à tomber ; un profond silence régnait partout ; à peine si quelques rares feux de bivouac indiquent que l'armée est là, tout entière autour de Sedan ; les chevaux restèrent sellés, les hommes se couchèrent par terre sans tente, nul ne put quitter son propre bivouac.

Beaucoup de ceux que nous aimions dormirent cette nuit-là leur dernier sommeil...

Le général Margueritte ne se coucha pas ; abîmé dans ses réflexions, assis par terre, près d'un petit feu, il prenait du café ; vers le matin, il but un litre de lait. Non loin de lui, roulé dans un manteau, le général de Galliffet s'abritait sous une tente à peine dressée.

On devinait bien que l'heure était décisive ; on sentait la Belgique tout près, l'ennemi en face et chacun put s'endormir en se disant : C'est pour demain ; c'était la veillée des armes.

Demain, qui commence, c'est le jeudi 1er septembre 1870 !

Par intermittences, on entendait quelques coups de fusil vers les bois à l'ouest.

Le général Margueritte, justement préoccupé, fit partir plusieurs reconnaissances vers 1 ou 2 heures du matin ; chacune d'elles comprenait un officier et dix cavaliers ; en même temps il faisait atteler sa batterie ; puis à 3 heures et demie, la fusillade étant devenue plus vive, il montait lui-même à cheval, son petit cheval gris clair, et accompagné du général de Galliffet, il se rendait sur la face sud du camp.

Bientôt, le premier coup de canon retentit, éclairant les fonds de ce côté ; il était 4h 5. Le général Margueritte se fit renseigner sur la direction du coup par le capitaine Descharmes, qui commandait là une garde à pied de cinquante chasseurs du 4e. Le lieutenant Ressayre commandait sur la face sud-est une division de cinquante hussards.

Le général poussa vers Givonne, après avoir prescrit à la division de faire ses préparatifs de départ et d'attendre sur place de nouveaux ordres.

La reconnaissance du 1ᵉʳ chasseurs d'Afrique fut commandée par le sous-lieutenant de Nieuil, qui se heurta aux Allemands dans le village de La Chapelle.

La reconnaissance du 3ᵉ chasseurs d'Afrique, commandée par le lieutenant de Pierres, et celle du 6ᵉ chasseurs, commandée par le lieutenant Poulat, furent poussées dans la direction de Francheval; elles constatèrent que le bois Chevalier était fortement occupé.

Le général Margueritte dit au lieutenant Poulat : « Tâchez de vous rallier aux vedettes; je ne sais pas ce que je ferai demain. » Le lieutenant Poulat rentra au camp vers 3 heures du matin.

La reconnaissance du 1ᵉʳ hussards fut commandée par le sous-lieutenant du Quesnoy et alla à Francheval même, après avoir essuyé quelques coups de fusil des francs-tireurs des Ardennes.

A 3 heures environ, le lieutenant de Rey avait porté l'ordre au 4ᵉ chasseurs d'Afrique d'envoyer des patrouilles vers Givonne et le Fond-de-Givonne.

Vers 4 heures, le général Margueritte avait été prévenu par les soins du lieutenant de Pierres, et d'après les renseignements d'un voyageur connaissant bien le pays, que « l'armée serait entourée et mitraillée dans ses positions ».

Cette sinistre prédiction devait se réaliser.

Effectifs de la division, le 1ᵉʳ septembre, sur le champ de bataille [1]

Le 1ᵉʳ septembre, la 2ᵉ division de réserve sous les ordres du général de brigade Margueritte, nommé verbalement général de division le 30 août par l'Empereur, comprenait :

A) L'état-major de la division, deux officiers (général Margueritte, capitaine Henderson);

B) La première brigade formée des 1ᵉʳ, 3ᵉ et 4ᵉ chasseurs d'Afrique, aux effectifs suivants :

a) Le 1ᵉʳ chasseurs d'Afrique, colonel Clicquot (ancienneté du

---

[1] Les contrôles nominatifs des officiers se trouvent à la fin de l'ouvrage (pages 215 et suivantes).

21 décembre 1886). Quatre escadrons comptant 40 officiers et 395 hommes.

En se reportant aux effectifs du départ, on trouve en diminution depuis cette époque quatre officiers :

1° Deux officiers sont restés à Metz avec le convoi, deux ont été détachés près du maréchal de Mac-Mahon ;

2° 243 hommes de troupe (638-395) qui sont restés à Metz au convoi avec 233 chevaux d'officiers ou de troupe ; il faut compter 100 hommes à pied parmi ces 243.

Ces chiffres sont absolument exacts à quelques unités près et la petite différence est justifiée par l'affaire de Pont-à-Mousson ;

b) Le 3e chasseurs d'Afrique, colonel de Galliffet (colonel du 8e hussards le 14 août 1867. Mis en non-activité le 1er novembre 1867, à la suite d'un duel avec le prince Achille Murat. Replacé colonel du 3e chasseurs d'Afrique le 11 décembre 1867. Nommé verbalement général de brigade par l'Empereur le 30 août [1]).

Quatre escadrons comptant 39 officiers et 437 hommes.

En se reportant aux effectifs du départ, on remarque que le nombre des officiers est demeuré le même :

1° Trois officiers sont restés à Metz, deux sont entrés à l'hôpital, mais ces pertes ont été compensées par quatre officiers détachés qui ont rejoint le corps et un nouveau promu ;

2° Il y a eu diminution de 153 hommes (590-437) qui sont restés à Metz, au convoi, avec 94 chevaux d'officiers ou de troupe environ, il faut compter 100 hommes à pied parmi ces 153.

Ces chiffres sont absolument exacts à quelques unités près ;

c) Le 4e chasseurs d'Afrique, colonel de Quélen (ancienneté du 27 février 1869) :

Quatre escadrons comptant 42 officiers et 426 hommes.

En se reportant aux effectifs du départ, on remarque que le nombre des officiers s'est augmenté d'un :

1° Deux officiers ont été détachés dans des états-majors, mais un officier qui a rejoint et deux nouveaux promus ont reporté le chiffre à 42 présents ;

---

[1] Nous éluciderons cette question, qui a suscité tant de controverses, dans une Annexe spéciale (Voir page 253).

2° Il y a eu diminution de 186 hommes (612-426) qui se trouvaient à Sedan avec le convoi comprenant 108 chevaux d'officiers ou de troupe environ; il faut compter parmi ces 186 manquants, 126 hommes, qui, dès le matin du 1ᵉʳ septembre, furent envoyés à pied aux remparts de Sedan.

Ces chiffres sont absolument exacts;

C) L'état-major de la 2ᵉ brigade, deux officiers (général Tilliard, capitaine Proust);

D) La 2ᵉ brigade, sous le commandement du général de brigade Tilliard, formée du 1ᵉʳ hussards et du 6ᵉ chasseurs, aux effectifs suivants :

a) Le 1ᵉʳ hussards, colonel de Bauffremont (ancienneté du 14 août 1867) :

Cinq escadrons comptant 46 officiers et 476 hommes.

En se reportant aux effectifs du départ, on remarque que le nombre des officiers s'est augmenté de deux :

1° Un officier promu a quitté le régiment pour rejoindre son nouveau corps, un autre est entré à l'hôpital, mais quatre nouveaux promus ont rallié le régiment;

2° Il y a eu diminution de 181 hommes (657-476).

Près de 70 hommes à pied, qui ont pu se sauver du convoi, sont rentrés dans Sedan. Il y avait au convoi environ 94 chevaux d'officiers ou de troupe qui furent dispersés; plusieurs passèrent en Belgique; les chevaux de main des officiers conduits par le sous-lieutenant d'Assailly rentrèrent le 31 dans Sedan.

Ces chiffres sont absolument exacts;

b) Le 6ᵉ chasseurs, colonel Bonvoust (ancienneté du 27 février 1869) :

Quatre escadrons comprenant 35 officiers et 384 hommes.

En se reportant aux effectifs du départ, on trouve le nombre des officiers diminué de sept :

1° Les officiers partis avec le 6ᵉ escadron, escorte du maréchal Canrobert (6ᵉ corps), sont au nombre de neuf; un malade a quitté le régiment; mais, d'autre part, trois officiers détachés ont rejoint au camp de Châlons;

2° Pour les hommes, l'effectif du départ doit être diminué du 6ᵉ escadron et ramené à 650 — 132 = 518. La différence de

518—384, soit 134, porte sur les 80 hommes à pied, joints au convoi qui comptait environ 52 chevaux d'officiers ou de troupe.

Ces chiffres sont exacts à quelques unités près ;

E) La 2ᵉ batterie de combat du 19ᵉ régiment d'artillerie à cheval, capitaine commandant Hartung, comptait 3 officiers et 81 hommes.

Toutes ces troupes réunies formaient un total de deux brigades, ou cinq régiments, ou vingt et un escadrons, avec une batterie de six pièces ; soit 209 officiers et 2 199 hommes, à quelques unités près, tous combattants à cheval et sur le champ de bataille.

Tableau récapitulatif des effectifs de la division Margueritte le 1ᵉʳ septembre 1870, sur le champ de bataille, avant les premiers engagements

UNITÉS	NOMBRE des escadrons	OFFICIERS	TROUPE
État-major de la division	»	2	»
1ᵉʳ chasseurs d'Afrique	4	40	395
3ᵉ — —	4	39	437
4ᵉ — —	4	42	426
État-major de la 2ᵉ brigade . . .	»	2	ᴅ
1ᵉʳ hussards	5	46	476
6ᵉ chasseurs	4	35	384
Batterie	»	3	81
Totaux	21	209	2 199

Les cinq régiments de la division ont perdu, depuis le départ de leurs garnisons, 10 officiers et 1 010 hommes de rang.

Enfin, pour avoir exactement le nombre des sabres de la division Margueritte sur le terrain de charge *le matin,* il faut défalquer l'effectif de la batterie, puis un certain nombre d'officiers que leurs emplois retenaient loin de la division, les médecins et les vétérinaires, soit au total 27 non-valeurs, et on arrive ainsi au nombre de 182 officiers et 2 118 sabres, prêts à charger sous le commandement du général de division Margueritte.

CHAPITRE V

Jeudi 1er septembre

De proche en proche, tout le monde se réveille; le lieutenant de Rey fait distribuer la journée de pain qu'on a pu cuire à Illy pendant la nuit, et une faible quantité de petits vivres fournis par l'épicier du village.

A 4h 3o, la division monte à cheval; le brouillard, absolument opaque, ne permettait pas de voir à 100 mètres autour de soi; il ne fut fait aucune sonnerie et le grondement du canon coupait seul, par intervalles, le profond silence qui régnait.

Près du feu de son bivouac, au petit jour, le sous-lieutenant de Liniers, du 1er hussards, se blessait accidentellement à la cuisse avec son revolver.

A 5h 15, la division quitte le bivouac d'Illy et prend, bien près de là, une position un peu plus rapprochée de Givonne; elle est en réserve derrière l'extrême gauche de la ligne française.

Elle s'établit obliquement sur le plateau : son flanc droit appuyé à la lisière du bois de la Garenne, en arrière de la route d'Illy, au fond de Givonne; sa gauche un peu plus en retrait vers Illy; la division faisant face à Givonne sans le voir, car le bois et des mouvements de terrain cachaient la vue de la bataille engagée de ce côté depuis 4 heures du matin; en avant de la gauche, une trouée profonde permet d'apercevoir dans le bas la route d'Illy à Givonne; en arrière de la division, le calvaire d'Illy.

Dès qu'on fut installé, on mit pied à terre et on donna l'avoine.

La division formait les trois côtés d'un carré.

Les 1er et 3e chasseurs d'Afrique ainsi que le 6e chasseurs étaient déployés, le 3e chasseurs d'Afrique derrière le 1er.

Le 4e chasseurs d'Afrique et le 1er hussards étaient formés en colonnes d'escadrons à demi-distance en avant sur les ailes.

La batterie faisait face au nord-est.

Le 1er hussards n'avait à ce moment que trois escadrons : les 1er et 2e venaient d'être envoyés en reconnaissance, le 1er vers Givonne, le 2e vers le fond de Daigny.

Le capitaine Laborie, du 1er escadron, fit savoir au général Margueritte que les batteries françaises souffraient beaucoup et que les tirailleurs algériens se repliaient. Le capitaine de Tussac rendit compte directement au général, qui vint lui-même parcourir la ligne des vedettes.

Le général Margueritte, accompagné de son état-major et du général de Galliffet, avait en effet profité de ce moment de halte pour aller assister à la lutte des 1er et 12e corps opposés aux Bavarois.

Ils avaient pris le chemin qui passait devant le front de la division et traversait une partie du bois.

Le bruit du canon et le crépitement constant des mitrailleuses indiquaient l'intensité de la bataille ; les hommes comparaient la mitrailleuse au « moulin à café » en raison de son bruit : on aurait dit les éclats de la foudre qui tombe au milieu des roulements du tonnerre répétés par les nuages.

Pendant que les chevaux mangeaient leur dernière avoine, une troupe de cavalerie déboucha près de la division. Le capitaine Puyatier, du 6e cuirassiers, et des officiers du 7e lanciers viennent serrer la main à leurs anciens camarades ; c'était la division de Fénelon (12e corps) qui défilait.

L'intensité du brouillard était telle, que la division Margueritte n'avait pas encore aperçu les divisions Fénelon et Duhesme qui se trouvaient également sur le plateau près d'elle. Le général Ducrot voulait réunir là toute la cavalerie sous sa main ; dès ce moment, il projetait de s'en servir en grandes masses lorsque le moment décisif serait arrivé.

Vers 6[h] 3o, le général Margueritte rencontra sur la lisière du bois le général de Wimpffen, qui avait été voir ce qui se passait du côté de la boucle de la Meuse. Le général Margueritte lui dit que « de considérables mouvements de troupes s'exécutaient en

avant de Francheval », mais il ne put donner aucun renseignement dans la direction de Fleigneux ; le général de Wimpffen lui
dit alors : « Eh bien, il s'y concentre une armée pour nous y recevoir, si nous tentons une retraite de ce côté ; ayez la bonté,
sans plus attendre, d'y faire une reconnaissance offensive, afin
que vous nous précisiez ce que nous avons là à redouter. »

Le général de Wimpffen jugeait sainement la situation. A ce
moment même, à la gauche de notre ligne, le doute n'était plus
possible, l'ennemi gagnait du terrain ; le général de Bonnemains,
prévoyant qu'on pourrait être obligé de passer la Meuse à gué,
avait envoyé une reconnaissance du 1ᵉʳ cuirassiers jusqu'à
400 mètres de Saint-Albert ; cette reconnaissance prit le contact
avec l'ennemi et vit défiler devant elle, allant vers le nord-est, de
nombreuses colonnes d'infanterie et d'artillerie.

Peu après le départ du général de Wimpffen, le général Margueritte ayant reconnu, avec le général Ducrot lui-même, un nouvel emplacement pour la division, envoya le sous-lieutenant de
Senneville porter l'ordre au général Tilliard d'amener la division
à l'endroit indiqué « en arrière et face au bois de la Garenne ».
De Senneville devait ensuite pousser jusqu'à Illy et en ramener
des hommes intelligents, capables de renseigner le général Margueritte sur la topographie du pays.

Enfin le général, ayant aperçu de la cavalerie française à l'est
même d'Illy, lui dépêcha le sous-lieutenant de Kergariou pour la
prévenir « qu'une bataille allait se livrer, qu'elle devait se rapprocher, car on aurait besoin bien certainement de tout le
monde ».

A l'entrée d'Illy, de Kergariou trouva le général Brahaut et le
général de Bernis, auxquels il fit part de la communication dont
il était chargé.

Le général Brahaut se fit de suite conduire vers le général
Margueritte.

Le lieutenant de Rey avait été également envoyé par le général Margueritte vers le général Brahaut pour « l'inviter à se
joindre à lui en vue de tenter une action commune » ; de Rey,
bousculé et démonté dans Illy, ne put remplir sa mission et ne rejoignit la division qu'après la blessure du général Margueritte.

A 6^h 45 environ, on monte à cheval, et la division, conduite par le général Tilliard, vient prendre une nouvelle position derrière le bois de la Garenne, toujours au sud du calvaire d'Illy, faisant de nouveau face au sud-est; elle reste là près d'une heure.

Le vétérinaire en 1er du 3e chasseurs d'Afrique, Vilain, égaré et perdu dans le brouillard, prit à ce moment la route de Bouillon et gagna la Belgique sans le savoir; il fut ensuite à l'armée de l'Est.

Les régiments étaient tous en bataille les uns derrière les autres dans l'ordre suivant : le 1er hussards en tête contre le bois, puis le 6e chasseurs, le 4e, le 1er et le 3e chasseurs d'Afrique en queue.

De nombreux lièvres se levaient de tous côtés sous les pieds des chevaux et couraient faisant leurs crochets affolés; des renards filaient promptement, ne trouvant plus d'abri sûr.

Le sous-lieutenant de Senneville revint d'Illy, ramenant à grand'peine trois guides; deux s'échappèrent en chemin, et le troisième, garde champêtre à Illy, ne fut pas d'un grand secours; il ne signala pas plus au général le contre-bas du chemin d'Illy et l'encaissement du ruisseau entre Illy et Floing, que le guide de Napoléon ne signala, le jour de Waterloo, le fossé d'Ohain. Il y a des fatalités qui reviennent...

Le garde champêtre, auquel le général Margueritte avait fait donner un cheval, s'en servit pour disparaître à son tour au moment de la charge vers Illy et bien lui en prit.

Pour oublier cette défaillance, signalons ici un beau trait du devoir accompli. Un chasseur du 4e, mis à pied pour ivresse le 31, rejoignit à ce moment son escadron; il avait fait 8 lieues à pied sur la frontière de Belgique et venait réclamer son cheval et ses armes pour reprendre sa place au moment du danger.

Vers 7^h 45, au grand étonnement de tous, quelques projectiles arrivent et tombent en arrière de la division.

Le brouillard commençait à se lever, le soleil dissipait la brume, découvrant l'aurore d'une belle journée.

Chacun se retourne vers les hauteurs de Saint-Menges et on y découvre les Prussiens; on voyait de longues colonnes noires, qui, partant de Saint-Menges même, allaient vers Illy, c'étaient les

têtes de colonnes du Prince royal de Prusse, commandant la
IIIᵉ armée.

La IIIᵉ armée, comprenant le Vᵉ corps (général de Kirchbach)
et le XIᵉ corps (général de Gersdorff), avait pour mission d'enve-
lopper Sedan à l'ouest et au nord.

Les officiers des grades inférieurs eurent à ce moment la première perception du mouvement tournant par lequel l'armée allait
être enveloppée et dans les rangs, jusqu'alors silencieux, on entendait dire : « Ils nous tournent. »

Le général Margueritte voulait absolument que ce fussent des
chasseurs à pied, sa longue-vue le détrompe vite et il s'écrie :
« Ah ! par exemple, ceux-là, nous allons leur f..... une fameuse
tatouille ! » ; puis il se prit à réfléchir et faisait au pas le tour de ses
régiments lorsque arriva le général Brahaut, dont la division, attachée au 5ᵉ corps, s'était rapprochée à l'est d'Illy ; le général était
accompagné de son officier d'ordonnance, le sous-lieutenant Le-
tonnelier de Breteuil, du 5ᵉ hussards, et de son porte-fanion,
le maréchal des logis J. de Fitz-James.

Au même moment, une pièce de 12 dirigée par un chef d'escadron d'artillerie, arrivait ; cette pièce fut mise en batterie et lança
quelques projectiles dans la direction de Saint-Menges, pendant
que les deux généraux s'entretenaient ensemble, afin d'assurer
par une action commune l'exécution de la reconnaissance de-
mandée par le général de Wimpffen.

Pendant ce temps, le mouvement de retraite vers le nord prescrit par le général Ducrot s'accusait ; on entendait des clairons
sonner la retraite, un détachement, qui escortait le parc d'artillerie de réserve, se retirait avec lui, par ordre, sur Mézières ; puis
une longue file d'impedimenta de toute nature, chevaux de main,
voitures, mulets, bestiaux, accompagnés de groupes d'infanterie,
sortait du bois de la Garenne, se dirigeant tranquillement vers Illy
qu'on ne supposait pas si près d'être atteint par l'ennemi.

Et cependant, vers l'est, une longue colonne du train auxiliaire
se jetait à droite dans les champs, du côté de la Belgique...

C'était le contact pris avec la pointe de l'avant-garde allemande.

Le général Ducrot comptait tenter un gros effort de cavalerie
pour repousser les têtes de colonnes allemandes et balayer les

hauteurs entre Saint-Menges et Fleigneux ; dès qu'il eut pris le commandement, il vint dire au général de Fénelon, qu'il trouva à l'angle du bois de la Garenne : « Nous n'avons qu'une chose à faire, assurer la retraite sur Vrigne-aux-Bois ; vous êtes le plus ancien général de cavalerie, sinon un des plus anciens, réunissez par mon ordre toute la cavalerie qui se trouve sur le champ de bataille et portez-la sur la route de Saint-Menges à Vrigne, au coude de la rivière. »

Le général Ducrot réservait à la division Margueritte l'honneur de prendre la tête du mouvement et il avait fait connaître au général Margueritte son intention de se mettre lui-même devant la division quand elle serait appelée au suprême effort.

Les cavaliers de la division, en effet, étaient arrivés à l'armée de Châlons avec l'auréole du succès ; fiers de toutes leurs victoires passées, n'ayant jamais vu la fortune trahir leurs efforts, ces troupes étaient les seules qui, depuis l'ouverture de la campagne, avaient pu enregistrer quelque action heureuse.

Le coup de main sur Pont-à-Mousson avait confirmé l'opinion de l'armée et au milieu de tous ces régiments plus ou moins ébranlés, la division de cavalerie d'Afrique semblait, à beaucoup, seule capable de retenir la victoire...

Elle en était à coup sûr digne et sut hautement le prouver.

Le général Margueritte jugea que l'instant était venu d'élever l'âme de ses cavaliers par une de ces chaudes harangues dont il avait le secret ; il se porte près d'eux et leur adresse joyeusement quelques paroles bien senties pour enflammer leur courage, leur faire comprendre la grandeur de leur devoir et ce qu'il attend d'eux ; les cris de « Vive la France ! vive le général ! » lui répondent ; les lames des sabres sortaient d'elles-mêmes des fourreaux... Ce fut une des grandes émotions des officiers, car ils sentaient que, avec des troupes pareilles aux leurs et guidées par un tel chef, ils pouvaient tout tenter.

Le général Margueritte fait faire bientôt après un demi-tour par pelotons ; par suite de ce mouvement, le 3e chasseurs d'Afrique se trouva en première ligne, puis le 1er et le 4e, tous trois inversés, le 6e chasseurs et enfin le 1er hussards le dos au bois.

La division fait dès maintenant face à Saint-Menges, et la batterie va prendre sa place pour ouvrir le feu à 800 mètres au sud-ouest du calvaire d'Illy, près de la crête ; le terrain s'abaissait profondément devant elle ; en arrière un vallonnement sensible la séparait du bois.

Ce fut du reste sa seule mise en batterie de la journée.

Le général avait changé de monture : les obus agaçaient son cheval gris clair. Il se fit amener son cheval bai, qu'on appelait communément « Mousse » ; il le monta pendant le reste de la journée (1).

Vers 8 heures, le général Margueritte appelle tous les colonels autour de lui ; quelques minutes après, ils rejoignent leurs troupes au pas et silencieux. Le général leur avait annoncé la blessure du maréchal de Mac-Mahon dont la nouvelle venait de lui parvenir officiellement ; il la connaissait d'ailleurs personnellement depuis 7 heures. Le maréchal de Mac-Mahon fut frappé par un éclat d'obus un peu avant 6 heures du matin ; il était alors en observation sur les hauteurs à l'ouest de la Moncelle.

Le général avait dit aussi la prise du commandement par le général Ducrot, le mouvement que ce nouveau chef comptait tenter vers le nord ; enfin les ordres pour la charge prochaine avaient été donnés, le point de ralliement indiqué.

Pendant ce temps d'arrêt de courte durée, on put voir un officier allemand, monté sur un cheval rouan, qui, dépassant le thalweg entre Illy et Floing, vint jusqu'à une centaine de mètres de nous ; il s'arrêta, examina avec grande attention le terrain et s'en fut... « C'est un dragon », criaient les soldats ; « Non, c'est un pompier », ripostaient les autres en riant. Quelques officiers du

---

(1) Le général avait à Metz quatre chevaux :

1o Un cheval gris pommelé, de grande taille, très beau, venant du cheick Ali, de Laghouat ; le général l'attelait à Alger, ce cheval, déferré, reste en arrière à Mars-la-Tour le 16, avec les bagages ;

2o Un cheval gris clair, que le général monta dans la matinée du 1er septembre jusque vers 8 heures ;

3o Un cheval gris vineux ; l'ordonnance Champagne gagna Mézières avec ces deux chevaux : le gris clair portait le harnachement du général, le gris vineux, les couvertures fixées par un surfaix ; le cheval gris clair fut donné à un ami du général, M. Doyen, de Saint-Lambert (Ardennes) ; le gris vineux, ramené à Alger, y fut vendu ;

4o Un cheval bai, celui que montait le général Margueritte quand il fut blessé.

1er hussards, le lieutenant-colonel de Gantès, le capitaine Hanryé, mirent pied à terre pour le viser, quelques coups de fusil partirent sans l'atteindre, il salua courtoisement du pistolet et repartit au galop.

Cet officier avait reconnu le terrain.

Que n'en fîmes-nous autant ! Nous n'aurions pas à constater bientôt l'insuccès de la charge du matin ; le chemin d'Illy en contre-bas aurait été passé au bon endroit et le cercle qui se fermait sur nous aurait été brisé à coup sûr.

Les colonels firent part de toutes ces nouvelles à leurs officiers ; le général de Galliffet réunit les siens autour de lui ; il leur expliqua le mouvement de retraite décidé par le général Ducrot, et ajouta : « Messieurs, je dois vous déclarer la situation telle qu'elle est : nous sommes entourés d'un cercle de fer ; on confie aux chasseurs d'Afrique le devoir et l'honneur de le percer ; la mission est aussi glorieuse que périlleuse, nous n'aurons peut-être pas d'autre occasion de donner de la campagne ; mais je sais comment vous faites votre devoir et je m'en rapporte à vous. Nous allons charger. Il est probable que nous ne nous reverrons pas tous. Pour mon compte, je vous fais mes adieux. »

Le capitaine de Linage reporta ces nouvelles à ses hommes, qui répondirent sans hésitation : « Vous serez content de nous » ; leur confiance était extrême.

Le général Tilliard, devant le front des hussards, disait au 5e escadron : « Aujourd'hui, mes enfants, il nous faut tous mourir pour la France. »

Le sous-lieutenant de Saint-Georges entonna aussitôt la *Marseillaise* que tout le régiment répéta de suite avec lui.

Dispositions prises et terrain de charge

Les régiments étant en bataille, le général Margueritte leur fait exécuter le mouvement de pelotons à gauche et porte ensuite sa division par une sorte de marche de flanc en face du terrain que va parcourir la charge. Le général semblait vouloir appliquer les principes, alors nouveaux, des trois lignes, que le général du Barail avait préconisés et essayés à Lunéville, pendant le court séjour qu'il y avait fait.

La division est dans l'ordre suivant :

Le 3ᵉ et le 1ᵉʳ chasseurs d'Afrique sont en première ligne, formant une sorte de colonne double sur la crête même et à l'ouest du Calvaire, près duquel vient de s'installer une batterie française ; un peu en arrière et sur le flanc gauche, le 4ᵉ chasseurs d'Afrique en deuxième ligne. Ces trois régiments sont toujours inversés.

Un peu plus loin vers l'ouest, le 6ᵉ chasseurs et à sa gauche le 1ᵉʳ hussards ; cette brigade, dans un pli de terrain, forme la troisième ligne.

Nous reverrons plus tard ce vallonnement déjà indiqué derrière notre batterie, et dans lequel une brigade de cuirassiers eut fort à souffrir du feu ; la brigade Tilliard en occupait à ce moment la tête et elle n'eut qu'à faire un très court mouvement vers le sud-ouest pour se trouver au point même de ralliement qui lui avait été indiqué en arrière de la batterie.

J'insiste sur cette disposition, car on a été fort surpris, après la guerre, qu'une partie de la 2ᵉ brigade n'ait connu que beaucoup plus tard la charge vers Illy. Cette charge s'est faite en dessous de la brigade Tilliard et tout à fait hors de sa vue ; la durée en fut d'ailleurs très courte et les chasseurs d'Afrique vinrent au ralliement bientôt après l'arrivée de la brigade Tilliard au point qui lui avait été marqué.

En peu de temps, rendus sur leur terrain de charge, les régiments font face à droite, dans la direction de l'ennemi, et se trouvent disposés : le 3ᵉ chasseurs d'Afrique en tête, puis le 1ᵉʳ à 100 mètres de distance et un peu sur la droite, enfin le 4ᵉ à 350 mètres du 1ᵉʳ ; la 2ᵉ brigade était en arrière sur la gauche.

Le général Margueritte avait l'intention de faire charger successivement les deux brigades de sa division, car le général Tilliard, attendant son tour de charger, venait devant le 6ᵉ chasseurs et disait aux hommes d'un ton énergique et déterminé : « Allons, chasseurs, voilà une batterie qui nous embête ; pointez bien les artilleurs, mais ne sabrez pas et allons-y vigoureusement. »

Le général n'eut pas le bonheur de tomber dans une charge.

La charge qui va être exécutée avait pour but d'ouvrir la route devant l'armée acculée à Sedan : il fallait tout d'abord dégager les approches du village d'Illy, que les troupes prussiennes commençaient à atteindre (la ligne des tirailleurs était déjà déployée entre Illy et Floing) ; puis, enlever les batteries qui venaient de s'établir vers 7^{h}45 à l'ouest d'Illy, dans la direction sud de Saint-Menges, et avaient ouvert de suite leur feu. C'était là l'objectif réel, direct, de la charge.

Les Prussiens, en effet, faisaient entrer en ligne leur artillerie qui allait nous fermer la route du nord.

Trois batteries, devançant l'infanterie dès 7 heures du matin, venaient s'installer à l'ouest du chemin qui, partant de Floing, va sur Fleigneux, et au nord-est du petit bois, dit Bois-Hattoy, à environ 2 000 mètres de nous ; ces trois batteries comptaient dix-huit pièces. C'étaient les 3e, 4e et 5e légères (calibre 6) détachées du XIe corps ; elles n'étaient soutenues que par les 1er et 2e escadrons du 1er régiment de hussards hessois (n° 13) sous le commandement du lieutenant-colonel de Heuduck, et trois compagnies du 1er régiment d'infanterie de Nassau (n° 87) commandé par le colonel de Grolmann.

Ce régiment de Nassau, que nous trouvons en face de nous, évoque un souvenir assez curieux pour être relaté ici.

Le régiment n° 87, 1er d'infanterie de Nassau, avait servi avec honneur et fidélité dans les rangs français jusqu'en 1814 ; un an après, nous le trouvons à Waterloo, au centre de l'armée anglaise ; c'est un des régiments qui, placés en arrière du chemin creux de Braine-l'Alleud à Ohain, reçurent, formés en carrés, les charges de la cavalerie de Ney. Le 1er de Nassau fut chargé d'abord par le troisième échelon des cuirassiers, puis il supporta tout l'effort des carabiniers de la Garde.

Ces troupes formaient l'avant-garde du Prince royal et appartenaient à la 21e division du XIe corps ; deux escadrons les appuyaient (c'étaient les 2e et 3e du 2e régiment de hussards hessois n° 14).

On est donc fondé à dire que le déploiement du XIe corps, et plus tard celui du Ve, ne furent couverts que par de très faibles détachements, et la caractéristique de l'opération réside dans l'entrée en ligne rapide de l'artillerie.

Les premiers coups de canon que la division reçut dans le dos venaient de cette artillerie ; notre batterie se mit en devoir de lui répondre de suite : il était 8ʰ 15 quand elle ouvrit son feu de sa position, à 800 mètres au sud-ouest du Calvaire.

Ainsi qu'il avait été convenu avec le général Brahaut, la division Margueritte eut mission d'attaquer en face d'elle, au sud-ouest d'Illy ; la division Brahaut « par les fonds à droite » sur Illy même, suivant les paroles mêmes du général Margueritte ; enfin, à gauche, la division Fénelon devait appuyer le mouvement.

C'était le groupement de la cavalerie sur le plateau d'Illy, tel que l'avait conçu le général Ducrot pour le moment suprême.

La brigade de Bernis (division Brahaut) fut en effet lancée sur l'infanterie prussienne ; elle la rencontra en masses après avoir traversé Illy, et fut obligée de se retirer devant ses feux de salve violents qui lui firent perdre un assez grand nombre d'hommes et de chevaux.

Ces feux de salve étaient fournis par l'infanterie qui se portait à l'ouest d'Illy et allait être aux prises avec la brigade des chasseurs d'Afrique.

La brigade de Bernis avait été engagée trop tôt.

Le terrain de charge se développait devant la 1ʳᵉ brigade en pente douce et uniforme jusqu'au chemin qui va d'Illy à Floing dans la direction du nord-est au sud-ouest.

Ce chemin, large de 4 mètres environ et sur les pentes inférieures du coteau, est presque partout escarpé du côté sud et bordé de buissons au nord vers Illy ; la charge l'abordait perpendiculairement par le sud.

La descente de notre côté était donc difficile, le talus variant de 0ᵐ,80 à 1ᵐ,50 et à peu près à pic.

En arrière du chemin, à une centaine de mètres et parallèlement à lui, mais sensiblement plus bas, coule le ruisseau d'Illy, qui est très encaissé en remontant vers le village ; l'eau, qui a rongé la berge au sud, a créé là une faille à pic qui atteint jusqu'à 5 mètres de hauteur ; c'est cet escarpement, en bien des points infranchissable, qui a arrêté la charge que le passage de la route n'avait que désagrégée.

Entre le chemin et le ruisseau, s'étend un terrain en pente gazonné, glissant, coupé de haies, assez raide, limité brusquement par la faille, et offrant peu de points de passage sur la rive droite, à l'endroit où il fut abordé.

Au delà du ruisseau, au nord, le terrain se relève en pente marquée, accessible et régulière, moucheté de quelques broussailles sans développement, mais très utiles comme abris naturels ; il forme une sorte de mamelon arrondi qui sépare le ruisseau d'Illy et celui de Fleigneux.

Le ruisseau de Fleigneux coule au pied du mamelon du Hattoy, sur lequel les batteries prussiennes se sont établies.

Dès l'entrée en ligne de l'artillerie allemande, la 11e compagnie du 87e s'était placée en soutien immédiat, près du bois du Hattoy ; les 9e et 12e compagnies du même régiment, tout en tiraillant, sont descendues sur les pentes sud de la croupe de Fleigneux.

Alors, le long du remblai du chemin en contre-bas qui va d'Illy à Floing, dans les buissons qui le bordent, les casques à pointe commencent à paraître : ce sont les tirailleurs des 9e et 12e compagnies ; trois coups de canon, chargés d'obus à balles, habilement dirigés par le capitaine Hartung, leur sont envoyés et préparent ainsi l'action des chasseurs.

A ce moment, les trois compagnies du 87e sont appuyées par la 3e du même régiment, qui s'est portée près et au sud de la cote 220, par la 6e du 82e, qui a pris position au saillant à la cote 264 ; il fallait une certaine audace aux compagnies 9 et 12 du 87 pour tenter l'assaut du plateau d'Illy sur lequel se trouvait tout le 7e corps français. Cet ordre leur fut donné par le commandant comte Schlieffen qui commandait le 82e (2e grand-ducal de Hesse) et venait les appuyer avec six compagnies de ce régiment ; quatre formant le 2e bataillon (major von Marschall), occupaient Fleigneux ; les deux autres, 10e et 12e, entraient en ligne à la gauche du 87e.

La charge allait avoir lieu.

CHAPITRE VI

CHARGE VERS ILLY

Il était 8ʰ 3o. Le général Margueritte arrive rapidement sur le front du 3ᵉ chasseurs d'Afrique en brandissant sa longue-vue, il montre les batteries ennemies et dit : « Enlevez-moi ça, les chasseurs ; en avant, au galop, mes enfants ! »

Le feu des Allemands gagnait en intensité ; leur tir, qui d'abord portait trop haut, devenait plus juste ; nous étions d'ailleurs mieux en vue, tout à fait en amphithéâtre ; aussi le général Margueritte devient très nerveux : il presse vivement le général de Galliffet de partir : « Partez ! partez ! » lui dit-il avec impatience.

Le général de Galliffet se tourne alors vers ses escadrons, lève le sabre et commande : « En avant ! » les officiers répètent le commandement et on part. Le terrain n'a pas été reconnu. L'allure s'accélère progressivement en descendant la pente ; à 3oo mètres du chemin d'Illy, la charge commence.

Le général de Galliffet, à 4o mètres environ en avant du front, entre les 6ᵉ et 3ᵉ escadrons, à droite du centre de son régiment inversé, dirige la charge ; derrière lui le lieutenant-colonel de Liniers, le capitaine adjudant-major Roux, le sous-lieutenant Quéneau, le sous-lieutenant porte-étendard Pfeiffer, puis l'adjudant Lamarque, le trompette Noll et un vieux brigadier l'accompagnent.

Le régiment galope aligné comme à la manœuvre. Tous les officiers en serre-files sont passés par ordre devant le premier rang.

Les escadrons vont atteindre bientôt le chemin ; rien ne leur a révélé encore que, derrière cet obstacle, l'ennemi les attend, bien embusqué et en nombre.

Tout à coup, quand les cavaliers ne sont plus qu'à 6o mètres du chemin, les Allemands ouvrent brusquement le feu rapide : les buissons s'éclairent, la fusillade éclate, nourrie, meurtrière ; le

Charge du matin

[Ce croquis à la plume, et ceux des pages 120-121 et 145, sont des reproductions photographiques des dessins, en quelque sorte *schématiques*, de l'auteur lui-même : c'est en somme la représentation, la *cristallisation graphique* des résultats et conclusions de la longue et minutieuse enquête à laquelle il s'est livré.]

(*Fac-similé réduit d'un dessin de l'auteur.*)

rideau de feu, selon toute probabilité, était composé de 240 fusils. D'un bond, le 3e chasseurs d'Afrique est au chemin ; mais le talus à pic arrête le mouvement, les tirailleurs prussiens tirent à bout portant, bien abrités par la rampe, les buissons et les arbres en bordure ; l'alignement se rompt, chacun cherche sa descente, passe en appuyant généralement à gauche et galope ensuite jusqu'au ruisseau. Arrivée là, la ligne de bataille n'existait plus, les intervalles s'étaient considérablement augmentés ; les escadrons, les pelotons ayant passé le chemin plus ou moins vivement selon que la pente du talus est plus ou moins raide ; le 3e escadron descend d'abord facilement et prend l'avance, le 1er lui succède en appuyant légèrement vers l'ouest ; enfin, une partie du 2e vient passer à peu près au même point que le 1er et le rejoint.

Puis tous, presque en goum, traversent la pente gazonnée qui va au ruisseau en poussant à gauche pour trouver un passage possible, car en face de nous le ruisseau est trop encaissé.

En appuyant un peu plus vers l'ouest, la faille impraticable diminue, disparaît et le passage aurait eu lieu très facilement à 200 mètres environ en aval du point en face duquel les escadrons ont débouché.

Le 1er escadron était déjà aux mains avec l'ennemi sur la rive droite du ruisseau que le général de Galliffet et le capitaine de Varaigne, arrêtés par des haies vives qui existent encore, cherchaient sur la rive gauche, au pas et à 100 mètres d'un feu des plus violents, un passage pour la descente du 2e escadron.

Cette placidité, ce sang-froid contrastaient si fort avec l'ardeur que le colonel du 3e chasseurs d'Afrique apportait habituellement dans le service que les chasseurs en furent très frappés.

Une partie du 2e escadron, qui n'avait pu passer, avait mis pied à terre près des haies et cherchait par son feu à aider ceux qui étaient déjà aux prises de l'autre côté du ruisseau.

Malgré les très nombreuses culbutes au passage du chemin, le régiment presque en entier a donc franchi route et ruisseau ; mais ce double et redoutable obstacle a brisé toute cohésion : l'ordre est rompu, désormais l'action est presque individuelle ; la charge épaisse et dense n'arrivera plus.

Du côté de l'ennemi, les pelotons de soutien groupés derrière les broussailles de la pente font feu à coup sûr ; ils exécutent des feux rapides à rangs serrés ; les deux compagnies surprises par la charge en ordre dispersé se sont rapidement ralliées par groupes, formant une sorte de carré d'une quarantaine d'hommes, deux ou trois paquets de 15 à 20 tirailleurs, en tout cinq ou six groupes en dehors des soutiens.

Dans le haut du terrain, les autres compagnies prussiennes, bien en position, joignent leurs feux d'ensemble à celui des compagnies dispersées ; la 4e du 87e est venue se placer près de la 3e avant le passage du ruisseau.

Nous avions déjà subi des pertes sensibles. A 150 mètres avant le chemin, sur la pente, le lieutenant Leclerc a été blessé ; il vacille et ralentit ; un instant après, son cheval, tué raide, fait panache ; un chasseur, Dallet, met pied à terre, sans souci du danger : il relève son lieutenant tout étourdi et le soutient ; une balle frappe alors Leclerc en pleine poitrine, dans la région du cœur, et le tue sur le coup.

C'était le premier officier de la division tué dans cette journée sanglante.

Leclerc, atteint mortellement dans les bras d'un de ses chasseurs, donne la véritable idée de cette affection et de cette discipline spéciale, toute de dévouement et de respectueuse intimité, qui unissait alors dans la plupart des régiments de cavalerie les hommes à leurs supérieurs ; c'était le résultat des soins et de l'affection que les officiers témoignaient journellement à leurs cavaliers ; je reviendrai sur ce sentiment qui doit entrer plus que jamais dans le sang du jeune officier : l'amour de ses hommes.

Après ce souvenir au lieutenant tombé le premier, un mot du soldat dévoué : fait prisonnier et emmené dans Illy, Dallet saute plus tard sur un cheval abandonné, celui du sous-lieutenant de Cours, traverse la ligne des Prussiens qui le fusillent et rejoint son escadron, avec lequel il charge le soir. Que ne pouvait-on faire avec de tels hommes, et quelle tâche eût lassé leur courage ?

Au passage même du chemin, le sous-lieutenant de Cours a été blessé ; il a le bout du nez emporté par une balle ; il fut peu après fait prisonnier à l'ambulance d'Illy.

Pendant ce temps, le capitaine instructeur du 1er chasseurs d'Afrique, Braün, que le général Margueritte a envoyé dans Illy à la recherche de nos munitions de réserve, est reçu à coups de fusil et il ne doit son salut qu'à son fameux cheval « Va-de-bon-Cœur »; à partir de ce moment, pris par le tourbillon de la bataille, Braün fut séparé de la division.

Les Prussiens, comme nous l'avons dit, se sont groupés en essaims ou couchés, à l'arrivée de la charge; les chasseurs tourbillonnent autour d'eux et les sabrent avant de poursuivre leur marche en avant; les escadrons, les pelotons dispersés et disjoints sont dans un cercle de feu : c'est une véritable mêlée, un combat individuel.

Au centre du régiment, où le passage du chemin a été relativement facile, le 3e escadron, conduit par le capitaine commandant Rapp, a vite accusé son mouvement en avant; après avoir passé le ruisseau le premier, il arrive au milieu des Allemands. Le sous-lieutenant de Vergennes, à 40 mètres après le chemin, est tombé mort atteint de plusieurs balles.

Le ruisseau franchi, l'escadron s'est ouvert et se partage en deux groupes allant chacun de son côté; celui de gauche galope derrière le capitaine Rapp, qui marche aux batteries; celui de droite suit le lieutenant de Ganay, qui l'entraîne sur une sorte de carré, un soutien d'une trentaine de Prussiens qui font un feu meurtrier; de Ganay pique dessus, et essuie presque seul une décharge à bout portant : il a le bras droit traversé par une balle au-dessous de l'épaule, son cheval est tué, il tombe; plus tard il fut emmené prisonnier à Fleigneux.

Au 6e escadron, la gauche seule a pu dépasser le chemin; le reste de l'escadron, commandé par le capitaine Gelez, est arrêté par l'escarpement très fort en cet endroit, et appuie à droite vers le village d'Illy; le capitaine en second Boisaubin est démonté et court, cherchant un cheval. Le lieutenant Triboulet reçoit une balle dans l'épaule gauche et n'en continue pas moins à faire le coup de sabre; le sous-lieutenant de Fitz-James a son cheval tué; lui-même, contusionné au pied, fut, bientôt après, fait prisonnier dans Illy avec une partie de son peloton, qui l'avait suivi.

Le lieutenant-colonel de Liniers est à la droite du régiment; il rallie quelques chasseurs et se jette dans les vergers sur les tirailleurs qui se défilent; il est très légèrement blessé à la main.

Le 1er escadron a suivi son capitaine commandant de Linage sur la rive droite du ruisseau; le capitaine en second de Latour a eu son cheval tué sur la pente gazonnée de la rive gauche; plus tard, de Latour fut fait prisonnier avec quelques chasseurs près du cimetière de Floing. La droite seule du 2e escadron a dépassé le chemin, elle s'est mêlée au 1er escadron, le capitaine commandant de Varaigne a eu son cheval tué.

Dès que le ruisseau a été franchi, les Prussiens postés contre le revers de la faille ont fait face en arrière et nous fusillent à bout portant.

Le général de Galliffet se trouve dans ce tourbillon, au milieu de la gauche de son régiment, sur la droite du 1er escadron; il appelle à lui et s'efforce de diriger ses cavaliers vers la droite, où se trouvent des essaims ennemis plus nombreux; il s'y porte avec les officiers qui l'accompagnent.

Le capitaine adjudant-major Roux a son cheval tué; il le desselle et, emportant son harnachement, va chercher une nouvelle monture.

La mêlée est complète; les chevaux sans cavaliers courent affolés dans toutes les directions.

L'escadron de de Linage rallie le colonel et arrive pêle-mêle derrière l'état-major sur un groupe d'une cinquantaine d'Allemands, formant comme une sorte de carré; au centre, un jeune officier armé d'une carabine; aux angles et sur les faces, quelques tirailleurs, vieux soldats, hommes de choix à coup sûr, genou à terre, visent avec soin nos officiers; un sergent à la barbe rouge (peut-être le fusilier Konig II, de la 9e compagnie du 87e), debout à l'angle, vise le groupe d'officiers qui arrive sur lui, et le sous-lieutenant Jardel est tué raide d'une balle dans la poitrine; son cheval bai s'enfuit, le manteau flottant sur les fontes. Le feu ne cesse pas; le lieutenant Renaud tombe à son tour, tué aussi d'une balle dans la poitrine; enfin, avec le lieutenant de Pierres, quelques vigoureux chasseurs pénètrent dans le carré : le maréchal des logis Aubel, le trompette Font, Mayer, Alessandri,

Hermet, Pastoureau ; les Allemands ébranlés lèvent la crosse en l'air.

Cette mêlée durait depuis quelques minutes à peine lorsque, tout à coup, les trompettes sonnent, vers le calvaire d'Illy, le ralliement général.

Le trompette Font, qui entend le premier la sonnerie, la répète de suite, après avoir prévenu son officier de peloton.

C'est la fin de l'effort, c'est le demi-tour ; la charge était manquée.

Le 3e escadron et quelques hommes, qui ont pris l'avance, n'entendent pas la sonnerie dans le feu de l'action et continuent leur mouvement vers les batteries.

Le reste du régiment se retire, repasse le ruisseau, le chemin ; les fantassins prussiens, un moment démoralisés, recommencent alors à tirer dans toutes les directions.

Les escadrons ne se ralliaient pas en suivant la même route.

Le 6e escadron, à la droite en allant à la charge, rentre en rasant les clôtures d'Illy.

Le 2e, dont la majeure partie n'a pas dépassé le chemin, remonte tout droit.

Le 1er ne peut, où il est, repasser le ruisseau dont l'encaissement est trop fort ; il supporte la fusillade des Prussiens étagés sur le talus de la rive gauche et qui redoublent leur feu. Le capitaine de Linage fait faire alors un demi-tour à gauche et ramène son escadron par un grand détour au nord, par le terrain verdoyant qui jusqu'à la jonction des ruisseaux d'Illy et de Fleigneux est en partie défilé des batteries allemandes ; il rentre sur le chemin et galope vers Floing, recevant toujours dans le dos la fusillade ; enfin il tourne à gauche et l'escadron regagne le Calvaire ; le 1er peloton manquait.

Ce 1er peloton, commandé par le lieutenant de Bergevin, galopait en tête de colonne sur la route : il ne vit pas le capitaine de Linage qui, profitant d'un bon endroit, se jeta sur la gauche pour aller au ralliement : aussi, de Bergevin continua-t-il sa course vers Floing, qu'il voyait à peu de distance devant lui ; il traversa le village désert qui séparait encore les combattants des deux armées, remonta vers le Terme de Floing et ne put rallier le régiment et la division que beaucoup plus tard, vers midi et demi, après la traversée du bois de la Garenne.

Au demi-tour, près du ruisseau, le sous-lieutenant Zwenger avait reçu une balle dans le flanc droit, un peu en arrière, à deux doigts de l'épine dorsale ; soutenu par le docteur Pineau, qui a chargé avec les escadrons, Zwenger alla repasser le chemin près d'Illy ; il refuse de s'arrêter à l'ambulance et revient au ralliement, soigné à la ferme de Quérimont, puis à Illy quand la ferme eut brûlé pendant la nuit ; Zwenger mourut à Sedan, rue de l'Horloge, à l'ambulance des sœurs de Sainte-Chrétienne, vers le 5 septembre.

Le sous-lieutenant de Kergariou, détaché près du général Margueritte, avait momentanément rejoint son escadron pour charger avec lui ; il tomba avec son cheval éventré ; le pauvre animal piétinait littéralement dans ses intestins ; de Kergariou le remplaça par un petit cheval gris rouanné, celui-là même que monta plus tard le général Margueritte blessé. Dans sa chute, le sous-lieutenant avait eu la figure couturée d'éraflures sans gravité, mais qui l'avaient couvert de sang.

Les premiers escadrons arrivés au ralliement purent voir, devant eux, la fin de la charge du capitaine Rapp (3ᵉ escadron) que nous avons laissé galopant vers les batteries ennemies.

Le 3ᵉ chasseurs d'Afrique avait été appuyé par les deux autres régiments de la 1ʳᵉ brigade.

Le 1ᵉʳ chasseurs d'Afrique, qui venait derrière le 3ᵉ, le suivant à 100 mètres de distance et un peu à droite, longeant presque le chemin de l'Étincelle, s'était avancé aussi, en bataille, bien aligné, et laissant prendre une certaine avance au 3ᵉ ; les balles sifflent, mais passent trop haut et ne font aucun mal ; au moment où le régiment arrivait au bord du chemin, le ralliement sonnait ; on entendit tout à coup commander : « Halte et pelotons à droite ! » au grand étonnement des officiers ; mais le mouvement s'exécuta de suite sur l'escarpement même du talus comme sur un terrain d'exercices et le régiment, protégé par Illy, revint au ralliement en haut, vers le sud, sans souffrir du feu des Allemands. Le passage

du chemin était bien plus facile devant le 1er chasseurs d'Afrique
qu'il ne l'avait été devant le 3e. Le 6e escadron du 1er, commandé
par le capitaine de Bancarel, continua seul le mouvement, n'ayant
pas entendu le commandement.

Il faut dire aussi que cet escadron, à la gauche du régiment,
fut tenté par une coulée qui faisait une sorte de passage à niveau ;
voyant devant lui le 3e chasseurs d'Afrique encore aux prises
avec l'ennemi, il s'échappe et fournit sa charge au moment où la
ligne de bataille fait son temps d'arrêt pour remonter, et il pousse
devant lui, prolongeant ainsi à gauche la ligne dispersée du
3e chasseurs d'Afrique.

Le terrain gazonné que de Bancarel a devant lui est presque
plat : c'est un sol de choix pour une charge en fourrageurs ; les
quelques tirailleurs prussiens qu'il rencontre sont bousculés et
rompus, l'escadron fait un rapide parcours et revient au ralliement qui sonne toujours ; de Bancarel fait faire aussitôt après
l'appel ; il a perdu neuf hommes, parmi lesquels le dernier frappé
est un des plus beaux chasseurs, un des plus vigoureux, le porte-
fanion de l'escadron, Pagès, qui venait de percer de part en part
deux Prussiens ; Pagès avait reçu une balle à la tempe. Le maréchal des logis chef Larriu rentra le dernier ; ce sous-officier s'est
signalé dans cette journée comme un soldat des plus intrépides.
Le capitaine en second Laüer avait eu son cheval tué.

Le troisième échelon de la charge, le 4e chasseurs d'Afrique,
gagnant du terrain vers l'ouest, a laissé prendre une avance de
300 ou 400 mètres aux deux premiers régiments de la brigade, il
a fait pelotons à gauche, puis tête de colonne à droite, pour entrer
en ligne ; il conserve cet ordre en colonne avec distances et descend au galop la pente, suivant ainsi un peu plus à l'ouest une
ligne parallèle à la direction des deux autres régiments qu'il
appuie ; l'ancienne aile droite de la brigade est devenue l'aile
gauche.

On descendait assez bon train, malgré quelques à-coups inévi-
tables dans une colonne aussi longue et sur un terrain en pente ;
mais, dès que c'était possible, on reprenait une bonne vitesse.

Le colonel de Quélen, monté sur un cheval gris, se tient vers la tête de colonne et donne la direction ; les obus tombent plus nombreux maintenant et font allonger l'allure ; on voyait en bas des tirailleurs allemands isolés qui s'enfuyaient et plus loin en avant, sur l'autre versant, la charge de Rapp, sans se rendre compte de l'arrêt du combat sur la rive droite et de son insuccès.

Mais, quand la tête de colonne conduite par le commandant de Vernon, ayant très facilement dépassé le chemin, arrive à 30 mètres de la berge du ruisseau, les Prussiens, qu'on n'y soupçonnait pas, ouvrent leur feu par une salve ; il y avait là, vers notre droite, peut-être une centaine d'hommes, repliés devant le 3e chasseurs d'Afrique, réfugiés dans cette sorte de trou et abrités jusqu'à mi-corps par d'épaisses broussailles ; leur salve fait éprouver des pertes sérieuses aux deux premiers pelotons, qui s'arrêtent un instant devant l'escarpement, en cet endroit infranchissable (il avait près de 5 mètres), et se portent ensuite à l'ennemi en obliquant vers la droite.

Quelques instants ont suffi pour jeter à terre une quarantaine d'hommes, tués, blessés ou démontés.

Tout d'abord, le capitaine commandant le 1er escadron, Pujade, étend les bras en avant et tombe tué raide d'une balle qui lui traverse la figure ; son lieutenant en premier, de Montfort, tombe à vingt pas plus loin, tout près des baïonnettes, la jambe droite brisée par une balle, son cheval tué. Cet officier, transporté d'ambulance en ambulance, fut enfin évacué sans conditions sur la Belgique ; il resta dix-huit mois couché.

De la place où il était tombé, de Montfort voyait à 80 mètres de là, de l'autre côté du ruisseau, l'agonie d'un officier de chasseurs d'Afrique : c'était le lieutenant Renaud, qui se soulevait sur les poignets et retombait dans l'herbe...

Le maréchal des logis chef du 1er escadron, Bettembost, est tué derrière le colonel de Quélen, dont le planton a la tête emportée.

Sous ce feu terrible et par suite de l'écrasement de la tête de colonne, un instant de désordre se produit au 1er escadron ; il est fort court et les hommes, faisant de suite un à-gauche individuel, galopent vers Floing, défilant ainsi sous le feu de l'ennemi. Heureusement, le ralliement a été entendu, et tous les cavaliers du 1er escadron changent de direction et rejoignent le reste du régi-

ment vers l'est ; en effet, les escadrons de gauche, qui avaient commencé une sorte de déploiement vers la droite, ont fait instinctivement pelotons à droite et marchent à l'est vers Illy en longeant un instant le chemin, dans un certain désordre ; aussi, bientôt le colonel fait-il passer au pas ; les pelotons se reforment et le régiment remonte au nord vers le Calvaire.

Le colonel de Quélen avait vu tomber presque tous ceux qui l'entouraient ; son sang-froid empêcha certainement cette surprise d'avoir de plus funestes effets.

Dans le mouvement à droite vers Illy, le sous-lieutenant de Lascous avait été blessé au mollet gauche par une balle qui tua son cheval ; resté sur le terrain, il fut transporté dans l'église d'Illy où il fut fait prisonnier avec l'adjudant Noël.

Le 2ᵉ escadron avait passé en partie le ruisseau avec quelques hommes du 1ᵉʳ. Le sous-lieutenant Fournier de Boisairault avait eu son cheval tué. Le sous-lieutenant Rivoire, dont le cheval avait aussi été tué, rentra le dernier au ralliement, ayant couvert la retraite le revolver à la main.

Il avait vu tomber à ses côtés un sous-officier du 2ᵉ chasseurs d'Afrique qui, rappelé de la réserve, n'avait pu rallier son régiment à Metz. Vieux soldat du Mexique, portant sur la poitrine la décoration du Guadalupe, il avait demandé comme une faveur de charger à côté du chef de peloton.

En arrivant au ralliement, le régiment alla prendre sa place en passant derrière la batterie ; c'est à ce moment que l'adjudant Noël, nouvellement promu sous-lieutenant au 8ᵉ hussards, fut grièvement blessé à l'épaule gauche par un obus ; il mourut quelques jours après à Sedan.

Avant le départ pour la charge, le vétérinaire en premier Pâté, qui était resté près d'Illy avec son infirmerie, reçut l'ordre de rejoindre son régiment ; trompé par la similitude des uniformes, il suivit le 3ᵉ hussards qui passait ; dans ce mouvement, il fut blessé d'une balle qui lui traversa le haut du mollet droit ; il put néanmoins continuer sa route jusqu'à Givet.

Nous avons laissé le 3ᵉ escadron commandé par le capitaine Rapp poursuivant sa route et poussant vers les batteries...

Rapp et le seul officier qui lui reste, le sous-lieutenant Daustel, n'ont plus derrière eux qu'une sorte de ligne de fourrageurs, chacun courant à l'homme ou au groupe qu'il veut atteindre sur son chemin ; les batteries sont encore loin, bien loin ; le feu de mousqueterie continue ses ravages et les rangs s'éclaircissent dans les deux groupes qui galopent encore, gravissant le coteau, mais ne voyant plus leur objectif.

A gauche, Rapp atteint le chemin de Bérilly et le dépasse. A droite, Daustel se dirige sur une batterie nouvelle qui vient s'établir à cheval sur la route qui va de Fleigneux à Illy, à 400 mètres au nord-est de la cote 264, sous la protection des compagnies du 82ᵉ.

Les hommes sont décimés ; ils tombent les uns après les autres ; à gauche, ils suivent toujours leur capitaine, jusqu'à ce que Rapp, donnant un coup d'œil en arrière, ne se voit plus suivi que par une quarantaine de chasseurs dispersés ; il n'avait pas la prétention d'enlever les batteries tout seul... ; il fait faire demi-tour à ses hommes et les voilà revenant, retraversant leur terrain de charge, fusillés dans le dos.

Ils se rapprochent, se rejoignent, repassent le ruisseau ainsi que l'escarpement du chemin aux bons endroits, et rallient le régiment.

Derrière Daustel, il n'y a plus qu'une vingtaine de chasseurs ; à 3oo mètres environ de la nouvelle batterie, il se retourne et voit les escadrons déjà rendus au ralliement ; il appelle alors à lui les cavaliers épars et désorientés : 4o ou 5o hommes répondent à sa voix, se forment en groupe autour de lui, et il revient sur les Prussiens pour s'ouvrir un passage. Il les charge ; leur feu, dont ils lui font tout l'honneur, est très violent ; la petite troupe est bien réduite ; elle atteint enfin les vergers d'Illy, y retrouve le lieutenant-colonel de Liniers et quelques chasseurs, aborde le chemin par la route du Lavoir et le franchit.

Daustel ramène enfin une vingtaine d'hommes au ralliement, où il arrive le dernier. Dans cette terrible journée, cet officier s'est montré l'un des plus vaillants.

La charge de Rapp avait duré cinq minutes, celle de Daustel dix minutes ; le 3ᵉ escadron, qui comptait 98 hommes le matin, n'en mit plus que 55 en ligne à la charge du soir. On s'occupa de suite de panser les nombreux blessés. Le général de Galliffet alla lui-même prier le docteur Ollier et l'aide-vétérinaire Dreuilh, tous deux du 6ᵉ chasseurs, de venir donner leurs soins à ses hommes.

Le général Margueritte, aussitôt après avoir lancé la charge, était revenu sur la crête un peu à droite de l'endroit d'où la division était partie, tout près d'une batterie de mitrailleuses.

C'est à 100 mètres de là qu'on a édifié la croix élevée à la mémoire du général Margueritte, ce qui fait croire, bien à tort, que c'est là même qu'il a été frappé mortellement.

Le général avait vu, de ce point, l'échec de la brigade de Bernis ; mais il ne pouvait se rendre compte des obstacles qui arrêtaient la charge de sa 1ʳᵉ brigade ; il jugea néanmoins que l'opération était momentanément manquée et se décida à rappeler les escadrons engagés.

Le lieutenant Reverony, officier d'ordonnance du général, avait eu son cheval tué en descendant la pente vers Illy.

C'est près de notre batterie qu'il fit sonner le ralliement général par Barbier, maréchal des logis trompette du 1ᵉʳ chasseurs d'Afrique.

Nous avons vu comment chaque régiment était venu au ralliement ; le 1ᵉʳ et le 4ᵉ chasseurs d'Afrique étaient arrivés en entier, après avoir fait un grand détour, et ils étaient déjà réunis quand les escadrons du 3ᵉ arrivèrent successivement.

En peu de temps, la 1ʳᵉ brigade se retrouva donc établie à l'ouest du Calvaire en arrière et à quelques mètres de la crête, pas très éloignée, somme toute, de son point de départ vingt minutes auparavant.

La brigade Tilliard s'était tenue prête à appuyer le mouvement ; elle n'eut qu'à se porter un peu en avant pour se trouver rendue au point de ralliement qui lui avait été indiqué avant la charge : « derrière la batterie, en avant du bois de la Garenne ».

Tandis que la 1ʳᵉ brigade était engagée, la batterie, qui n'avait pas changé de place et faisait toujours feu vers Fleigneux, se trouva presque couvrir le front du 1ᵉʳ hussards et la gauche du 6ᵉ chasseurs ; bientôt après, le mouvement d'appui de toute la

2ᵉ brigade pour aller au point de ralliement laissa la batterie tout à fait à la droite de la division en bataille.

La division Fénelon n'avait marqué qu'une démonstration, en se portant, sans quitter la hauteur, sur le flanc gauche de la division Margueritte.

Le colonel Bonvoust, du 6ᵉ chasseurs, s'était souvenu du temps où il était chasseur d'Afrique : le dolman vert serré à la taille, monté sur un beau cheval gris légèrement vineux, « Misère », qui mourut au camp d'Iges, il s'était lancé, pendant un moment seul, à la charge avec le 2ᵉ escadron du 3ᵉ chasseurs d'Afrique et au retour on disait « qu'il était bien content... ».

L'artillerie allemande ne fit aucun mal pendant la charge dans le fond ; elle dirigea avec plus de succès tous ses feux sur les escadrons lorsqu'ils remontèrent le coteau pour venir au ralliement ; néanmoins, la mousqueterie avait fait presque toutes les victimes ; sur le front d'attaque et au moment de la retraite, les 3ᵉ et 4ᵉ compagnies avaient dirigé un feu très efficace sur notre aile droite ; la 11ᵉ sur notre aile gauche.

Les pertes subies par la 1ʳᵉ brigade étaient sérieuses :

Pertes éprouvées à la charge vers Illy

RÉGIMENTS	ESCADRONS	OFFICIERS			TROUPE
		Tués	Blessés	Prison- niers	Tués, blessés ou disparus
1ᵉʳ chasseurs d'Afrique. .	6ᵉ	»	»	»	9
3ᵉ chasseurs d'Afrique. .	1ᵉʳ	1	»	1	28
	2ᵉ	2	»	»	12
	3ᵉ	2	2	»	49
	6ᵉ	»	1	1	20
4ᵉ chasseurs d'Afrique . .	1ᵉʳ	2	3	»	18
Totaux.		7	6	2	136

(accolade : 109)

Quinze officiers étaient hors de combat ; parmi eux, sept étaient tués.

Ils eurent du moins une consolation en tombant ; pour eux l'heure de la défaite ne paraissait pas encore fatale.

Le général de Galliffet, dans son rapport du 2 septembre, donne le chiffre de 87 tués, blessés ou disparus ; 22 cavaliers avaient pu rejoindre. Il n'en est pas moins exact que la charge du matin avait coûté sur le moment au 3ᵉ chasseurs d'Afrique le quart de son effectif ; un escadron avait disparu.

Telle est cette charge du matin, dont le Grand État-major allemand donne une version qui s'écarte en certains détails de la réalité ; néanmoins, l'intrépidité avec laquelle la charge a été conduite est constatée : c'est un point important.

Dans le récit du Grand État-major, il est dit :

Page 1087 ([1]) : « Les divisions Margueritte et Bonnemains se sont réunies le matin entre Floing et la Meuse. » Ces deux divisions ne se sont pas réunies.

Page 1153. L'heure indiquée pour la charge, 10ʰ 15 environ, n'est pas exacte. Quand la 1ʳᵉ brigade s'est mise en mouvement, *il était 8 heures et demie sonnant :* de nombreuses observations certifient cette heure d'une manière absolue ; les troupes et les batteries qui nous furent opposées à ce moment la confirment ; car nous n'avions en face de nous que trois batteries en action, une quatrième qui s'installait et deux compagnies en ordre dispersé.

La Section historique donne d'ailleurs de bien meilleure heure la capture du général Brahaut par le 14ᵉ dragons et confirme aussi de cette façon l'heure que nous affirmons.

Page 1154 : « Deux escadrons de lanciers de la division Ameil et quelques bouches à feu s'adjoignaient à la brigade. » Aucune troupe n'a pris part à la charge en dehors de celles de la 1ʳᵉ brigade.

Cette erreur provient sans doute du passage de la division Fénelon derrière la division Margueritte et du groupement de cavalerie qui en résulta.

Enfin, la traversée du bois de la Garenne qui suit immédiatement, d'après l'historique allemand, ne se fit que près de trois heures après la charge.

Ce sont là, somme toute, de légères erreurs.

La charge sur Illy, quelque brillante, bien conduite et correc-

---

([1]) Les indications des pages se rapportent à l'édition de 1874, *Berlin-Paris*, traduction COSTA DE SERDA.

tement exécutée qu'elle ait été, à son début, n'atteignit pas son but, qui, d'ailleurs, ne fut pas assez défini.

Le général Margueritte eut beau témoigner en termes très violents le mécontentement que lui causait l'insuccès de la charge, il n'en reste pas moins certain que l'action de la brigade des chasseurs d'Afrique fut arrêtée par son ordre.

Se crut-il trop découvert à sa droite par l'échec de la brigade de Bernis ? Pensait-il qu'Illy n'était pas encore dans la zone d'action de l'ennemi ? Fut-il enfin arrêté par les obstacles naturels du terrain ?...

Vers 9 heures, le projet du général Ducrot de percer vers Mézières était abandonné ; le général avait dû remettre le commandement au général de Wimpffen, qui arrêta le mouvement de la cavalerie.

Le général Ducrot vint en effet trouver le général de Fénelon et lui dit : « Je ne suis plus rien, je n'ai plus le commandement de l'armée ; c'est le général de Wimpffen qui commande et arrête le mouvement de la cavalerie. »

Le général Margueritte connaissait-il déjà cette intention ?

Tout cela est possible.

Il n'est pas douteux que toutes ces raisons réunies et les pertes énormes subies par les escadrons engagés lui firent bientôt abandonner le projet de recommencer cette charge, comme il en manifesta un moment l'intention.

On peut affirmer seulement que, au moment où les généraux Margueritte et Brahaut prenaient leurs dispositions, ils ignoraient qu'Illy fût à ce moment même atteint par les éclaireurs prussiens.

On peut surtout regretter que le but de la charge, soit l'écrasement des soutiens, soit l'enlèvement des pièces en batterie, n'ait pas été mieux indiqué à nos vaillants escadrons, car il est hors de doute qu'il aurait été atteint. Illy pouvait être facilement enlevé : l'ennemi n'y avait jeté que très peu de monde et notre infanterie nous suivait de près ; il est enfin bien malheureux que le terrain en avant de la charge n'ait pas été reconnu, car elle s'est heurtée au point le plus difficile pour le passage du chemin et du ruisseau.

Le commandement suprême fut indécis : pour mieux dire, il

manqua; mais l'initiative du général Margueritte aurait dû y suppléer et l'on est profondément ému à la pensée du résultat qu'aurait pu obtenir une poussée de cavalerie formidable qui, les chasseurs d'Afrique en tête, entraîne Brahaut, entraîne Fénelon et fait la trouée sur Mézières, avalanche à laquelle rien n'aurait résisté ! C'est un rêve...; mais, la brigade lancée, pourquoi l'avoir arrêtée ?... C'est la grosse interrogation qu'on peut faire à la mémoire du général Margueritte, qui semble avoir manqué la plus belle occasion qui ait jamais été offerte à un officier de cavalerie de frayer passage à une armée compromise.

Les Prussiens eurent à peine une trentaine d'hommes tués ou blessés, dont 4 ou 5 officiers. Ce fut un maigre résultat pour un effort aussi considérable.

Le major comte Schlieffen avait deviné l'intention du général Margueritte et lui fit échec en occupant solidement Fleigneux; on peut dire que cet officier ferma dès lors la seule porte de salut vers la Belgique.

Pendant que le ralliement de la division se faisait près du Calvaire, on put voir, au nord-est d'Illy, une masse de cavalerie gravissant rapidement les pentes et remontant en grand désordre vers les bois et le Petit-Terme dans la haute Givonne.

Ce tourbillon, c'était la division Brahaut, en partie bousculée par le 14e régiment de dragons de la Marche électorale, qui appuyait les batteries de Fleigneux—Saint-Menges.

Ce régiment, à l'avant-garde du Ve corps, prolongeait et protégeait le mouvement d'extension de l'extrême gauche prussienne. Les compagnies du 82e prussien qui étaient les plus avancées gagnaient déjà par Fleigneux la haute Givonne; elles appuyaient par des feux efficaces le mouvement des dragons de la Marche et hâtaient la retraite de la division Brahaut.

La division Brahaut ne comptait que deux régiments, le 12e chasseurs, de la brigade de Bernis, et le 5e lanciers, de la brigade de La Mortière; ces deux brigades étaient réduites chacune à un régiment; le 5e hussards, de la brigade de Bernis, était en effet sur un autre point du terrain, et le 3e lanciers, de la brigade de La Mortière, était à l'armée de Metz.

Le 7e chasseurs de la brigade de Vendœuvre, division de Salignac-Fénelon, fut entraîné dans le mouvement de retraite de la division Brahaut.

Devant la division Brahaut et plus à l'est encore, dans le fond, on voyait des cuirassiers : c'était le 8ᵉ, de la division Michel, qui, tout entière, remontant la Givonne, suivait le mouvement vers Mézières en écornant la frontière belge ; devant les cuirassiers, et déjà sous bois, les brigades de Septeuil (3ᵉ hussards, 11ᵉ chasseurs) et de Nansouty (2ᵉ, 6ᵉ lanciers et partie du 10ᵉ dragons [¹]), coupées du champ de bataille, s'échappaient du cercle de fer qui se soudait derrière eux.

Ces six derniers régiments composaient la division Michel, ex-division Duhesme (1ᵉʳ corps). Le général Duhesme, qui se mourait à Lyon, avait quitté sa division le 26 août à Attigny, et le général Michel, le plus ancien des trois généraux de brigade, avait pris le commandement.

De petits détachements d'infanterie, fort éprouvés, se retiraient également par le même chemin.

Après la défaite de Sedan, on a beaucoup parlé des huit régiments de cavalerie qui ont échappé aux tristesses de la capitulation. Les uns les exaltaient : c'étaient des « perceurs » ; d'autres leur jetaient la pierre : « ils avaient volontairement quitté le champ de bataille ».

Ces régiments ne se sont jamais posés en héros, en perceurs ; ils avaient, en maintes circonstances, largement fait leur devoir et il ne serait pas juste de les taxer d'infamie.

Aujourd'hui les faits sont connus : il faut rétablir la vérité et admettre que les régiments ont été « séparés de l'armée qui combattait », sans bien savoir d'ailleurs ce qui se passait autour d'eux, dans un pays boisé qui leur était inconnu ; peut-être n'avaient-ils retenu parmi les nombreux ordres de la matinée que celui qui faisait pousser vers Mézières.

(¹) Sept pelotons seulement du 10ᵉ dragons ; le colonel Perrot, à la tête des neuf autres, vint se mettre sous les ordres du général de Bonnemains, commandant la 1ʳᵉ division de cavalerie de réserve.

CHAPITRE VII

LA LONGUE STATION SOUS LE FEU

Troisième position, face à Fleigneux—Saint-Menges
La batterie Hartung

A 9 heures du matin, après la charge, la division occupait donc sa troisième position depuis le réveil.

C'est là que les officiers de la division placent ce qu'ils appellent la « longue station sous le feu »; elle dura près de deux heures et demie.

On mit pied à terre.

La position, bien choisie, était relativement bonne, défilée autant qu'elle pouvait l'être, en arrière et un peu en contre-bas de la batterie qui limitait à droite l'horizon et la vue.

Les régiments étaient formés en bataille, regardant vers Saint-Menges—Fleigneux, face aux batteries prussiennes; à la droite de la division et de la brigade Tilliard, le 6ᵉ chasseurs, à 40 mètres en arrière de lui et à sa gauche venait le 1ᵉʳ hussards inversé; la ligne de bataille des chasseurs d'Afrique couvrait un peu la gauche du 1ᵉʳ hussards et se prolongeait vers l'ouest en arrivant à 20 mètres de la crête, le 3ᵉ à la droite de la brigade, puis le 1ᵉʳ et enfin le 4ᵉ à la gauche vers Floing.

La droite du 6ᵉ chasseurs était à 450 mètres en avant du bois; la batterie à 150 mètres environ en avant de la droite du 6ᵉ chasseurs.

Cette indication, fixant le placement relatif des éléments de la division derrière la batterie Hartung, correspond à la plus grande station de celle-ci.

Car la batterie ne restait pas absolument à la même place; elle avançait ou reculait légèrement, se portait un peu à droite ou à gauche — et à ce propos le général Margueritte adressa des com-

pliments au capitaine Hartung pour ces mouvements bien exé-
cutés sous un feu des plus violents.

La division, elle-même, se déplaça d'abord quelque peu pour
éviter les obus de l'ennemi, mais bientôt elle dut renoncer à modifier sa position, — le général Tilliard disant avec raison : « Il y
en a partout. »

Tout à fait derrière et contre cette longue ligne de bataille,
presque parallèlement à elle, court un chemin de terre, puis une
pente assez raide descend jusqu'au fond d'un vallonnement en
forme de cirque qui se relève ensuite jusqu'au bois de la Garenne
par une pente assez douce ; sur cette pente qui est le versant
sud du vallonnement était venue se former la brigade de Béville ;
elle appartenait à la division Fénelon qui se trouvait là tout
entière.

Cette division était à mi-distance de la division Margueritte et
du bois ; et bien dangereusement placée, car l'artillerie allemande,
qui se développait formidable sur les hauteurs Fleigneux — Saint-
Menges, concentrait en partie ses feux sur la batterie de la division Margueritte, et les projectiles qui lui étaient destinés, passant
en très grand nombre au-dessus de la crête et de la division Margueritte, allaient tomber sur les cuirassiers de la brigade de
Béville.

Ces deux régiments, 5ᵉ et 6ᵉ, étaient en colonnes serrées et accolées l'une à l'autre.

Il ne faudrait pas croire cependant que notre batterie seule
attirait le feu de l'ennemi de ce côté.

Tout près d'elle et à l'ouest du Calvaire, une batterie de mitrailleuses était installée et servait également de cible à l'artillerie
allemande. Il en était de même au coin ouest du bois Ricado, où
les obus ennemis coups trop longs, qui manquaient leur but,
tombaient dans la brigade de Béville.

Les cuirassiers surent conserver sous ce feu violent une attitude superbe.

On entendait de fort loin le bruit des éclats de fer sur les
cuirasses et les cavaliers de la division Margueritte en plaisan-
taient.

Pour les spectateurs placés à l'ouest, cette brigade de cuirassiers semblait, à première vue, continuer la ligne de la brigade Tilliard.

Sur le prolongement du front de la division, vers la droite, le général Margueritte, pied à terre, sa grande longue-vue appuyée contre un peuplier qui servait de direction à la batterie prussienne établie en face, interrogeait l'horizon.

Il vit, de là, piller le convoi du 7e corps.

Entre Illy et Olly, sur la route de Bouillon, à 800 mètres de nous, les fantassins allemands avaient pris le convoi du général Douay ; on les voyait à l'œil nu, grimpés sur les fourgons et ouvrant les cantines dont ils tiraient les effets qu'ils jetaient en l'air.

Le lendemain, ils renvoyèrent au camp de Glaire un sous-officier de chasseurs d'Afrique pris sur le champ de bataille ; ce sous-officier s'était vêtu d'un pantalon du général Douay.

Un peu après ce pillage, vers 11 heures, on voyait déboucher dans la plaine un ou deux régiments de dragons prussiens qui marchaient vers ce convoi du 7e corps à un trot bien régulier.

A ce moment, par un heureux hasard, le sous-lieutenant de Senneville, que le général Margueritte avait envoyé à la recherche d'une batterie pour remplacer la nôtre épuisée, ramenait une demi-batterie de mitrailleuses : le général Margueritte la fit mettre en position.

« Tirez vite sur cette cavalerie qui s'avance », dit le général. Le capitaine apprécia la distance et trois décharges bien dirigées mirent les dragons en déroute ; ils rebroussèrent chemin au galop laissant le terrain jonché d'hommes et de chevaux ([1]).

Ce fut la seule cavalerie allemande que la division put voir ce jour-là...

Le général Margueritte tenait le commandant en chef au courant du mouvement enveloppant de l'ennemi ; le capitaine Pordelanne fut envoyé trois fois pendant la matinée prévenir le général Ducrot. Il en obtint invariablement la même réponse

---

([1]) La canne à la main, la lorgnette à l'œil, le capitaine commanda : « A 1 200 mètres, feu ; — à 800 mètres, feu ; — à 1 200 mètres, feu. » Les trois mitrailleuses étaient couvertes d'obus.

calme et froide : « Votre général a des instructions, qu'il s'y conforme. »

Pendant cette longue station, le général Tilliard et les officiers suivaient en spectateurs le développement de la bataille gagnant vers le nord.

Le général, entre ses deux régiments, était sur la crête; il se fit donner par le lieutenant Berthaut du tabac pour fumer « une dernière pipe » : il ne croyait pas dire si vrai ! Puis il entoura son poignet de son mouchoir pour mieux assurer le coup de sabre et invita les jeunes officiers à faire comme lui.

Immobiles à leur place devant le front de leur troupe, alignés comme pour une revue, les officiers de peloton donnaient l'exemple du calme absolu et de l'obéissance ; aux hussards qui saluaient les premiers projectiles, le capitaine Albaret disait avec flegme : « Allons, ce n'est rien ; vive la France ! »

Ailleurs, le capitaine Descharmes faisait observer à deux sous-lieutenants qui s'étaient rapprochés pour bavarder que « chacun doit être à sa place, surtout devant le feu », et les maréchaux des logis chefs, faisant l'appel comme dans la cour d'un quartier, pointaient les noms de ceux qui, déjà, étaient tombés pour la France. — Le commandant Laigneau ajustait les gourmettes et morigénait les chasseurs qui n'avaient pas été maîtres de leurs chevaux. — De Linage, Leclère, de Boisguéhéneuc et Badenhuyer remplaçaient leurs képis perdus par des chéchias de troupe.

Vers 9ʰ30, le lieutenant-colonel de Liniers mettait à la disposition du général Margueritte, pour porter les ordres, le lieutenant de Pierres et le sous-lieutenant de Boisguéhéneuc, tous deux du 1ᵉʳ escadron qui, très diminué, n'avait plus besoin de tous ses officiers.

Le capitaine Rapp formait deux pelotons des débris de son escadron et n'ayant plus qu'un officier, le sous-lieutenant Daustel, il donnait le commandement du deuxième peloton au maréchal des logis Versigny.

Les officiers supérieurs s'entretenaient de la situation qui ne laissait plus de doute à aucun : leur âme s'élevait et l'idée du sacrifice planait au-dessus d'eux. Le commandant Poncin fumait tranquillement sa pipe; le tabac devenait rare. Derrière lui, les chasseurs faisaient la conversation et l'un d'eux disait : « Il n'y a pas de danger, puisque le commandant fume sa pipe. »

Tout le monde était très calme ; mais l'on ignorait le point exact où l'on se trouvait et dans ces conditions il était impossible d'émettre une opinion sérieuse.

Le général Margueritte seul, dans la division, possédait une carte.

Aussi bien, tous ces mouvements sans issue commandés par des événements qui étaient toujours des surprises, — ce tournoiement autour du bois de la Garenne, les uns en cercle à droite, les autres en cercle à gauche, la mitraille partout, le désordre partout, ne pouvaient laisser aucun espoir.

Les obus devenaient de plus en plus fréquents sur le front du 1er hussards : un projectile jette à terre sans le blesser le lieutenant de Junquières qui eut la joue chauffée ; un autre tue le cheval du lieutenant-colonel de Gantès et va éclater en faisant fougasse sous le ventre du cheval du sous-lieutenant de Farconnet ; tout s'effondre, l'officier ne fut pas blessé. — Le général Margueritte, qui passait à ce moment, demanda son nom, puis s'adressant aux hommes qui étaient merveilleux de sang-froid, leur dit : « C'est très bien, les hussards ; c'est très bien. » Plus loin, aux chasseurs du 6e, il disait aussi : « Je suis fier de vous commander », et leur faisait un signe de la main en ajoutant : « Vous êtes très braves, mes petits enfants. »

C'étaient la batterie de la division et les mitrailleuses du Calvaire qui attiraient ainsi la foudre. L'adjudant Trouttot de ce régiment venait d'être frappé à mort. (A chaque instant, on voyait des chevaux se cabrer, tourbillonner et s'abattre laissant des vides dans le rang.)

Il faut avouer que les éloges du général étaient bien mérités.

Le nombre des batteries prussiennes augmentait à chaque instant ; aux trois batteries entrées d'abord en ligne étaient venues se joindre successivement les onze batteries du XIe corps ; dans le même temps, l'artillerie du Ve corps débouchait au sud de Fleigneux, prolongeant la ligne vers le nord-est, parallèlement au chemin qui, partant de Floing, passe à égale distance entre Illy et Fleigneux sous le nom de chemin de Bérilly.

Vingt-quatre batteries sur notre front nous couvraient alors de leurs feux, elles étaient commandées par le général Haussmann, du XIᵉ corps ; à 11ʰ 3o elles étaient toutes en action.

Notre batterie fut obligée de cesser son feu à 11 heures, faute de munitions.

Il n'y eut en réalité que deux mises en batterie ; celle que nous venons d'indiquer fut la seule où les pièces firent feu, c'est là que la batterie s'illustra et fut écrasée.

Elle avait été admirable pendant toute cette matinée, malgré son impuissance manifeste, car on voyait la plupart de ses projectiles éclater en l'air avant d'arriver à l'ennemi. Le capitaine Hartung avait placé ses six pièces en face d'un abaissement de la crête qui lui permettait d'avoir de bonnes vues ; là, il tint tête à l'artillerie allemande pendant près de trois heures, malgré des pertes considérables, et cette lutte disproportionnée est à coup sûr un des épisodes les plus émouvants de cette sanglante journée.

Vers 8ʰ 3o, craignant que les munitions ne vinssent à s'épuiser, le général Margueritte avait envoyé le capitaine Braün du 1ᵉʳ chasseurs d'Afrique à la recherche des munitions de réserve, qui, mêlées aux bagages et suivant le mouvement général, filaient sur Illy. Mais les Allemands abordaient déjà le village, Braün ne put ramener la réserve et la pauvre batterie, réduite à ses coups de coffres, continua à faire de son mieux.

Cette réserve de la batterie qui se dirigeait sur Illy se réfugia en Belgique et gagna de là Mézières.

Lorsque le capitaine Hartung n'eut plus un coup de canon à tirer, vers 11 heures, presque tous ses hommes étaient hors de combat, il ne restait que onze servants ; il en rendit compte au général Margueritte qui lui donna l'ordre de se retirer et le remercia du concours qu'il lui avait prêté.

La batterie de combat avait tiré 666 coups (obus ordinaires et à balles), ses dix-huit coffres et quatre caissons avaient été vidés ; elle avait ouvert le feu vers Fleigneux à 8 heures du matin, son front était d'environ 100 mètres, les pièces ayant pris à peu près 20 mètres d'intervalle.

Quand la batterie épuisée dut se retirer, il fallut que les offi-

ciers se missent eux-mêmes aux roues pour replacer les pièces
sur leurs avant-trains.

Sur 84 hommes présents au début de la journée, 60 étaient tués
ou blessés, presque tous restaient sur le champ de bataille.

Une trentaine de chevaux, sur 101, avec 8 conducteurs, durent
emmener les six pièces à la ferme des Triples-Levrettes en traversant le bois de la Garenne.

Les deux lieutenants furent blessés; le lieutenant en premier
Coulange, atteint de plusieurs blessures dont une grave à la tête,
et le lieutenant en second de Pontich, blessé à la cuisse, doivent
être particulièrement cités; avec eux l'adjudant Courouve et les
maréchaux des logis Amiel et Hennequin donnaient à leurs vaillants canonniers le plus bel exemple; beaucoup d'entre eux
étaient d'Alsace ! par un singulier hasard ils furent des premiers
frappés.

« Tiens-toi donc comme nous, fièrement, disait un vieux ca-
nonnier à un jeune soldat ému, il y a deux heures qu'ils nous
tirent dessus. Tu vois bien qu'ils sont trop maladroits. » Et le
jeune soldat s'est conduit comme un ancien, comme un brave.

Le capitaine Hartung avait accompli noblement son devoir;
c'était un vaillant soldat; le général de Galliffet lui fit l'honneur
de le citer dans son rapport au général de Wimpffen, et le général Margueritte, blessé mortellement, lui remettait le lendemain à
Sedan une feuille de papier où il venait d'écrire au crayon : « Vous
avez très bien fait dans la journée d'hier... Je garde bon souvenir
de vous... Soignez vos hommes, ils le méritent à tous égards... »

La division Margueritte se souviendra toujours de la batterie
Hartung.

La division resta environ deux heures et demie presque à
l'abri dans cette troisième position; devant le 1er chasseurs
d'Afrique, les tirailleurs d'infanterie étaient littéralement dans
les jambes des chevaux et, rasant la crête, ils faisaient un feu
nourri; ils étaient commandés par un petit sous-lieutenant portant encore la tenue de Saint-Cyr et qui, la cigarette aux lèvres,
fit l'admiration de tous les anciens soldats; de nombreux officiers
témoins de tant de valeur allèrent lui serrer la main.

COLONEL DE BAUFFREMONT

COMMANDANT LE 1ᵉʳ RÉGIMENT DE HUSSARDS (1870)

[*En lieutenant-colonel*]

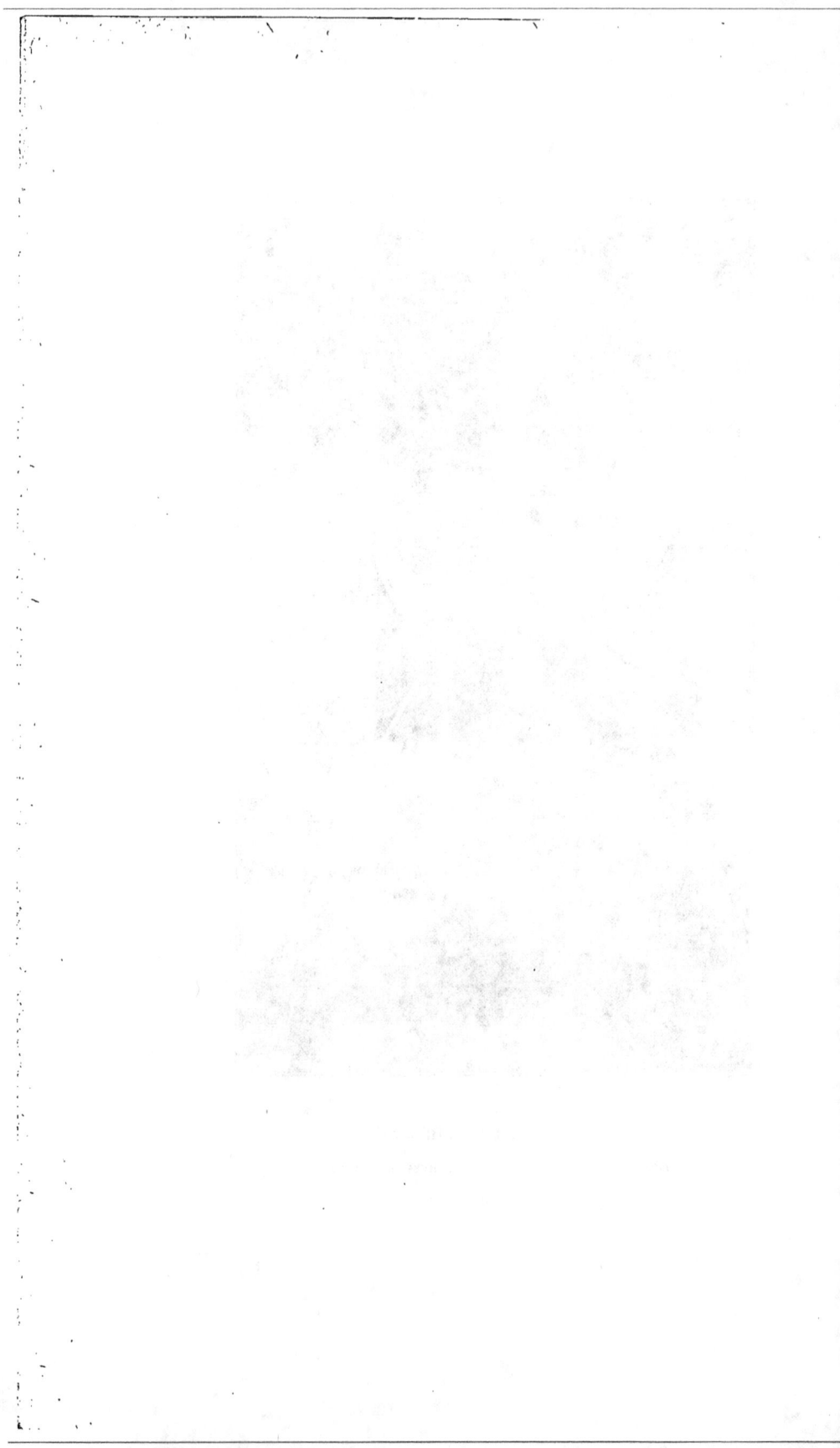

Après la charge de la 1re brigade, nos lignes d'infanterie s'étaient portées en avant et leur feu violent avait eu raison des compagnies prussiennes 9e et 12e du 87e, qui furent bientôt obligées de se retirer vers le nord et à l'abri près de leurs batteries nombreuses.

Mais deux heures après, grâce au feu de cette artillerie formidable que venaient encore de renforcer des batteries bavaroises(1), l'infanterie prussienne reprend vigoureusement l'offensive ; vers 11 heures elle redescend sur le chemin d'Illy, le franchit et commence à gravir les pentes du Calvaire.

Le général Margueritte avait traversé le bois de la Garenne, il suivait la lutte vers Givonne ; le colonel Clicquot, voyant les progrès de l'ennemi, la chute des projectiles qui redouble, crut devoir faire prévenir le général par le capitaine adjudant-major Plessis ; le colonel Bonvoust envoyait aussi au même moment et dans le même but le capitaine adjudant-major Fiévée.

Le général Margueritte rejoignit aussitôt sa division.

---

(1) Vers 10 heures, deux batteries, les 7e et 8e (calibre 6), empruntées à la réserve du IIe corps bavarois établie à l'est de Frénois, recevaient du Prince royal l'ordre de s'installer sur la croupe 574 au nord du château de Bellevue et prenaient d'enfilade et de revers les positions françaises entre Floing et Illy. Leur feu s'exécutait à 4 000 mètres environ.

CHAPITRE VIII

TRAVERSÉE DU BOIS DE LA GARENNE

La division prend sa dernière position avant de rompre pour se rendre au terrain de charge

Le général Margueritte jugea de suite que la position n'était plus tenable.

Une batterie française était venue prendre, sur notre front, la place abandonnée par la batterie Hartung ; l'artillerie allemande la couvrit immédiatement de ses feux convergents.

Les gros projectiles, venant de la direction de Glaire, nous prenaient d'écharpe. La division gênait d'ailleurs l'action de l'infanterie qui entrait en ligne pour défendre le calvaire d'Illy ; l'ennemi marquait décidément comme son objectif cette position importante ; le général Margueritte résolut de porter sa division du côté opposé du bois de la Garenne, il donna l'ordre de rompre.

Peu d'instants après, la brigade Tilliard, plus rapprochée du bois, commençant le mouvement, chaque régiment rompt par pelotons et se porte en arrière ; ainsi disposée en plusieurs colonnes de régiments en colonnes de pelotons, la division va au grand trot vers le bois de la Garenne ; elle traverse d'abord le vallonnement occupé précédemment par la division Fénelon, puis après un moment d'arrêt, d'hésitation, elle pénètre dans le bois, toutes ses têtes de colonnes presque à la même hauteur.

Le médecin aide-major Senut, du 1er hussards, qui se trouvait démonté, perdit à ce moment son régiment, qu'il ne put rallier.

C'est en vain que les officiers s'efforcent de conserver l'ordre dans leur troupe, il faut passer au travers des voitures, des caissons, des bagages et des troupes d'infanterie et d'artillerie, on veut gagner la lisière au plus tôt, la queue des colonnes poussait la tête ; chacun s'écarte, à droite, à gauche, le bois de la Garenne exerçait son attraction funeste..... Le désordre commençait à se produire, on entendit crier : « Sous bois et le rendez-vous de l'autre côté »..... Les régiments entraient pêle-mêle. Certains d'entre eux, forcés par les circonstances, s'étaient naturellement rompus en ligne de colonnes.

Pendant ce mouvement, la division se trouvait tout à fait découverte, la pluie des obus et la mousqueterie furent tellement fortes, que des troupes moins bonnes auraient certes faibli : « La terre, disait un témoin, était toute rayée, comme par un râteau. » La robe claire des chevaux servait de point de mire à l'artillerie allemande. Toute la division, en effet, était montée en chevaux généralement blancs ou gris, les trois régiments de chasseurs d'Afrique et le 1er hussards en chevaux arabes (1), le 6e chasseurs en chevaux gris de Tarbes, provenant du 8e hussards (2).

La difficulté d'entrer dans le bois — c'était un taillis de douze à dix-huit ans — produisit un moment d'arrêt.

Les projectiles tombaient nombreux et éclataient dans cette masse de cavalerie, les colonnes flottantes cherchaient instinctivement un abri, le bois était très fourré, les routes à peine ouvertes, les pelotons furent en bien des endroits forcés de rompre par quatre, pour s'échapper entre les obstacles de toutes sortes groupés sur la lisière ; les hommes, serrés les uns contre les autres, étaient parfois enlevés de leur selle, le désordre et la confusion devinrent extrêmes, les fractions de la division s'étant assez rapprochées pour être presque toutes jointives, en bien des points mélangées, et chacun, pour son propre compte, se frayait ainsi un chemin à travers le taillis.

Le 1er hussards avait rompu le premier ; il avait été suivi par le 6e chasseurs qui se trouvait presque à sa hauteur, à droite.

---

(1) Le 22 juillet, l'école de cavalerie de Saumur avait versé au 1er hussards 30 chevaux hongres pour renforcer son effectif. Cette mesure fut désastreuse, les chevaux entiers étant par leur nature même d'une irritabilité excessive pour des chevaux européens castrés, d'un sang d'ailleurs ardent et d'une sensibilité très grande. Voués aux coups de pied et aux blessures, les chevaux de Saumur ont péri misérablement dès le début des opérations ou ont encombré l'infirmerie.

(2) Le 8e hussards était parti pour la province de Constantine en décembre 1869, en laissant en France, pour le 6e chasseurs, qu'il allait relever et dont il prenait les chevaux, ses chevaux de race française.

Le 3e chasseurs d'Afrique, un instant derrière le 1er hussards, entra dans le bois à sa droite ; plus loin encore et en arrière à droite, le 1er chasseurs d'Afrique exécutait le même mouvement. Enfin le 4e chasseurs d'Afrique vint disparaître dans le bois un peu plus au nord que la brigade Tilliard.

Le général Margueritte avait pénétré dans le bois de la Garenne en avant de la colonne du 3e chasseurs d'Afrique ; bientôt, jugeant du désordre et de la difficulté de la traversée, il envoyait les cinq ou six officiers qui l'entouraient avec mission d'arrêter à la sortie du bois les trompettes pour leur faire sonner le ralliement avec refrain de la division.

Ce bois de la Garenne a été le triste refuge des tourbillons d'hommes affolés et perdus, démontés ou fuyards, qui recevaient les obus prussiens de toutes les directions. Sur ces lisières, dont les branches craquaient sous les obus et les balles, se sont réfugiés bien des escadrons inutiles et déplacés à chaque instant par leurs chefs, soucieux de les soustraire à une mort sans gloire ; on s'y croyait plus à l'abri parce qu'on y voyait moins le danger..... La division y éprouva des pertes sensibles.

Le général Tilliard fut atteint le premier ; il était au trot, un peu sur le flanc droit de sa brigade et monté sur un grand cheval arabe noir ; il s'efforçait de rétablir l'ordre et le silence.

Le général avait à sa gauche, presque botte à botte, un peu en arrière, son aide de camp, le capitaine Proust, du corps d'état-major ; le colonel de Bauffremont venait ensuite à droite, accompagné du sous-lieutenant Gougault, adjoint au trésorier, et de l'adjudant Pigot.

La tête de colonne du 6e chasseurs était à droite et presque à la même hauteur.

Les lieutenants de Mullenheim et Berthaut, détachés près du général, étaient un peu en avant de lui.

La colonne trottait et le général, qui la regardait marcher, traversait un fossé de champ, une sorte de petit chemin creux, à 60 mètres de la lisière, près d'un petit mur, quand un projectile venant de Saint-Menges, en arrière à gauche, passa par-dessus le 1er peloton du 6e escadron du 1er hussards et frappa en éclatant sur le côté gauche du capitaine Proust : plusieurs gros éclats atteignirent à gauche le général ; tout le flanc fut emporté, les intestins sortaient de l'abdomen par une plaie largement béante, un flot de sang jaillit aussitôt, la blessure de Proust était pareille.

Il était environ 11 heures et demie.

Les deux hommes et les deux chevaux éventrés s'abîmèrent, tués raides ; le général tomba à droite la face contre terre dans l'herbe, le corps du capitaine Proust étant couché presque en travers du général et dos à dos ; le capitaine avait la jambe gauche prise sous son cheval dont il serrait convulsivement l'encolure.

Le colonel Bonvoust et le commandant Poncin avaient été éclaboussés par la terre soulevée par le projectile.

Le général Tilliard avait de tristes pressentiments, il était très préoccupé ; pendant la charge vers Illy, il s'était tenu au Calvaire même, près de l'une des croix, et à un moment donné il quitta son observatoire pour venir parler au colonel Bonvoust. Un instant après, un obus mettait en morceaux cette croix du Calvaire et le général, se tournant vers les officiers du 6ᵉ chasseurs, leur dit en riant : « J'ai une fameuse chance et je viens de l'échapper belle, aussi je n'ai plus rien à craindre pour aujourd'hui, je ne serai certainement pas tué. » Et cependant peu après, causant avec le lieutenant-colonel de Gantès, il lui disait : « Ah ! mon ami, le premier obus sera pour moi » et de Gantès répondit : « Eh bien ! moi aussi, j'ai le même pressentiment. »

Le général Tilliard, récemment nommé, venait du 3ᵉ hussards ; il avait été précédemment lieutenant-colonel au 6ᵉ chasseurs et capitaine au 1ᵉʳ hussards ; il connaissait encore beaucoup d'officiers et était connu de ces deux régiments que le hasard avait mis sous ses ordres ; par sa brillante conduite à Kanghil en Crimée, sa brigade l'aimait et avait confiance en lui.

Le capitaine de Mullenheim fut, peu après la mort du général, blessé au talon droit ; il fut emporté à l'ambulance établie dans la ferme de la Garenne (¹).

(¹) Cette ambulance considérable est également appelée l'ambulance du Fond-des-Buses.

Charge du soir

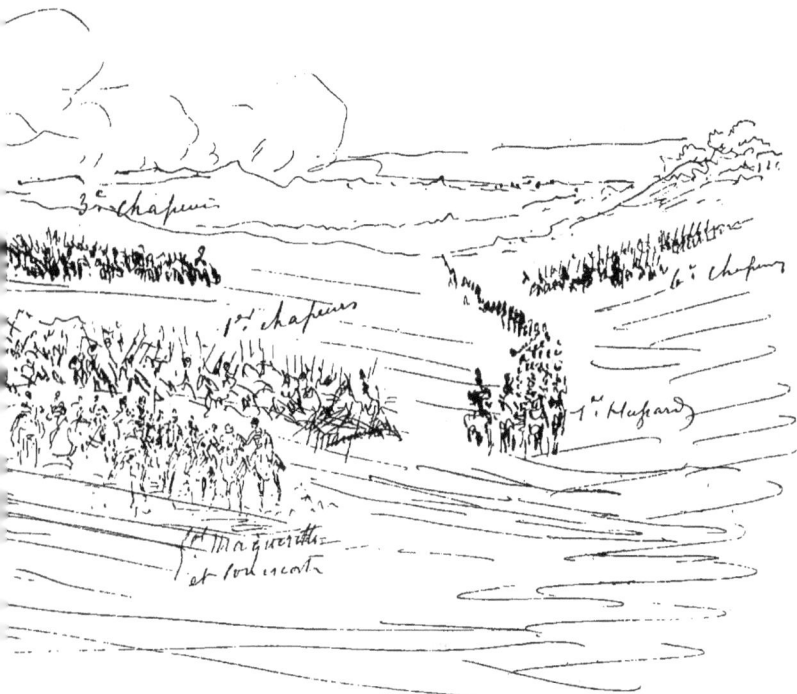

3ᵉ chasseurs

1ᵉʳ chasseurs

6ᵉ chasseurs

1ᵉʳ Hussards

Gal Margueritte
et son escorte

(*Fac-similé réduit d'un dessin de l'auteur.*)

Le lieutenant Berthaut rejoignit son escadron.

Le général Margueritte ne connut qu'après la traversée du bois la mort du général Tilliard; quand celui-ci fut frappé, le général Margueritte était sur le flanc opposé de la colonne, il ne vit qu'un temps d'arrêt et cria : « Mais marchez donc, marchez donc! »

Un sous-officier prit l'épée du général, le colonel de Bauffremont laissa près des cadavres, qu'on recouvrit d'un manteau, le capitaine en second de Bullet, de l'escadron de tête, et la colonne continua sa marche.

Deux heures après, l'ordonnance du général retrouvait le cadavre entièrement dépouillé; les galons du vêtement étaient arrachés, on avait coupé les doigts des gants pour enlever les bagues, tous les objets de valeur avaient été volés.

Tout près de l'endroit où tombait le général Tilliard et au même moment, dans la colonne du 3ᵉ chasseurs d'Afrique, le lieutenant Triboulet, déjà blessé à la charge du matin, a les trois premiers doigts de la main droite enlevés par un éclat d'obus; malgré sa main broyée, il saute en croupe derrière un chasseur..... Évacué de l'ambulance de Quérimont sur celle d'Illy, il fut enfin mourir le 3 octobre, à Lille, chez le père de son camarade Daussel — il avait subi deux amputations.

Au 6ᵉ chasseurs, l'adjudant Trouttot, qui suit le colonel Bonvoust, est tué sur la lisière du bois; il a la colonne vertébrale brisée par un obus qui éclate entre lui et le capitaine Fiévée, dont le cheval a l'épaule gauche emportée. Le chasseur Jean Bricé a la tête coupée — le corps resta encore quelques instants à cheval, quelques lambeaux de chair pendant sur les épaules.

Un autre obus enleva pour ainsi dire l'aile gauche du 1ᵉʳ peloton du 1ᵉʳ escadron, plusieurs hommes furent blessés; entre autres, le maréchal des logis Forestier et le chasseur Petitet, qui furent tous deux amputés d'un pied.

Au 1ᵉʳ chasseurs d'Afrique, Lauer est démonté pour la deuxième fois; il se trouve subitement assis dans les débris de son cheval dont l'arrière-main est en morceaux; il saute en croupe derrière un de ses hommes et réussit à sortir du bois.

Le lieutenant-colonel Aubert, du 6ᵉ chasseurs, monté sur sa

jolie jument gris clair *Gerboise*, entra le dernier dans le bois de la Garenne.

Tout le 6ᵉ chasseurs, en colonne avec distances, était entré dans le bois par le carrefour des deux routes de Quérimont à Floing et d'Illy à Sedan, un peu à droite du point ou était tombé le général Tilliard.

La division suit presque le chemin qui traverse le bois de l'ouest à l'est vers Givonne; en le tenant à sa droite, elle atteint une clairière; au milieu, un pli de terrain offre un abri sûr à un régiment de marche d'infanterie, le général Margueritte parlemente avec le colonel impuissant à se faire obéir.....

C'étaient de jeunes soldats des 4ᵉˢ bataillons; le général Margueritte voulut les entraîner, il mit le sabre à la main : « En avant, levez-vous, leur disait-il, les Prussiens sont devant vous, ils montent dans le bois ! » Tout fut inutile.....

La division passe en traversant le régiment et rentre sous le bois; elle laisse derrière elle la ferme de Quérimont et se jette à droite dans le fourré vers le sud-est.

Traversée pénible et lente au gré de chacun, bien qu'elle n'ait duré que quinze à vingt minutes; comme disaient les hommes, « l'endroit était malsain », les obus y faisaient brutalement leur office, éventrant et blessant plus de chevaux que d'hommes, les arbres abattus faisaient d'inextricables abatis, naturellement enchevêtrés; l'ouragan de mitraille couvrait le sol de nombreuses victimes[1]: partout des cadavres, les hommes se tordant de douleur, les chevaux traînant leurs chairs pantelantes et arrosant de leur sang tout ce qui les entourait; heureusement la terre était

---

[1] Sur un cheval qui se traînait en butant à chaque pas, un hussard allait les bras ballants, son corps oscillait légèrement à droite et à gauche, pas une plainte ne sortait de ses lèvres déjà décolorées. Un officier, le capitaine X..., venait rapidement derrière cet homme et voulut se faire faire la place pour passer; l'homme, le hussard, tourne lentement la tête et d'une voix douce et touchante comme pour faire excuser son reproche lui dit : « Oh! mon capitaine, vous ne voyez donc pas que je meurs », et ce fut tout; le cheval avait le poitrail enlevé, l'homme n'avait plus d'entrailles, son sang fumait sur le paquetage; le cheval s'abattit, fit deux bonds et mourut; une branche d'arbre avait accroché le hussard par la banderole de giberne, ce corps coupé en deux semblait, pendu, plus grand d'un quart, il touchait presque terre : l'homme se mit à pousser des cris horribles : « Je ne veux pas mourir pendu, disait-il, je veux bien mourir, oui, mais par pitié mettez-moi sur la terre. »

Et l'on passait..

meuble, les routes aussi, une entre autres nouvellement ouverte, pas encore empierrée, et les projectiles s'y enfonçaient en faisant fougasse, soulevant des trombes de terre, de poussière et de cailloux.

Le sous-lieutenant Delamothe, du 6e chasseurs, avait été fortement contusionné dans les reins par un éclat d'obus.

Le capitaine Carré, le lieutenant Cabuchet et le sous-lieutenant Terrail eurent leurs chevaux tués. Celui de Cabuchet avait eu la mâchoire emportée; malgré les efforts des chasseurs, il s'obstina longtemps à suivre le régiment en secouant sa tête sanglante.

Le capitaine Carré et le sous-lieutenant Terrail ne purent rejoindre le régiment.

Enfin, la division sort du bois.

Elle débouche partie sur un plateau, à la lisière, et partie dans le rentrant au sud de la ferme de Quérimont; les chefs de corps font sonner le ralliement et les cavaliers d'accourir, les escadrons se reforment très lestement, chacun ralliant ses hommes; la brigade Tilliard dans le haut, les chasseurs d'Afrique en bas. On se compte, la division a perdu relativement très peu de monde, elle est là en entier, en masses de régiment en colonne serrée, sauf le 4e chasseurs d'Afrique.

Ce ralliement de la division fut si rapide et si régulier, que le général Margueritte en exprima une vive satisfaction. Peu après, le général de Wimpffen causa quelques instants avec le général Margueritte, puis, une carte dépliée sur le devant de sa selle, il se dirigea au pas vers la ferme de Quérimont.

La division Fénelon, aussi, s'est repliée par le bois de la Garenne, mais en se jetant tout à fait à gauche; des escadrons entiers (des 1er et 7e lanciers) ont gagné le bois d'Illy, de là, la Belgique et Mézières.

Ce sont les dernières troupes qui quittent le champ de bataille. Il est midi, le cercle des Prussiens va se fermer dans le bois d'Illy.

L'aide-vétérinaire Bernard, du 1er hussards, séparé de son régiment, gagna des derniers l'usine de Chataimont avec une fraction du 3e zouaves, puis Charleville, il fut ensuite à l'armée de la Loire.

En débouchant du bois, la 2ᵉ brigade se trouva inversée, le 6ᵉ chasseurs fut un moment à la droite du 1ᵉʳ hussards.

Le lieutenant-colonel de Gantès, du 1ᵉʳ hussards, réclama pour le régiment sa place normale ; le colonel de Bauffremont fit droit à cette demande et le 1ᵉʳ hussards vint passer, pour prendre la droite, devant le 6ᵉ chasseurs ; les pelotons des 5ᵉ et 6ᵉ escadrons restèrent inversés.

La division chercha et prit ensuite dans ce rentrant sud du bois de la Garenne différentes positions d'abri très relatif. Elle reste enfin assez longtemps au sud-est du bois et de là elle assiste au plus fort de la bataille qui se déroule devant elle, entre Givonne, Dagny et Bazeilles, à la droite de l'armée française.

C'est peu après cette dernière station qu'une fraction du 4ᵉ chasseurs d'Afrique rejoignit la division à sa dernière halte. Nous allons voir comment le régiment s'était égaré et scindé.

Le 4ᵉ chasseurs d'Afrique était venu prendre, pour entrer dans le bois, la route qui va du Calvaire à Quérimont, une partie du 3ᵉ zouaves la suivait en sens inverse ; cette troupe exécutait le mouvement de retraite ordonné par le général Ducrot, elle ne reçut point d'ordre contraire, poursuivit sa route et réussit à gagner Rocroy.

Les pelotons de cavalerie rompus par quatre avançaient avec peine ; tout à coup, plusieurs obus viennent de Frénois en tête, une volée vient de Saint-Menges en flanc — un grand désordre se produit et les rangs faisant une sorte d'à-gauche individuel sautent dans le bois pour s'y dissimuler. La trajectoire des projectiles était tellement tendue, que le même obus fauchait plusieurs cavaliers.

Il y eut une véritable panique.

C'est là, sur cette lisière, vers 11ʰ 45, que fut tué le sous-lieutenant Fournier de Boisairault. Un obus vint s'abattre sous la palette de la selle du chasseur Bessières qui le précédait, le cheval seul fut tué, coupé en deux. Un éclat de cet obus frappa probablement de Boisairault qui venait immédiatement derrière ce cavalier, il poussa un cri, on le vit en même temps élever les bras en croix et tomber sans qu'on pût lui porter secours, tant le désarroi était grand; son cheval rejoignit son peloton; le lendemain, un médecin trouvait encore le cadavre étendu à la même place, caché en partie par le corps d'un cheval sans tête.

Le régiment était brisé; c'est en vain que le capitaine Grenier sonnait avec une corne pour rallier à lui son escadron et que les officiers appelaient les chasseurs; les ralliements se faisaient entendre de tous côtés, il suffisait d'un arrêt d'une minute pour perdre de vue ceux qui précédaient, on se confiait alors au hennissement des chevaux pour s'orienter.

Dans ce grand bois de quinze ans, bien fourré, les gros arbres tombaient et craquaient; sur la lisière vers Givonne, la fusillade crépitait, c'était une tempête de fer et de bruit d'un effet terrifiant... Les groupes tournoyaient sur eux-mêmes et perdus dans ce bois revenaient sur leurs pas; enfin il se fit deux tronçons dans le régiment, chacun d'eux suivit sa destinée.

Les deux fractions comptaient à peu près le même nombre d'hommes, environ 200; elles étaient composées d'officiers et de chasseurs appartenant presque à tous les escadrons; on peut dire cependant que les 1er et 2e escadrons fournirent plus de monde au lieutenant-colonel Lambert; les deux escadrons de combat qui furent ainsi formés étaient commandés par les capitaines Descharmes et Marlien, des 1er et 2e escadrons.

Ces deux escadrons de combat ont donné, peu après leur arrivée, la mesure de ce qu'on pouvait attendre du 4e chasseurs d'Afrique.

Le colonel de Quélen, de son côté, avec l'autre fraction du régiment, s'était frayé un passage à travers les taillis et débouchait à l'est vers Givonne, cherchant, mais en vain, à rejoindre la division dont le mouvement vers l'ouest le séparait de plus en plus.

Le sous-lieutenant du Blaisel, égaré vers Givonne, tombait dans les troupes prussiennes et était fait prisonnier.

Le 6e chasseurs aussi avait failli manquer en partie à l'appel du ralliement; il s'était également groupé sur deux points différents; le colonel Bonvoust envoya le lieutenant Anot chercher la fraction ralliée par le lieutenant-colonel et le commandant Manès; le lieutenant Anot fut assez heureux pour les trouver. Le commandant Manès avait avec lui plus d'un escadron et demi; suivant le bois dans toute sa longueur, il était venu déboucher sur la lisière entre les routes de Pierremont et de la Garenne. Quand la colonne conduite par le général Ducrot passa devant lui, il reprit avec ses escadrons sa place à la gauche du 6ᵉ chasseurs.

Pendant que la division, ayant ainsi traversé le bois, reprenait

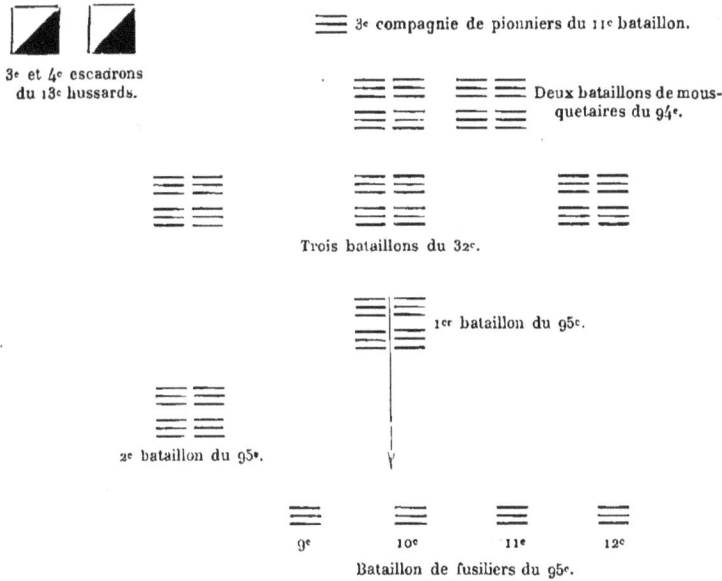

3ᵉ et 4ᵉ escadrons du 13ᵉ hussards.

3ᵉ compagnie de pionniers du 11ᵉ bataillon.

Deux bataillons de mousquetaires du 94ᵉ.

Trois bataillons du 32ᵉ.

1ᵉʳ bataillon du 95ᵉ.

2ᵉ bataillon du 95ᵉ.

9ᵉ   10ᵉ   11ᵉ   12ᵉ

Bataillon de fusiliers du 95ᵉ.

possession d'elle-même, les troupes allemandes, auxquelles elle allait être bientôt opposée, débouchaient dans la plaine au nord de Floing et gagnaient au sud le pied du plateau d'Illy.

C'est vers midi que les têtes de la 22ᵉ division d'infanterie, sous les ordres du général de Schkopp, apparurent en colonne de route à la sortie du défilé de Saint-Albert.

Dès que le terrain s'élargit entre la Meuse et les collines qui la bordent sur la rive droite, le général déploya dans l'ordre suivant les huit bataillons de la 43ᵉ brigade qu'il avait sous sa main. Ce dispositif, vu des hauteurs de Cazal, devait produire l'effet de quatre grosses lignes parallèles, dont chacune appuyait sa droite à la Meuse, tandis que sa gauche longeait les pentes des côteaux au nord de Floing. (*Voir le croquis schématique, p. 127.*)

Le général de Schkopp avait adopté cet ordre dans la pensée de donner, sans tarder, l'assaut à la croupe située entre Floing et Cazal. La formation par demi-bataillon était le dispositif accepté pour le suprême effort, le règlement allemand l'appelait la colonne d'attaque.

Le terrain se prêtait à ce déploiement, et les prairies du bord de la Meuse, très sensiblement horizontales, ne gênaient nullement la marche des colonnes sur un front moyen de 1 000 mètres.

A midi et demie, les deux bataillons de mousquetaires du 94ᵉ, qui constituaient la réserve particulière de la 22ᵉ division, sont portés en réserve générale du XIᵉ corps, en arrière du bois du Hassoy.

Les six autres bataillons traversent le ruisseau de Floing, partie dans le village même, partie entre le village et le confluent du ruisseau.

Après ce passage, les colonnes du 95ᵉ, entrant en contact direct avec nos tirailleurs, rompent leur dispositif de marche. Les bataillons de mousquetaires se portent en première ligne, à hauteur du bataillon de fusiliers.

La 11ᵉ compagnie gagne la face sud de Floing et ses tirailleurs ouvrent immédiatement le feu. A sa droite, se placent les compagnies 5 et 6, empruntées au bataillon de droite.

Dans la carrière même de la Maladrie, les compagnies 4, 10 et 12 prennent position ; au sud de la carrière, près de Fraîche-Eau, les compagnies 1, 2, 3, 7, 8 et 9 s'installent solidement.

Ainsi, les liens qui unissent les compagnies au bataillon sont, dès ce moment, complètement brisés et on ne saisit pas bien les motifs qui ont déterminé le lieutenant-colonel von Bassewitz, chef du 95ᵉ (6ᵉ régiment de Thuringe), à fractionner de la sorte son régiment sur la ligne de feu, sans souci de maintenir les bataillons sous les ordres directs de leur commandant.

Avant de se porter en avant, le 95ᵉ, déployé sur une seule ligne, fut arrêté.

Le général de Schkopp, jugeant alors sans doute que l'enlèvement de la croupe exigerait un effort vigoureux, sacrifia sa réserve et porta franchement le 32ᵉ en première ligne.

Les compagnies 5, 6, 7, 8, 9 et 11 de ce régiment se placent à hauteur du 95ᵉ au nord de la carrière, tandis que les six autres compagnies gagnent la pointe sud de Cazal, formant ainsi l'extrême droite de la 43ᵉ brigade.

La 3ᵉ compagnie du 11ᵉ bataillon de pionniers s'installe près du Gaulier, la 2ᵉ compagnie du même bataillon suit le mouvement de la droite sur Cazal. Les deux escadrons du 13ᵉ hussards s'abritent au Gaulier.

CHAPITRE IX

LA SITUATION EST TRÈS COMPROMISE
LE GÉNÉRAL DUCROT DISPOSE DE LA DIVISION MARGUERITTE
DERNIÈRE HALTE

Vers 1 heure, la situation était très compromise. Le mouvement tournant de l'armée prussienne se dessinait nettement : le Ve corps prussien atteignait Fleigneux ; les bataillons du XIe, renforcés par une fraction du IIIe, menaçaient notre gauche déjà fortement ébranlée.

Notre aile gauche était formée des 7e et 1er corps, maintenant réunis en partie sur le plateau d'Illy et le Terme de Floing. En avant d'eux, le vallonnement profond qui réunit Illy à Floing ; à leur gauche, deux ravins : 1° celui qui descend sur Floing, à pentes presque inaccessibles vers le village ; nous l'appellerons le ravin de Floing ; 2° celui qui descend du bois de la Garenne vers Fraîche-Eau ([1]) ou Frécheaux, laissant Cazal au sud et que nous appellerons le ravin de Fraîche-Eau ; sur le bord sud de ce dernier ravin, en haut, les bois de l'Algérie ; en bas, vers le sud-ouest, au nord du ravin, des ressauts de terrain nombreux qui aboutissent à des carrières.

Entre les deux ravins, un long et fort mouvement de terrain en forme de croupe allongée : c'est le Terme de Floing ([2]). Limité à l'est par le bois de la Garenne, à l'ouest il tombe en s'arrondissant au sud de Floing, en face de la plaine de la Meuse, en face de la batterie allemande installée à Frénois : c'est sur cette pente que nos cavaliers vont fournir leur charge légendaire, tomber dans leur gloire et sauver l'honneur de la cavalerie française.

([1]) *Fraîche-Eau* d'après le cadastre.
([2]) Terme, terminaison, fin du territoire de la commune de Floing.

A la droite des deux corps d'armée, le calvaire d'Illy ; derrière eux, le bois de la Garenne, que la division a traversé tout à l'heure.

C'est ce mince écran qui séparait d'abord le 1er corps du 7e ; plus tard le 5e corps, plus tard encore le 12e, viendront s'y acculer, dos à dos avec les 7e et 1er corps épuisés.

Vers 1 heure, les six bataillons de la 43e brigade allemande sont disposés en croissant au pied de la croupe, entre Floing et Cazal, et leurs tirailleurs commencent, sous la protection puissante d'une formidable artillerie, à gravir les pentes qui montent au plateau d'Illy.

Les tirailleurs s'élèvent en ligne sur les petits escarpements qui accidentent le terrain ; les soutiens, en ordre serré, se tiennent à 150 ou 200 mètres en arrière — cette distance variant nécessairement, selon que le sol présente des obstacles plus ou moins favorables.

Devant la ligne Saint-Menges—Fleigneux, le 7e corps faiblissait, brisé par la mitraille, écrasé par cinquante bouches à feu en face, les batteries de Givonne par derrière, les batteries de Frénois dans le flanc gauche.

Le général Dumont avait engagé sa dernière brigade : elle ne put tenir ; le général et le lieutenant de lanciers de Moulins-Rochefort, détaché près de lui, se trouvèrent bientôt seuls debout sur l'emplacement de la première ligne, au milieu de blessés couchés à terre : il semblait que chacun d'eux voulût rentrer le dernier dans le bois de la Garenne. Malgré ses efforts, le général Douay ne pouvait plus conserver le Calvaire d'Illy, la clef de la position ; le général Ducrot, à sa gauche, l'avait appuyé de son mieux, mais il était à son tour obligé de faire tête à gauche, dans la direction de Floing-Cazal.

Vers 1h 15, l'extrême gauche du 95e de ligne prussien, au nord de Floing, fut appuyée par différentes fractions des 82e, 83e, 87e, 46e régiments et par la 5e compagnie du 94e, qui escortait la batterie Bardeleben.

Cette batterie (3e lourde et une section de la 4e lourde) comptait huit pièces ; elle prit, plus tard, audacieusement position à la cote 238, en arrière de laquelle la pente fortement inclinée vers

Floing était un abri naturel pour la compagnie d'escorte ; elle fut montée presque à bras depuis le village jusqu'à la Gloriette, par le sentier du Palais.

Donc les masses prussiennes surgissaient de tous côtés : elles arrivaient dans la direction de la prairie de Glaire, elles débordaient de Floing ; elles atteignaient la Maladrie, Fraîche-Eau, le Gaulier ; elles allaient donner l'assaut au Terme de Floing, qui les conduisait au Calvaire par le sud-ouest.

Il fallait arrêter leur mouvement, coûte que coûte.

C'est à ce moment que le général Ducrot trouva, au sud du bois de la Garenne, le général de Wimpffen qui, depuis 9 heures du matin, avait pris le commandement en chef.

Le général Wimpffen, comme le général Ducrot, connaissait toute l'importance du plateau d'Illy ; il l'avait reconnu lui-même la veille, aussitôt après son arrivée ; mis au courant de la situation, il répondit au général Ducrot, qui le conjurait de tenter un effort suprême : « Eh bien ! chargez-vous de cela : réunissez tout ce que vous trouverez de troupes de toutes armes et tenez bon par là, tandis que moi je m'occuperai du 12ᵉ corps. »

On a écrit parfois que le général Ducrot n'avait pas qualité pour faire charger la division Margueritte : l'ordre formel que je viens de rappeler était une délégation absolue du général commandant en chef, à la disposition duquel se trouvait la 2ᵉ division de réserve de cavalerie, et on peut à bon droit s'étonner que des écrivains de valeur aient tenu aussi peu compte de cette délégation de commandement — fait acquis, affirmé depuis 1871, et que le général de Wimpffen n'a jamais contesté ni dans sa forme, ni dans ses termes.

L'effort que le général Ducrot allait tenter consistait à réunir toute la cavalerie, toute l'artillerie qui restait disponible, toute l'infanterie qui pouvait être détachée sans compromettre les positions du centre et de la droite, et alors à commencer une attaque furieuse par un feu général de l'artillerie ; à faire donner ensuite toute la cavalerie en masses profondes et enfin à engager l'infanterie en l'entraînant à la baïonnette dans le sillon ouvert par la cavalerie.

Le général fit en conséquence, et au nom du général

de Wimpffen, prévenir les généraux de Fénelon, Ameil et Margueritte de suivre vers le nord-ouest les derniers renforts qu'il envoyait à notre aile gauche.

Les généraux Fénelon et Ameil devaient prendre une position d'attente derrière la division Margueritte.

Le général Margueritte écouta l'ordre détaillé avec grande attention; il pria le capitaine Faverot de Kerbrech, qui le lui apportait, de le répéter et, après s'être fait donner une explication bien précise, il lui fit remarquer toute la gravité de la détermination qu'il allait prendre.....

C'était un peu avant 2 heures.

Depuis le ralliement, la division se tenait impatiente sous le feu ; les projectiles venaient de tous les côtés et frappaient, de-ci de-là, quelques hommes.

Au 6ᵉ chasseurs, le sous-lieutenant Brousse est atteint par un éclat d'obus au visage ; l'œil gauche brûlé, la joue ouverte, les dents brisées, il reste en tête de son peloton et il fallut l'intervention de son capitaine de Querhoënt pour qu'il se laissât conduire à l'ambulance voisine (ambulance Philippe).

La division n'en conservait pas moins son attitude silencieuse et déterminée au milieu d'un va-et-vient constant de troupes débandées, d'hommes isolés, que leurs chefs avaient bien de la peine à ramener au combat ; l'entassement dans ces ravins au nord de Sedan était indescriptible.

La division était exactement à 500 mètres au nord-nord-ouest de la ferme des Triples-Levrettes, faisant face à l'est, en bataille et parallèlement à la direction Givonne—Daigny—La Moncelle.

Tout près du 1ᵉʳ chasseurs d'Afrique, côte à côte et en sens inverse, se trouvait le 1ᵉʳ régiment de tirailleurs algériens (¹), et ces deux régiments de Blidah allaient affirmer tout à l'heure leur antique renom de courage.

Le 5ᵉ hussards était près du 3ᵉ chasseurs d'Afrique, les officiers échangeaient leurs tristes impressions ; combien de mains vail-

---

(¹) Bataillon du commandant de Lammerz.

lantes, qui se serraient pour la première fois depuis longtemps, se sont donné là une dernière étreinte!....

Les escadrons, les pelotons réduits, se serraient derrière leurs chefs, et sans bruit, sans cris, chacun remettait de l'ordre dans sa troupe.

Mais bientôt, le capitaine Henderson vint porter l'ordre au général de Galliffet de se mettre en marche vers l'ouest, la division rompit, comme elle put, en colonne de pelotons, un peu en goum, et se mit en mouvement.

Le général Margueritte, monté sur son cheval bai, allait en tête devant le 3e chasseurs d'Afrique. Le 1er suivait, puis le colonel de Bauffremont avec la brigade Tilliard. Avant d'arriver à hauteur de la ferme de la Garenne et à 300 mètres vers le nord-est, la division rencontra le général Ducrot: le commandant du 1er corps dirigeait alors vers Daigny une brigade d'infanterie; cette troupe en très bon ordre, drapeau déployé, remontait les pentes que descendaient les chasseurs d'Afrique.

Le général Ducrot prit les devants avec le général Margueritte; il le conduisit lui-même, longeant les batteries établies sur la crête entre le bois de la Garenne et Floing, et après les avoir dépassées il lui dit : « ...Vous allez charger par échelons sur notre gauche; après avoir balayé ce qui est devant nous, vous vous rabattrez à droite et prendrez en flanc toute la ligne ennemie..... »

Les autres divisions de cavalerie avaient l'ordre de suivre; le général Margueritte ne devait commencer son attaque que lorsque les autres divisions seraient massées derrière la sienne et en mesure, par conséquent, d'exécuter des charges successives.

L'artillerie de réserve, appelée au plus vite au coin du bois, allait préparer par son feu le succès de cette formidable poussée de cavalerie; le général Forgeot avait l'ordre d'amener là toute l'artillerie disponible.

Le terrain choisi pour les charges était ce grand mouvement dont nous avons parlé qui, à la descente, laisse Floing caché en bas à droite par rapport à nous; il y a une différence de niveau de 100 mètres entre la lisière ouest du bois de la Garenne et la prairie; la ligne de plus grande pente peut avoir un développement de 1 800 mètres.

La division était arrivée à une petite combe, un petit vallon où elle fit halte. Dans cette cuvette verdoyante, la ferme de la Garenne, tout auprès, une maison; contre son pignon, une fontaine, une auge en pierre, une belle source; alentour, des peupliers, des haies, des jardins..... Ce petit vallon est le commencement du Fond-des-Buses; une allée de tilleuls conduit vers le Vieux-Camp et Sedan.

La division se forma là en tas, hors du jardin, à 250 mètres de la ferme, tout près de l'auberge des *Cinq-Frères*, malgré un feu d'artillerie très violent.

Le 3ᵉ chasseurs d'Afrique, qui avait la tête, fait un à-gauche en bataille dans la prairie; le 1ᵉʳ arrive à sa hauteur en colonne de pelotons et s'arrête dans cet ordre; derrière eux, en haut, tout contre le bois et de l'autre côté du chemin qui va de Quérimont à la Garenne, la brigade Tilliard se masse en colonne d'escadrons. A demi-distance sur sa droite, un peu en arrière, un régiment d'infanterie était couché sac au dos (¹).

Certaines fractions du 4ᵉ chasseurs d'Afrique, qui débouchaient du bois de la Garenne par le chemin de Quérimont, aperçurent sur leur droite et dans ce creux la division; elles s'y rallièrent; peu après, le lieutenant-colonel Lambert en prit le commandement.

Le feu d'artillerie était meurtrier; les régiments se déplaçaient pour éviter les projectiles qui venaient de trois directions, mais surtout des batteries établies au-dessus de Givonne. On voyait les obus se croiser dans le ciel : l'un d'eux vint éclater entre les rangs du 1ᵉʳ peloton du 5ᵉ escadron du 1ᵉʳ hussards, jetant à terre cinq hommes dont le maréchal des logis Ehrler, et six chevaux; un seul homme eut la jambe fracassée; tous les chevaux furent atteints. Le capitaine de Querhoënt, du 6ᵉ chasseurs, est blessé à la main gauche par un éclat; il refuse d'aller à l'ambulance : « Je

---

(¹) L'emplacement exact de la brigade Tilliard est aujourd'hui le potager de la propriété Goulden, créée depuis 1870.

me ferai panser ce soir, dit-il ; nous allons sans doute charger et je veux commander mon escadron ; ma blessure ne me fait pas souffrir. »

Au 1ᵉʳ chasseurs d'Afrique, le maréchal des logis fourrier de Raousset-Boulbon est tué.

On avait mis pied à terre ; c'était la dernière halte.

On ressangla les chevaux et les paquetages furent assurés, rectifiés.

Dans quelques minutes, toute cette jeunesse pleine de force et de santé, ces beaux animaux, ces magnifiques régiments, tout cela sera anéanti !

Et vous, jeunes gens qui me lisez et qui plus tard, Dieu aidant, ne connaîtrez que l'ivresse de la victoire, faites comme ces héros, vos modèles ; que vos dents se serrent, que vos mâchoires se contractent, que votre main fiévreuse cherche la poignée de votre sabre, que votre cœur batte plus fort dans votre poitrine qui résonne.... ! C'est que le recueillement est profond à cette heure où l'âme est maîtresse du corps ; on sait et on sent que la partie n'est pas seulement compromise, mais perdue, et que la victoire, ce bel appât de l'enthousiasme qui rend la mort facile, nous échappe !.....

Toute la noblesse du métier des armes : sacrifice et dévouement pour autrui, va recevoir une nouvelle consécration. Non, ce n'est pas la victoire qu'ils vont chercher ; non, ce n'est pas l'enthousiasme qui les guidera tout à l'heure, ces escadrons ; ce n'est pas la fumée rayonnante d'espoir qui va le griser, cet homme ; ce n'est pas l'ambition qui va le guider, cet officier : non, rien, rien de personnel, rien d'humain. C'est le devoir ! et voilà pourquoi ils sont grands ; et voilà pourquoi on les honore entre tous.

Vieux soldats de Crimée, d'Afrique, de Syrie, du Mexique et d'Italie, ô vous qui comptiez parfois douze ans de grade de sous-lieutenant sans vous plaindre, noble génération, exemple des plus hautes vertus guerrières, salut, salut encore une dernière fois !.....

Allez, mes braves...; ressanglez, ressanglez...; ajuste ton paquetage, toi, vieux chasseur d'Afrique, toi, hussard coquet ! Que l'ennemi le trouve bien fait quand il emportera tout à l'heure tes dépouilles opimes ; quand, frappés en face, toi et ton cheval, vous serez tombés tous deux comme des amis qui n'ont pas voulu se quitter même dans la mort.

Ressanglez, ressanglez ! le moment approche où, le foulard serré à la main qui tient le sabre, vous allez vous immortaliser.

Allons, mes braves, à cheval ! un souvenir à tous ceux qu'on aime et, sans tourner la tête, en avant ! l'instant de mourir pour la France est venu. En avant !...

CHAPITRE X

LA DIVISION ARRIVE ET SE FORME SUR LE TERRAIN DE CHARGE
LE GÉNÉRAL MARGUERITTE EST GRIÈVEMENT BLESSÉ
ET REMET LE COMMANDEMENT AU GÉNÉRAL DE GALLIFFET

Le général Margueritte ayant réuni les colonels près de lui, leur avait fait connaître ses ordres. A ce moment même, il donna au colonel de Bauffremont, comme plus ancien colonel de la brigade Tilliard, le commandement de cette brigade devenu vacant par la mort de son chef.

Le colonel de Bauffremont attacha dès lors à sa personne le capitaine adjudant-major Hanryé, du 1er hussards.

Le général Margueritte avait fait reconnaître les progrès de l'ennemi ; bientôt, il prit lui-même les devants, et, peu après, fit prévenir les régiments d'avoir à le suivre ; ce fut le sous-lieutenant de Kergariou qui porta l'ordre au général de Galliffet.

La halte était terminée.

La division rompt ; la première brigade en colonne de pelotons, le 1er chasseurs d'Afrique en tête ; la 2e brigade en colonne d'escadrons, le 1er hussards en tête, les escadrons du 4e chasseurs d'Afrique derrière le 6e chasseurs.

Le général Margueritte demande, pendant le trajet, au colonel du 1er chasseurs d'Afrique, un officier pour aller reconnaître la route devant la division ; le colonel Clicquot met à sa disposition le capitaine adjudant-major Plessis, qui se trouvait à côté même du général. Plessis revient bientôt et rend compte que la division peut facilement gagner la place qui lui est indiquée pour la charge, en avant des autres divisions de cavalerie.

La colonne ne s'est pas arrêtée, elle a continué sa route ; gravissant d'abord les pentes qui descendent du bois de la Garenne, elle franchit une légère dépression de terrain, enfin une dernière

petite pente un peu plus rapide. C'est là que le commandant
Manès rallie la division.

Puis elle passe par une sorte de défilé large d'une centaine de
mètres, entre la pointe ouest du bois de la Garenne et le commencement des bois de l'Algérie ; après le versant nord du ravin de
Fraîche-Eau, à sa naissance, elle débouche sur le plateau, un peu
en goum. Sur la pente, un adjudant d'infanterie, le crâne presque
enlevé, descendait par des soubresauts convulsifs et venait mourir
contre la roue d'une voiture brisée.

Les balles commençaient à siffler.

Au coin du bois, en traversant le chemin, le sous-lieutenant de
Chaléon, du 1er hussards, fut blessé d'une balle au-dessus du poignet gauche ; il fut conduit à l'ambulance établie dans la ferme de
la Garenne par le brigadier fourrier Landréau ([1]).

Tout le long de l'arête du versant sud du ravin de Fraîche-Eau
court une bande de bois : ce sont les bois de l'Algérie, terminés
en bas par la maison Dumoustier ; à côté, dans la propriété de
M. Philippe, professeur au collège de Sedan, on avait installé une
ambulance considérable.

Derrière ces bois, ces bouquets d'arbres, ces jardins, descend
le chemin qui va de Cazal à Illy.

En arrivant sur le Terme de Floing, le terrain devant la colonne
monte un pente douce jusqu'à l'arête topographique du plateau
d'Illy ; à gauche, le terrain descend vers Floing en présentant
quelques crêtes perpendiculaires à la ligne de plus grande pente.

Le général Margueritte est toujours en tête de sa division ; il
prend le grand trot : la colonne est obligée de galoper derrière lui
pour ne pas perdre sa distance ; elle passe à ce galop gaillard
devant le général Ducrot, qui crie : « Ménagez vos chevaux, ménagez vos chevaux ! » Puis le général tourne à gauche et entraîne
la division sur le terrain où elle chargera.

Le capitaine de Bullet, du 1er hussards, est, à ce moment, mortellement blessé par un éclat d'obus ; il put encore descendre de

---

([1]) Landréau, qui réussit plus tard à s'échapper du convoi de prisonniers dont il faisait partie, fut par la suite repris comme franc-tireur et condamné au bagne. Il ne sortit
de Werden an der Ruhr qu'en 1872.

cheval et se traîner en tenant ses entrailles dans les mains jusqu'à
un abri où il expira peu d'instants après.

La tête de colonne a déjà parcouru plus de 400 mètres dans la
direction de la Maladrie([1]), vers l'ennemi ; elle s'est sensiblement
rapprochée de la ligne de plus grande pente, qui vient vers elle
obliquement à droite, en la défilant un peu.

Cette vigoureuse arrivée de la division sur le terrain a laissé dans
l'esprit de beaucoup d'officiers l'idée d'une première charge arrêtée par la blessure du général Margueritte.

Pendant cette marche rapide, le maréchal des logis Tendil, du
4e chasseurs d'Afrique, a eu la tête enlevée par un obus ; le buste,
retenu par le paquetage et les étriers, continua sa course tout
droit pendant longtemps : il fallut l'effort de deux hommes pour
le sortir de la selle quand on s'arrêta.

Tout le long du flanc gauche du régiment tête de colonne, une
bande de terre en pente douce relie la croupe sur laquelle il se
trouve au profond vallonnement en contre-bas, qui vient par des
ressauts de terrain s'épanouir jusqu'aux carrières situées dans la
direction de Glaire ; ce terrain sera, en partie, parcouru par la
charge du 1er hussards ; il borde au nord le ravin de Fraîche-
Eau.

Le général Margueritte arrête brusquement sa colonne et se
porte à 200 mètres en avant vers la droite, pour juger du terrain
et des positions de l'ennemi ; la fusillade redoublait. Quand il eut
terminé son observation, le général revint au pas vers la tête de
la division ; en même temps, il donnait au sous-lieutenant de
Senneville l'ordre d'aller prévenir tous les colonels que « l'on va
« charger successivement en colonne par pelotons, chaque régi-
« ment devant chercher à passer, quel que soit le mouvement du
« régiment qui précède, et en profitant des abris naturels du
« terrain ».

L'ordre est porté et chaque régiment prend aussitôt sa place.

Le 1er chasseurs d'Afrique est toujours en colonne de pelotons

---

([1]) Cette indication est donnée pour le lecteur, car la division n'a jamais vu la Maladrie.

et dans une sorte de double sillon, limite de culture : « Allez prévenir les capitaines commandants qu'on va charger, dit le colonel Clicquot au capitaine Plessis, probablement sur de l'infanterie. »

Le capitaine Plessis file le long du flanc droit de la colonne.

Le 3e chasseurs d'Afrique débouche plus près du sommet, à la droite du 1er ; il est aussi en colonne avec distances, sa tête s'arrête à hauteur du 1er peloton du 5e escadron du 1er chasseurs d'Afrique (¹).

Le général de Galliffet est en tête de son régiment et va le former rapidement en colonne serrée.

A ce moment, deux escadrons du 4e lanciers, commandés par le chef d'escadrons Esselin, longent et dépassent le 3e chasseurs d'Afrique ; le général Ducrot venait de les lancer sur l'ennemi.

Ils portèrent brillamment le premier coup (²). Le colonel de Bauffremont disposait aussi sa brigade.

Le 1er hussards, commandé par le lieutenant-colonel de Gantès, a fait pour son compte presque un à-gauche en débouchant au coin du bois et se trouve en colonne d'escadrons, le flanc gauche aux bois de l'Algérie, faisant face à Glaire, ne voyant pas l'ennemi ; au sud-ouest et plus bas que la 1re brigade, il a devant lui, à gauche, le ravin de Fraîche-Eau.

C'est ici le lieu de rappeler que ce mouvement de déboîtement à gauche de la colonne, que fit le 1er hussards pour se porter vers sa place de charge, a été l'occasion d'une vive polémique.

Le 1er hussards longea et dépassa en partie la longue colonne de la 1re brigade qui le précédait, mais au même titre que le 3e chasseurs d'Afrique longea aussi le 1er chasseurs d'Afrique, après qu'il fut arrêté ; chacun se dirigeait vers la place qu'il devait occuper par un mouvement général d'une sorte de mise en bataille par régiment. Le 1er hussards ne se plaça donc pas en avant des chasseurs d'Afrique.

Le 6e chasseurs, commandé par le colonel Bonvoust, continuant sa marche, dépasse le point où le 1er hussards a tourné, fait son

_____

(¹) 3e dans l'ordre de charge, escadron Marquier, peloton Sellier.
(²) Voir à l'appendice I les détails de la charge du 4e lanciers.

à-gauche à son tour et vient en colonne de pelotons former
d'abord une sorte de deuxième ligne derrière la gauche des chasseurs d'Afrique; puis il se forme en colonne d'escadrons et vient
prendre sa place à l'extrême gauche de la ligne, faisant face au
côté droit des carrières par lequel l'ennemi s'efforce de nous
tourner.

La fraction du 4e chasseurs d'Afrique, commandée par le lieutenant-colonel Lambert, ferme la marche; elle pousse plus au nord
pour rejoindre sa brigade.

La division Margueritte était en réalité disposée presque en bataille sur une ligne oblique, irrégulière, avec une réserve formée
du 6e chasseurs et des escadrons du 4e chasseurs d'Afrique.

Elle comptait dans le rang, prêts à charger : 138 officiers et
1 650 sabres; par suite des pertes causées par le feu ou de mauvaises directions prises, elle avait vu disparaître depuis le matin
40 officiers et 487 hommes.

Les régiments ne présentaient plus que les effectifs suivants :

**Tableau récapitulatif des effectifs de la division Margueritte,
le 1er septembre 1870,
sur le champ de bataille, avant les charges du soir**

UNITÉS	OFFICIERS	TROUPE
État-major de la division	2	»
1er chasseurs d'Afrique.	35	380
3e — —	25	300
4e — —	15	200
État-major de la 2e brigade. . .	»	»
1er hussards.	35	400
6e chasseurs.	28	370
Totaux	140	1 650

Chacune de ces troupes avançait péniblement sur un terrain
déjà encombré; la division Fénelon venait à son tour s'entasser
sur le plateau, en arrière des régiments de la division Margueritte.

Les nombreux escadrons des 1er et 7e lanciers (1), la moitié du

---

(1) Brigade Savaresse, division de Salignac-Fénelon.

4ᵉ hussards([1]), quelques pelotons de cuirassiers, notamment du 3ᵉ, poussaient, poussaient pour se faire jour...

En avant et sur la droite de cette masse de cavalerie, bordant l'arête du terrain qui tombe brusquement sur Floing, une ligne d'infanterie tient encore ; c'est la brigade de La Bastide ([2]), formée des 53ᵉ (colonel Japy) et 89ᵉ (colonel Munier) ; leur droite est à l'auberge du Terme de Floing, une masure grise avec deux grands peupliers qui se voient de partout ; sur leur front, une tranchée-abri, l'aile gauche du colonel Munier en potence face à l'ouest.

Le moment de la charge était arrivé ; le général Margueritte ne devait pas la conduire.

Le général avait rejoint la tête de colonne ; de Senneville revient et lui rend compte de sa mission ; le général met le sabre à la main et part au galop, suivi de ceux qui l'entourent ; la colonne s'ébranle...

Mais le général voulut donner encore un dernier coup d'œil, la direction prise ne le satisfaisait pas ; aussi, laissant de nouveau la division arrêtée dans une sorte de repli de terrain, il se porte en avant au galop ; bientôt, il donne l'ordre à son escorte et à son état-major de ne pas le suivre, l'escorte obéit. Reverony dit au général : « Pour rien au monde je ne vous quitterai », et il le suit ; les autres officiers, à une certaine distance, font de même ainsi que le porte-fanion Weyer.

« Le général va se faire tuer », dit Reverony à de Senneville. C'était fatal !....

Le général traverse la ligne d'infanterie entre les deux régiments de la brigade de La Bastide, dépasse d'une vingtaine de mètres la gauche extrême de la tranchée-abri faite par le 89ᵉ, et arrive à la crête où il observe l'ennemi dans la direction de Mézières.

On voyait à un millier de mètres de profondes colonnes d'in-

([1]) 3ᵉ et 4ᵉ escadrons, commandés par le lieutenant-colonel de Montauban, récemment nommé colonel du 3ᵉ chasseurs d'Afrique et qui vint là faire connaissance avec son nouveau régiment.

([2]) Division Liébert, 7ᵉ corps.

fanterie prussienne, qui venaient par la prairie au bord de la Meuse, se dirigeant vers nous ; l'effort était considérable.

C'était la seconde brigade de la 22e division.

— « Combien sont-ils, croyez-vous, de Pierres ?

— 8 000, mon Général ; mais voyez tout ce qui vient derrière !

— C'est un corps d'armée », répondit le général Margueritte.

C'était en effet le XIe corps allemand.

La fusillade dirigée sur le petit groupe augmentait : tout le monde fit demi-tour et à bon galop redescendit vers la division. Alors le général cria vivement d'arrêter : « Il ne faut pas retourner si vite en arrière », dit-il ; cette observation frappa profondément les jeunes officiers qui l'entouraient : on prit le pas ; presque aussitôt — on s'était éloigné à peine d'environ 80 mètres du premier point d'observation — le général remit son cheval dans la direction de l'ennemi et dit : « Remontons voir. »

Il remonta en effet et vint, en décrivant un cercle à droite plus en avant du point d'observation primitif, au-dessus du brusque ressaut qui descend à pic à l'est de Floing, près du chemin qui va sur le village même et juste sur la crête ; là, au milieu d'une grêle de balles, il arrête son cheval et le fait tourner à droite.

Le général était alors exactement à 200 mètres en avant et à droite de la tête du 1er chasseurs d'Afrique ; l'escorte était à 60 mètres en arrière, l'ordonnance Jean Wurtz à la même distance et vers la gauche.

Le feu augmentait d'intensité : les tirailleurs prussiens étaient à 400 mètres.

En un instant, le général a son fourreau de sabre brisé ; le sous-lieutenant de Senneville est blessé d'une balle dans la jambe droite, à 10 centimètres au-dessous du genou.

Presque en même temps, le général est frappé : il bat l'air des bras et s'abat la face contre terre.

Il était 1 heure trois quarts.

Une balle, venant de bas en haut et de gauche, avait traversé les joues, brisant les dents, attaquant le palais et la langue.

Reverony met promptement pied à terre et soulève le général.

S'appuyant sur Reverony, le général fait quelques pas, échap-

(Fac-similé d'un dessin réduit de l'auteur.)

pant aux balles qui sifflaient au-dessus de sa tête. Dès qu'il fut défilé du feu, le général s'arrêta et voulut remonter à cheval; de Kergariou et le maréchal des logis Weyer s'étaient approchés et soutenaient le général, qui se raidissait contre la douleur et avait la tête légèrement penchée à droite; le sang coulait abondamment et la manche gauche de la pelisse de Kergariou en était couverte.

On chercha un cheval tranquille : de Kergariou offrit le sien, un petit cheval gris rouanné, et Reverony, avec Weyer, aida le général à se mettre en selle; de Pierres, qui avait aussi rejoint de suite, prit en main le cheval bai du général et on se mit en marche pour redescendre vers la division.

Le général, sans képi, tout défiguré et ensanglanté, était soutenu à droite par Reverony, à gauche par Weyer, qui portait la lame de sabre du général([1]); derrière, l'état-major : Henderson, de Senneville blessé, de Pierres, de Boisguéhéneuc et le trompette Rigoud, tous à cheval; de Kergariou, seul à pied sous la fusillade, rejoignait son régiment. L'escorte se rapprochait au trot, suivant d'un peu plus loin.

En arrivant à 30 mètres de la division, l'ordonnance du général le rejoignit; il y avait dix minutes environ que le général était blessé : la forme du terrain n'avait pas permis à Wurtz de voir tomber celui qu'il servait avec dévouement depuis de si longues années. Le général voulut changer de cheval et prendre celui de Wurtz, il mit avec courage le pied à l'étrier et put se mettre en selle avec un peu d'aide. Ce petit cheval gris de fer venait du lieutenant Reverony, qui l'avait quitté à Metz; il était fort tranquille, sinon plus. Wurtz l'avait harnaché avec une selle prus-

---

([1]) Le capitaine Pordelanne n'était pas près du général quand celui-ci fut blessé : il avait été envoyé vers la batterie Hartung pour lui dire que « la division allait se porter en avant et d'appuyer son mouvement »; mais le capitaine Hartung ne tira quelques coups que très tard et bien après la charge de la division. A son retour, Pordelanne rencontra le général soutenu à cheval par Reverony et Weyer, à pied tous deux; il débarrassa Weyer de la lame ensanglantée qu'il portait; un peu plus tard, rentré dans Sedan, il confia ce précieux dépôt à une dame; après la campagne, le capitaine Pordelanne chargea Me Bertinot, avoué à Paris, de reprendre cette lame et de la restituer à Mme Margueritte, à Versailles, ce qui fut fait. La selle du général, le fourreau du sabre aux trois quarts brisé par une balle à 12 centimètres du dard et le sabre de Wurtz furent perdus à Louvain, où Wurtz avait dû les mettre en dépôt.

sienne prise à Pont-à-Mousson, et, quand le général fut à cheval, il entra difficilement ses grosses bottes jaunes dans les étriers allemands.

Wurtz coiffa le général avec son képi de chasseur d'Afrique.

Ce triste cortège arrive ainsi devant la tête de la première brigade et passe lentement ; le général s'efforçait de crier : « En avant, en avant ! » malgré le sang qui l'étouffait et, tendant le bras droit vers l'ennemi, il indiquait par un geste la direction et son ordre suprême.

Soyez tranquille, mon Général, votre dernière volonté sera exécutée.

Le colonel Clicquot joint rapidement le général de Galliffet : « Général, je viens me mettre sous vos ordres », lui dit-il bien haut devant les officiers présents ([1]). — « Non, vous êtes le plus ancien, c'est à vous le commandement ; je sais bien que je suis général, mais je n'ai pas reçu la *carta* », répond le général de Galliffet.

Le colonel Clicquot revient à son régiment, fait un mouvement pour rejoindre le général Margueritte ; mais il sent que sa tête de colonne lui échappe ; troublé par les cris, il fait un rapide demi-tour et vient reprendre sa place pour commander la charge.

Le régiment s'ébranlait tout seul...

Il est difficile, en effet, de peindre l'immense douleur du 1er chasseurs d'Afrique, quand son ancien colonel, frappé à mort, passa devant son front : « Le général est grièvement blessé, s'écrie Reverony : vengeons-le ! »

Les sabres en l'air, les chasseurs répondent par des cris : « Vive le général ! en avant, chargeons ! » Petit à petit, la tête de colonne, énervée, malgré ses officiers, gagne à la main : la mousqueterie était intense. Les premiers rangs s'agitent : en avant ! tout le monde s'excitait... La gauche du régiment, entendant ces clameurs sans les comprendre, criait : « Vive l'Empereur ! En avant, en avant !... »

Le colonel Clicquot, monté sur son cheval blanc, enfle sa grosse voix sourde, tire son sabre, qui siffle, et, comme ses hommes,

([1]) Roux, Queneau, Pfeiffer, Badenhuyer.

il crie à son tour : « Chasseurs, vengeons notre colonel !... » Sa
mâle figure s'est transfigurée, ses yeux grands ouverts sont rem-
plis de larmes, ses longs cheveux semblent se hérisser et il commande : « Sonnez la charge, Barbier !... »

Au moment où, quittant le flanc gauche de la colonne du
1ᵉʳ chasseurs d'Afrique, à hauteur du dernier escadron, le général
Margueritte tourna à droite pour descendre sur Sedan par le chemin encaissé qui traverse les bois de l'Algérie, il put entendre
sonner la charge.

Dans son douloureux trajet, soucieux de se donner immédiatement un successeur, il transmettait de suite le commandement au
général de Galliffet. Son aide de camp, le capitaine Henderson,
posait nettement les questions et le glorieux blessé y répondait
par signes. Le sous-lieutenant de Senneville reçut ainsi la mission
de porter au général de Galliffet l'ordre de prendre le commandement de la division ; sa blessure l'empêcha de marcher et ce fut le
lieutenant de Pierres qui reçut de nouveau l'ordre et partit après
avoir donné au capitaine Henderson le cheval qu'il tenait en
main.

Ceci se passait en bas de la côte ; à cet endroit, le cheval du
lieutenant Henderson, qui avait été frappé à mort, tomba pour ne
plus se relever.

Un peu plus tard, le général s'arrêta à l'entrée du bois ; on lava
sa blessure avec le mélange d'eau et de vin qui était dans la peau
de bouc de Wurtz. Pendant ce temps, le lieutenant de Rey (¹) fut à
l'ambulance Philippe (²) chercher deux hommes d'infanterie et un
brancard pour emporter le général ; mais celui-ci put remonter à
cheval : il rentra dans Sedan soutenu par le lieutenant Reverony
à droite et par Wurtz à gauche, qui marchaient à pied près de lui et,
accompagné par le capitaine Henderson et le trompette Rigoud.
La route fut pénible ; le trajet dura près de trois quarts d'heure
à travers des jardins et par des sentiers semés d'obstacles : une

_____

(¹) Le lieutenant de Rey avait rejoint la division au moment où elle se formait sur le
terrain de charge ; son cheval fut blessé, il n'était pas encore remonté quand le général
Margueritte revint frappé à mort.

(²) L'ambulance Philippe était occupée par les Prussiens très peu de temps après.

fois, même, le général dut descendre de cheval pour passer un petit mur.

En arrivant près de Sedan, le lieutenant Reverony monta le cheval bai du général, pénétra dans la ville et parvint à la sous-préfecture où logeait l'Empereur.

Le général fut logé à la sous-préfecture même, et l'Empereur donna, pour laver le général, la timbale de son nécessaire de campagne ([1]).

Les autres officiers avaient été séparés du général.

Le capitaine Pordelanne perdit le général dans la bagarre et rentra seul à Sedan, où il rejoignit son régiment.

Le lieutenant de Rey trouva un cheval et put rallier les débris du 1er hussards; le sous-lieutenant de Boisguéhéneuc retourna vers le 3e chasseurs d'Afrique, qu'il rejoignit dans les fossés de la ville.

Le général Margueritte mourut au château de Beauraing, en Belgique, chez le duc d'Ossuna, le 6 septembre, à 4[h] 30 du soir.

Il s'éteignit dans les bras de son officier d'ordonnance, la tête appuyée sur ce bel uniforme qu'il aimait tant : celui des chasseurs d'Afrique; il était illustré par maintes victoires et néanmoins il devait sortir plus rayonnant encore des ténèbres de cette affreuse journée de Sedan. Aussi, avant de mourir, le général put répéter avec orgueil cette phrase de l'ordre à la 1re brigade qu'il lui adressait à Lunéville, le 30 juillet 1870 : « Je ne pouvais désirer mieux que d'avoir sous mes ordres mes compagnons de la guerre d'Afrique et du Mexique. »

Le général Margueritte, né le 15 janvier 1823, était âgé de quarante-sept ans. Il était grand, bâti en hercule, d'un embonpoint ordinaire, mais d'une charpente solide; il avait les épaules carrées, la tête forte, les cheveux châtains, abondants, un peu frisés, grisonnants et assez longs.

Son cou était très musculeux; sa figure, légèrement empâtée, était soucieuse; il avait de fort belles dents.

Le général parlait peu, presque toujours à voix basse, et semblait avoir emprunté aux Arabes leur calme et leur impassibilité.

_____

([1]) Cette timbale, que nous reproduisons page 189, est restée entre les mains de Wurtz

Son abord n'était pas agréable, mais ses manières étaient simples, et son aspect imposait par son calme et une grande dignité naturelle.

Sa modestie égalait sa bravoure.

Quand il avait à entraîner une troupe, sa froideur disparaissait : sa voix devenait vibrante, son extérieur s'épanouissait ; il devenait plus grand et communiquait à tous son entrain et son cœur.

Il s'emportait volontiers vis-à-vis des hommes, dont il exigeait beaucoup ; mais, comme il se préoccupait toujours de leurs besoins, il en était très aimé.

Lorsque, après l'échec de la charge du matin, il adressa aux chasseurs de violents reproches, c'était, disait-il à son entourage, pour les exciter, les monter davantage contre l'ennemi, et qu'il suivait en cela l'exemple de Murat, qui cherchait toujours à jeter ses cavaliers plus enragés sur leur adversaire.

Sous une apparence de froideur, il cachait une très grande sensibilité : à Sedan, quand le premier blessé de la division tombe près de lui, de grosses gouttes de sueur perlent sur son cou, mais sa figure reste calme et sa voix n'indique aucune émotion.

Infatigable, son activité était prodigieuse : jour et nuit, il est à tous ; tous les courriers lui sont communiqués ; il donne immédiatement ses ordres, toujours clairs et précis ; on n'est pas sorti de sa chambre qu'il est déjà rendormi.

Dur pour lui-même, sévère aux autres, il s'efforçait d'être toujours juste ; son ancien régiment lui avait voué une profonde affection. On pouvait peut-être lui reprocher une réelle prédilection pour certaines troupes sous ses ordres et une mise en pratique trop complète du fameux « Débrouillez-vous ».

Il y avait peu d'union dans la division, en raison des préférences marquées du général, la brigade des chasseurs d'Afrique faisant tout bien... Aussi, tout à l'heure, verrons-nous la brigade Tilliard s'écarter un peu de l'action des chasseurs d'Afrique et se rapprocher au contraire de son ancien chef, le général de Fénelon, qui la ressaisit de fait sur le terrain de charge. Les colonels des quatre régiments, inégalement traités, étaient mal entre eux ; les froissements de carrière, les luttes du monde avaient créé un grand malaise dans leurs relations. Le général Margueritte, très sévère, trop sévère pour le colonel Clicquot, pour le colonel Bonvoust, tandis qu'il marquait une grande préférence au colonel de Galliffet, a créé l'antagonisme dont nous avons suivi les conséquences.

Le général montait souvent à cheval pendant la nuit et, dans les circonstances critiques, ne s'en rapportait qu'à lui-même. Il n'avait guère plus de bagages que le dernier soldat.

Le général Margueritte était un organisateur et un homme d'action, il y avait en lui l'étoffe d'un Lasalle.

CHAPITRE XI

CHARGE DU 1er RÉGIMENT DE CHASSEURS D'AFRIQUE
LE GÉNÉRAL DE GALLIFFET PREND LE COMMANDEMENT
DE LA DIVISION

« Sonnez la charge, Barbier », avait ordonné le colonel Clicquot à son maréchal des logis trompette.

Barbier sonne : au milieu de la sonnerie une balle lui brise la main et fait tomber l'instrument ; mais le couplet interrompu a été répété par tous les trompettes qui, de la droite à la gauche du régiment, se tenaient près de chaque officier, et la longue colonne encore presque intacte s'ébranle, et les seize pelotons sont partis les uns derrière les autres.

« De l'éperon, de l'éperon !... » criaient les officiers, penchés sur leurs selles, dont le cuir craquait sous l'étreinte des genoux.

De l'éperon, de l'éperon !... et les balles sifflaient comme de grosses mouches ou faisaient choc avec un bruit mat.

Les chevaux tombaient, les hommes levaient les bras et s'effondraient : de l'éperon, de l'éperon !... Et la charge courait toujours.

Les obus s'abattaient en faisant du vent ; les chevaux blessés boulaient sur les genoux... On vivrait des siècles qu'on n'oublierait pas un pareil moment.

Dès le début de la charge, le colonel Clicquot est mortellement frappé ; il avait à peine parcouru 200 mètres, en tête de son régiment, qu'une balle l'atteignait à la poitrine, le traversant de droite à gauche. Le capitaine Fougeras, qui le suit, voit le colonel faiblir ; il fait signe de suite à l'adjudant Simonnet : deux cavaliers tirent le colonel hors de la charge et le conduisent à Sedan. Il y mourut le 9 septembre, avec la conscience du devoir accompli, avec la fierté du chef vaillant frappé à la tête de son régiment(¹).

A 150 mètres plus loin, la ligne des tirailleurs est bousculée; puis on aperçoit les troupes ennemies plus nombreuses qui, en avant de la Maladrie, et déjà presque à hauteur de la Gloriette, formées en groupes, en essaims ou en carrés, attendent la charge, le premier rang genou à terre; elles faisaient feu sans discontinuer, sans viser, l'arme à la hanche, sûres de leurs coups... Un grand drapeau blanc, brodé d'or, était au centre d'une ligne principale, nos chasseurs criaient : « Au drapeau !... au drapeau !... »

De l'éperon, de l'éperon ! encore un effort...

Mais les plus heureux seuls vont atteindre l'ennemi : le feu est trop violent; toutes les balles prussiennes portent dans la colonne qui se présente en amphithéâtre; les hommes, les chevaux tombés ou affolés sont autant d'obstacles pour ceux qui suivent et arrêtent l'élan de la charge; aussi, instinctivement, les derniers escadrons portent la main à droite pour avoir la place d'user leur courage; les rangs s'ouvrent, la poussée s'émiette : c'est la mêlée !

L'escadron de tête, vaillamment conduit par le capitaine Fougeras-Lavergnolle, culbute un carré; on combat corps à corps. Bientôt, resté seul debout sur sept officiers, son cheval tué, à son tour le capitaine tombe : « Au papa ! au papa ! » crient les chasseurs qui se rallient à Fougeras; et l'escadron tourbillonne, cherchant à sabrer, à pointer, dans un cercle de carrés(²) qui ne compte pas 40 mètres de diamètre.

Au papa ! au vieux capitaine !... ce sont les derniers chasseurs qui se rassemblent; puis le deuxième cheval de Fougeras fait un bond suprême et tombe : il n'a plus personne, le vieux capitaine...

(¹) Le colonel Clicquot mourut à l'*ambulance anglo-américaine* d'une fluxion de poitrine qui vint compliquer son état, alors que sa blessure était en voie de guérison assurée. Le docteur Ferran, du Ier chasseurs d'Afrique, reçut ses dernières recommandations et son dernier soupir.

(²) Cette expression : « carrés » est conservée parce qu'elle est consacrée par les récits des survivants; en réalité, les tirailleurs, les soutiens se groupaient en essaims et ces essaims faisaient face à nos cavaliers, en affectant généralement la forme d'un angle saillant.

Avec les quelques survivants, il remonte le coteau, l'âme brisée : son escadron a disparu.

Sur 95 hommes, 27 seulement répondirent à l'appel le lendemain.

Le 4e escadron, derrière le 3e, appuie un peu à droite.

Le désir d'éviter les carrières et les ressauts de terrain qui se trouvaient à gauche, la nécessité de trouver de la place libre de cadavres, secondaient l'instinct des chevaux et des hommes, qui les poussait à prendre le terrain suivant les courbes; aussi, dans cette charge comme dans celles qui vont suivre, nous verrons toujours appuyer à droite et faire les demi-tours vers la droite — que ce soient les troupes se ralliant, ou les pelotons de chevaux fous courant éperdus sans cavaliers.

Le capitaine Leroy entraîne vigoureusement son escadron. Bientôt, les six officiers sont à terre ; un seul après le choc est encore debout : c'est Ulrich, le vieil Ulrich, qui pendant toute sa vie est resté au 1er chasseurs d'Afrique ; il ramena les débris de son escadron qui, le lendemain, ne comptait plus que quarante hommes.

Le 5e escadron prend le drapeau pour point dé direction : là encore, tous les officiers, sauf un, sont tombés avant d'arriver sur la ligne ennemie.

Parmi ceux-là, le sous-lieutenant Royer, qui fait panache avec son cheval éventré, voit tous les pelotons qui suivent lui passer sur le dos jusqu'au dernier (commandé par Marulaz).

Mais la charge s'est brisée et le 6e escadron arrive à peine, souffrant moins du feu derrière l'écrasement des unités qui le précèdent ; il pourra tout à l'heure prendre part plus efficacement aux retours offensifs.

Les Prussiens se sentent victorieux et poussent de formidables *hurrahs;* ils reprennent leur mouvement en avant, la lutte devient confuse : ce sont des tourbillons, ce sont des bousculades terribles.

Sur cette pente, aujourd'hui fécondée par leur sang généreux, bien des braves sont tombés; ils font partout des taches sanglantes.

Le lieutènant-colonel Ramond est tombé tout à fait à la droite

de la ligne prussienne, atteint à la main droite ; le sous-lieutenant
de Groulard a pu passer derrière la ligne : c'est là qu'il est blessé
d'un coup de baïonnette à la fesse droite et d'une balle qui traverse l'épaule droite ; son cheval tombe près de la Gloriette, vis-
à-vis chemin du Palais, un raidillon qui descend vers la place
du village. Ces deux officiers, tombés à bout de charge, furent
relevés de suite et transportés à l'ambulance de la mairie de
Floing.

Plus tard, les Prussiens renvoyèrent en France le lieutenant-
colonel comme incapable de reprendre du service[1].

Le capitaine adjudant-major Plessis, qui chargeait des premiers
avec le peloton de Rastignac, a été blessé à la tête. Le lieutenant
de Rastignac a été blessé à l'épaule ; le lieutenant de La Cheval-
lerie a été blessé à l'oreille.

Le lieutenant Jousserandot a été blessé grièvement : une balle
lui a traversé la poitrine ; Cléroy, d'Arcy, ont été pris sous leurs
chevaux tués, ce dernier tout près de Floing.

Le commandant Delorme a roulé avec son cheval avant d'atteindre la ligne ennemie.

Au moment du départ pour la charge, le capitaine Marquier,
commandant le 5e escadron, a été frappé d'une balle qui lui a
fracassé le genou droit ; il en mourut à l'hôpital de Sedan vers
le 25 septembre. Puis c'est : Cugnot, lieutenant, percé de plusieurs balles ; de Gramont, le bassin et le haut des deux jambes
broyés par un coup de mitraille ; de Nieuil, un éclat d'obus
dans la tête ; de Marsaguet, une balle dans la gorge, qui restent tués sur le champ de bataille, jalonnant le passage de leur
régiment et ajoutant une page de gloire à l'historique du Ier régiment de chasseurs d'Afrique, qui avait perdu en quelques
minutes quatorze officiers et près des deux tiers de son effectif.....

Pendant que ces 400 cavaliers dévalaient ainsi comme une avalanche dans la direction de Floing-la Maladrie, parcourant 500 à
600 mètres sous un feu terrible, en haut, vers la crête, le 3e chas-

---

[1] Le lieutenant-colonel Ramond avait le petit doigt coupé et l'annulaire de la main
droite entamé par la même balle.

seurs d'Afrique se formait irrégulièrement en bataille, comme le terrain le lui permettait.

Sur la partie la plus élevée, le 1er escadron tient la droite du régiment ; puis, à sa gauche, sur le flanc de la montagne, le 2e, commandé par de Varaigne, est en partie en arrière, en partie à côté du 1er ; enfin, à la gauche du 2e et très obliquement, l'aile gauche en avant, un gros formé des débris du 3e escadron et du 6e, sur le même alignement ; derrière lui, des fosses à betteraves.

Chaque officier est à sa place de bataille : le général de Galliffet est en avant et vers la gauche de son régiment ; le lieutenant-colonel de Liniers, à côté de lui, reçoit une balle à la hanche ; on l'emporte à l'ambulance Philippe.

Le commandant Demangeon est entre le 1er et le 2e escadron.

Le commandant Laigneau devant le groupe des 3e et 6e.

Il y a là au total 300 sabres environ.

Le général Ducrot ignorait encore la blessure du général Margueritte ; car, depuis qu'il avait conduit celui-ci sur le terrain de charge, il s'était multiplié. Faisant avancer lui-même batterie sur batterie, il les voyait successivement réduites au silence ; il jugea que le moment était venu sans attendre davantage de faire appel au dévouement de la cavalerie, et, apercevant à peu de distance devant lui les chasseurs d'Afrique, il leur envoya l'ordre de charger.

Le colonel Clicquot était parti depuis dix minutes environ, ayant fait sonner la charge pour son régiment seul, lorsque le général de Galliffet fut joint par l'officier d'ordonnance du général Ducrot, lui apportant l'ordre de « voir s'il pouvait faire quelque chose et de charger ».

Le général de Galliffet, n'ayant pas d'état-major ni d'officier disponible près de lui, pria ce même officier de transmettre également l'ordre au colonel de Bauffremont ; ce qui fut fait.

Du reste, depuis un bon moment, l'énervement est à son paroxysme : on sent la charge imminente, toutes les facultés sont tendues.

A la droite de la ligne de bataille irrégulière formée par la divi-

sion, le 3ᵉ chasseurs d'Afrique reçoit, impatient, le feu violent de
la mousqueterie (¹) qui pique les chevaux au nez, frappe les
hommes en face et fait vibrer les lames de sabres, qui sonnent
comme des diapasons ; la ligne semble osciller, les chevaux
secouent la tête et cherchent à se dérober ; mais les chasseurs
sont inébranlables : on en voit demander la permission de quitter
le rang quand ils sont blessés (²).....

A peine l'ordre de charge reçu, on vit partir le général de Galliffet : tout seul, à un petit galop bien cadencé, il se porta en avant
de la gauche de son régiment à 5o mètres environ ; et, quand il
eut bien vu, longuement vu et choisi le point de choc, il revint à
la même allure se placer à la droite vers la crête.

Pendant qu'il observait ainsi les Allemands, le feu de mousqueterie redoublait d'intensité : cela commençait à être une belle
bagarre de chevaux lâchés et d'hommes par terre.

Le général de Galliffet venait d'entrer en scène : sa personnalité
surgissait ; ceux des officiers qui le voyaient au feu pour la première fois étaient vivement impressionnés par son calme, son
chic, sa crânerie.

Le corps entouré d'une ceinture de soie cerise à raies blanches,
monté sur un beau cheval de robe alezane bigarrée, il attirait
les regards, et tous se sentaient fiers d'avoir pour chef ce jeune
général, à qui son sang-froid voulu venait de faire en un instant
une situation morale toute particulière.

L'irrégularité personnelle et toute militaire de son costume
faisait, même involontairement, fixer les yeux sur lui, et son im-
perturbable courage se communiquait à tous ces cavaliers qui

(¹) Lorsque la division s'arrêta derrière le général Margueritte, les balles prussiennes
ne portaient pas ; on les voyait s'enfoncer en terre à 15o ou 2oo mètres en avant du
front. Les tirailleurs étaient à 8oo mètres, puis ils s'avancèrent, la portée du fusil
(6oo mètres) devint suffisante et les pertes assez sérieuses pour que le général de Galliffet fît reporter le 3ᵉ chasseurs d'Afrique à 2oo mètres en arrière.
Les progrès de l'ennemi rendirent bientôt le mouvement inutile.
Pour plus de clarté, ce détail n'a pas été porté sur la carte.

(²) Un chasseur du 3ᵉ escadron, Sabardu, a le poignet emporté par un éclat d'obus,
il vient demander au capitaine Rapp la permission de mettre pied à terre. Le maréchal
des logis Dantzé, du 4ᵉ chasseurs d'Afrique, a les reins brûlés par un obus ; il rend
compte de sa place que sa giberne a été enlevée ; resté à cheval jusque vers 8 heures
du soir, il fallut le porter à l'ambulance.

n'attendaient plus qu'un signal, qu'un ordre du successeur du général Margueritte.

C'était bien là le chef digne de les commander.

Le général de Galliffet avait à peine rejoint son régiment que le lieutenant de Pierres lui apportait la transmission du commandement du général Margueritte.

De Pierres, en quittant le général blessé, avait traversé le 1er hussards formé en colonne serrée ; puis, au-dessus de ce régiment, avant d'arriver au général de Galliffet, il avait rencontré le colonel Clicquot, mortellement frappé, qu'on ramenait vers Sedan.

Ce détail est à noter, car il fixe, d'une manière absolue, le moment de la charge du 3e chasseurs d'Afrique et de celle du 1er hussards par rapport à celle du 1er chasseurs d'Afrique : il prouve d'une façon indiscutable que le général de Galliffet a reçu le commandement de la division comme général, puisque, à ce moment, le général Margueritte ignorait que le colonel Clicquot, plus ancien, venait d'être mis hors de combat.

Le général de Galliffet prit de fait, à ce moment, le commandement de la division. Un instant avant, il avait envoyé le sous-lieutenant Pfeiffer porter l'ordre à une batterie d'artillerie, en position au coin du bois de la Garenne, de faciliter par son feu le mouvement offensif de la cavalerie : cette batterie, écrasée par le feu de l'ennemi, eut en un instant deux pièces démontées.

CHAPITRE XII

CHARGE SIMULTANÉE DES CHASSEURS D'AFRIQUE
ET DE LA BRIGADE TILLIARD

Les pelotons brisés du 1er chasseurs d'Afrique, mêlés à quelques lanciers, remontaient déjà le coteau, que ce qui restait des deux brigades, en exécution de l'ordre du général Ducrot, transmis par le général de Galliffet, partait à son tour à la charge.

Les tirailleurs prussiens sont à 400 mètres.

Devant le front de son escadron, le sous-lieutenant Bailloud a le cou-de-pied droit traversé par une balle ([1]).

Le général de Galliffet fait sonner la charge en fourrageurs pour le 1er escadron, qui part de pied ferme au galop et se précipite sur l'ennemi.

Il y eut un véritable élan d'enthousiasme.

La direction de la charge est légèrement au sud de Floing ; le terrain est couvert de petites carrières, de haies, de fossés ; des tranchées-abris abandonnées par notre infanterie servent aux soutiens des compagnies prussiennes déployées en tirailleurs.

Après 100 mètres de charge, le capitaine commandant de Linage tombe inanimé, frappé de plusieurs blessures ; une balle, qui lui a fait un séton dans la cuisse gauche, tue son cheval bai ; une autre balle lui a traversé la figure, brisant les dents, le palais, enlevant une partie de l'oreille droite ; deux heures après, dé-

---

([1]) Cet officier, resté sur le champ de bataille jusqu'à la tombée de la nuit, fut relevé grâce à un colonel prussien qui était passé près de lui vers 5 heures du soir ; il fut conduit à Floing et installé à l'ambulance à côté de son capitaine commandant, le capitaine de Linage. Sa blessure le retint couché seize mois.

pouillé, blessé à la main et volé, on le conduisait à l'ambulance de Floing (¹).

Les hommes, les chevaux tombés couvrent le coteau. Le lieutenant en premier de Bergevin traverse deux lignes de tirailleurs qui se sont couchés à l'approche de la charge et arrive jusqu'à une masse profonde, qui continue sans s'arrêter son mouvement en avant; il est suivi par les sous-lieutenants de Kergariou et de Boisguéhéneuc. Tous deux avaient rallié leur escadron après la blessure du général Margueritte; de Kergariou fut légèrement blessé à la partie externe de la jambe gauche, près du tibia; dans son trajet il avait franchi le corps de son capitaine étendu à terre tout sanglant; quand il fit sonner demi-tour, de Bergevin n'avait plus derrière lui que 12 à 15 hommes. Au ralliement, son cheval eut le pied brisé par une balle; celui de Boisguéhéneuc avait eu la moitié de la face enlevée.

Le 2ᵉ escadron attendait son tour pour se précipiter dans le tourbillon.

Dès que le 1ᵉʳ est parti, de Varaigne se met en première ligne; il y est à peine qu'il tombe frappé à mort, tué raide par deux balles : l'une dans la poitrine, l'autre qui traverse la tête derrière les oreilles. Le lieutenant de La Moussaye le conduit derrière le rang et appelle le capitaine en second Leclère (²).

Leclère se porte à l'aile tranquillement, commande l'alignement, le rectifie comme sur un terrain d'exercices et se borne à dire : « Le capitaine de Varaigne vient d'être tué : le deuxième escadron obéira dorénavant à mes ordres »; puis, au petit galop, il va se mettre devant le front, à la place devenue libre, donnant ainsi à ses hommes le plus bel exemple de sang-froid dans un moment des plus critiques. Les Prussiens étaient déjà si près qu'on se voyait ajusté.

(¹) Par une curieuse coïncidence, le capitaine de Linage fut conduit à Floing au premier étage d'un café transformé en ambulance, et il ne connut que deux jours après la présence dans cette maison de son oncle, le colonel de Linage, du corps d'état-major. Le colonel venait d'y subir l'amputation d'une jambe. Il en mourut là.

(²) De Varaigne était très petit, tête forte, petites moustaches, très soigné. Leclère était grand, à fortes moustaches très foncées; l'un officier élégant, l'autre beau militaire vigoureux; tous deux superbes au feu.

De Pierres vient d'avoir son cheval tué. Petit vient d'être blessé légèrement à la tête (¹).

De La Moussaye, qui s'était remonté au 5ᵉ hussards, perd aussi son cheval et se remonte cette fois d'un cheval du 7ᵉ lanciers ; pendant qu'il allège le paquetage, il reçoit une balle dans l'épaule gauche, mais n'en reste pas moins à la tête de sa troupe.

La ligne des tirailleurs montait toujours, en dépit de la mêlée dans laquelle se jetaient tous ceux qui portaient un sabre ; les pelotons de chevaux sans cavaliers, venant de gauche, passaient devant le front comme des troupeaux affolés ; le nombre des chevaux à terre était considérable. Dans un moment où le terrain paraît plus libre, le général de Galliffet s'élance en tête du 2ᵉ escadron et le dirige un peu vers la gauche, galopant en avant sans mettre le sabre à la main... Bientôt les rangs s'éclaircissent.

De La Moussaye roule à terre, avec son cheval tué raide, avant d'avoir atteint la ligne des tirailleurs.

Leclère, Petit, malgré sa blessure, et Badenhuyer entraînent l'escadron ; la cohésion est perdue ; les tirailleurs, favorisés par les accidents du terrain, se groupent par trois ou quatre derrière des tas de pierres, des trous, des excavations où les sabres ne peuvent les atteindre. Bientôt, presque tout le 2ᵉ escadron est à terre ; ses débris, joints à ceux du 1ᵉʳ, remontent pour se rallier au groupe qui est resté en ligne un peu en avant de la crête, et qui s'est légèrement rapproché de l'ennemi.

Au moment du départ, en passant devant les escadrons du commandant Laigneau, le général de Galliffet lui avait crié : « Attendez pour charger que le terrain soit déblayé ! »

La position oblique des 3ᵉ et 6ᵉ escadrons, adossés à une carrière de gravier et gênés sur leur front par des fosses à betteraves, le manque de terrain praticable en avant de l'aile gauche, rendaient le mouvement difficile ; les pelotons de chevaux libres continuaient leurs courses vertigineuses. Enfin, dans une interruption, dans une éclaircie, le commandant Laigneau, inquiet de ne pas voir revenir les 1ᵉʳ et 2ᵉ, fait mettre le sabre à la main et les escadrons se redressant partent au petit galop, au milieu des

---

(¹) La balle dévia et contourna le crâne.

obstacles de toutes sortes ; les tirailleurs prussiens à 300 mètres
font feu tout en gravissant tranquillement les pentes. Néanmoins
les chasseurs avancent comme ils peuvent, lorsqu'ils rencontrent
à 150 mètres de leur point de départ le général de Galliffet, qui
remonte le dernier après la disparition de ses deux premiers
escadrons.

Le général les arrête en leur disant : « Il y en a assez à bas
comme cela, faites demi-tour » ; et il les ramène à la crête, au
ralliement, un peu en avant du point d'où les escadrons étaient
partis. Nous verrons plus tard que leur sacrifice n'était pas
encore assez complet.

Pendant ce temps, à la droite de la 2e brigade, le 1er hussards
formé en colonne serrée, le flanc gauche vers le bois de l'Algérie,
n'est encore exposé qu'à un feu violent d'artillerie ; il ne voit pas
l'infanterie qui va le déborder.

L'ennemi, qui vient d'en bas par Fraîche-Eau, se glisse dans le
bois et se rend maître de l'ambulance Philippe, tandis que les
tirailleurs gravissent franchement la pente, cachés à la vue des
hussards qui se trouvent défilés par un pli de terrain.

L'instant était venu et, comme à la droite de la division, la
charge s'imposait.

L'ordre de charger venait d'arriver au colonel de Bauffremont ;
il avait de suite donné ses instructions au lieutenant-colonel de
Gantès : la direction de la charge devait être oblique à droite pour
se rapprocher de la direction des chasseurs d'Afrique ; les hussards,
coupant en diagonale le versant nord du ravin de Fraîche-Eau,
devaient gagner l'arête et redescendre sur l'ennemi ; le terrain
était bon.

Le colonel de Bauffremont, placé à la gauche du 1er hussards,
entre les deux régiments de la brigade qu'il commande, fait sonner la charge par le maréchal des logis trompette Bernard ; le
tumulte pouvait empêcher de l'entendre ; alors il envoie à la tête
de colonne l'adjudant Delavau qui, grièvement blessé au bras un
instant après, ne peut accomplir sa mission.

Le colonel se porte vers la crête et envoie la capitaine Hanryé
prévenir le colonel Bonvoust du mouvement que fait le 1er hus-

sards et lui donner l'ordre de l'appuyer. Mais les hussards sont déjà partis ; ils ont entendu sonner la charge.

Penchés sur leurs chevaux d'Oran, la tête couverte de leur bonnet de fourrure, les voilà à l'œuvre à leur tour : d'un temps de galop, ils ont gravi la pente qui les défile, la pente nord du ravin, et de la hauteur, de l'arête, ils descendent à toute allure, inclinant à gauche pour piquer droit sur l'ennemi qui leur apparaît brusquement en ligne à 500 mètres de là, montant à l'assaut du mamelon.

Les Allemands étaient couverts à 60 mètres environ par une ligne de tirailleurs qui se groupèrent de suite par petits paquets continuant leur feu ; la direction qu'ils suivaient était presque perpendiculaire à la ligne de charge des hussards, qui durent appuyer vers la gauche.

« Nous allons charger », avait dit le lieutenant-colonel de Gantès, et le 1er escadron, commandé par le capitaine Laborie, s'était élancé vaillamment en avant et à droite, à peu près en ligne et inversé. Le lieutenant-colonel, sur la droite à 35 mètres environ, conduit la charge ; il est suivi de l'adjudant Pigot.

Tout à coup, des débris du 1er chasseurs d'Afrique, qui remontent en désordre et en troupe, coupent l'escadron en deux ; sa cohésion est rompue ; le lieutenant-colonel est dépassé ; le feu, les cris, le tumulte, ne permettaient pas d'entendre les commandements. Le capitaine Laborie a son cheval tué ; le lieutenant Buton est blessé à la main droite. Le front prussien que les hussards vont atteindre se développe sur près de 150 mètres. « Enfin, criaient les hussards, les voilà : il n'est pas trop tôt ! » Mais, à 80 mètres, une décharge jette l'escadron à terre ; Buton, dont le cheval est tué, se remonte vivement, réunit une vingtaine d'hommes et fournit une nouvelle charge : il est grièvement blessé, le bras droit traversé par une balle ; son deuxième cheval est tué (1)...

Le capitaine en second Bellomé, le lieutenant Gaultier, tombent avec leurs chevaux tués : le premier a tout le côté gauche de la

_____

(1) Soigné pendant dix jours chez un tondeur de drap à Sedan, cet officier put, grâce à son hôte, échapper de la ville ; il fut ensuite à l'armée de la Loire.

figure et de la tête fort abîmé; le second est pris de suite sur le terrain.

Le sous-lieutenant de La Chaise reste seul debout; il se dirige vers le 2ᵉ escadron qui descend à son tour et nous le retrouvons chargeant avec lui.

Le 1ᵉʳ escadron n'a plus que des débris, qui luttent encore enchevêtrés dans les groupes prussiens; presque tous les sous-officiers sont tués; le brigadier Mathieu, un ancien prévôt d'armes, se fait remarquer par sa vaillance.

Le 1ᵉʳ escadron avait perdu 44 hommes et 60 chevaux...

Le 2ᵉ escadron est entré à son tour en ligne; le colonel l'a fait partir sur la trace du 1ᵉʳ, qu'il appuie de près.

C'est un peu avant que le 2ᵉ escadron arrivât à l'ennemi que le lieutenant-colonel de Gantès fut tué. Dépassé par le 1ᵉʳ dont les deux tronçons s'étaient écartés, il criait: « La main à droite, la main à droite! » et cherchait à entraîner la charge vers les tirailleurs qu'il voulait prendre par le flanc. Il ne devait pas aller plus loin: il est frappé par un éclat d'obus qui lui brise la cuisse et par plusieurs balles; son cheval bai est atteint du même coup et ils tombent tous deux tués raides. L'adjudant Pigot, qui accompagnait le lieutenant-colonel, presque botte à botte, dut faire pour ainsi dire un à-gauche pour rejoindre la charge; au même moment, passait à fond de train, les rênes flottantes et emporté par son cheval, l'adjudant Delavau qui soutenait de sa main droite son bras gauche brisé (¹).

Arrivé depuis peu de jours des cuirassiers de la Garde, le lieutenant-colonel de Gantès avait payé de sa vie l'honneur d'avoir conduit la charge du 1ᵉʳ hussards. Son corps fut retrouvé avec un coup de hache à la tête (²).

Vigoureusement mené par le capitaine de Tussac, le 2ᵉ escadron appuie sur le 1ᵉʳ, qui lui sert d'écran. Ses pertes sont moins fortes; de Tussac reçoit un coup de feu au bras gauche. Le 2ᵉ escadron n'avait fait qu'une démonstration, les trois derniers escadrons avaient suivi le mouvement au galop.

(¹) Delavau mourut quelques jours après à Sedan, à la suite de l'amputation.

(²) Le lieutenant-colonel de Gantès était en képi et montait le cheval de l'ordonnance de l'aide-vétérinaire Bernard.

Pendant ce temps, le colonel de Bauffremont s'était jeté à son tour sur la pente ; son cheval de pur sang anglais, noir mal teint, reçoit une balle en plein front : blessé mortellement, il continue pendant un certain temps sa route, ne se gouvernant plus. Le colonel rencontre à ce moment le capitaine Laffon, du 1er chasseurs d'Afrique, dont le cheval, également atteint, ne pouvait plus avancer ; le cheval du colonel tombe ; celui-ci se relève vivement et, le sabre à la main, revient à pied vers le sommet (1). Bientôt il rencontre un cheval de lancier et saute dessus ; puis, jugeant de l'inutilité d'un effort nouveau, il fait sonner le ralliement, le demi-tour.

Les trois derniers escadrons s'arrêtent, après avoir parcouru 200 mètres environ, et commencent assez régulièrement un mouvement en arrière, qui les ramène presque à leur point de départ.

Le colonel groupait autour de lui les trompettes et les débris des 1er et 2e escadrons.

Mais l'ennemi s'avançait toujours ; il fallait un nouvel effort.

C'était le tour du 3e escadron, qui s'était remis face à l'ennemi.

Le colonel de Bauffremont donne ses ordres au capitaine de Pressac et fait sonner la charge ; de Pressac part presque en face de son front, la main un peu à gauche ; l'ennemi est à 400 mètres, plusieurs lignes de tirailleurs sont en avant des soutiens.

L'escadron est accueilli par un feu à volonté assez mal dirigé ; quelques hommes et des chevaux tombent sur le terrain sans obstacle et légèrement sablonneux. Tout à coup, à 40 mètres de l'ennemi, malgré le cri « A droite ! à droite ! » les pelotons s'infléchissent à gauche, présentent le flanc droit à l'ennemi et défilent sous le feu.

L'escadron tourne encore à gauche sans direction bien définie et revient à toute bride se reformer au point d'où il était parti, ayant, somme toute, très peu souffert.

Après ce ralliement, l'escadron en colonne par quatre, au pas, se dirigeait vers Sedan. Arrivé à l'entrée d'un chemin montueux,

---

(1) Sans penser aux 4 000 fr. qui étaient dans les fontes de sa selle.

fort encombré, près d'un gros chêne, devant la porte d'une ambulance où se trouvait le Dr Krug-Basse, le capitaine de Pressac
fut grièvement blessé ; une balle vint briser la lorgnette qu'il portait au côté ; les éclats de verre perforèrent les intestins. La conva-
lescence fut très longue.

Le colonel de Bauffremont venait de perdre son deuxième
cheval.

Le commandant Brissaud-Desmaillet avait eu son cheval tué
dès le départ pour la charge des premiers escadrons ; il s'était
remonté et avait groupé autour de lui quelques débris du 1er escadron commandés par le capitaine Bellomé, fortement contusionné.
Avec cette poignée d'hommes, ces deux officiers remontèrent le
coteau ; bientôt acculés dans les affûts, les fourgons, les mitrailleuses abandonnées, les chevaux morts ou blessés, serrés de près
et tournés par une fraction du 31e de ligne (saxon), ils mirent pied
à terre et durent se rendre : c'était au coin d'un mur, à hauteur
de la coupure du bois de l'Algérie, au point de jonction du chemin très raide qui rejoint sur la crête le chemin qui traverse
Cazal.

Le lieutenant de Rey, qui venait retrouver son régiment, fut fait
prisonnier au même endroit, ainsi qu'une quinzaine de hussards
ramenés par le lieutenant Junquières et les sous-lieutenants Landas et Bullot, qui venaient de prendre part à la dernière charge.
Le colonel du 32e arrêta les hommes qui s'étaient jetés sur ces
officiers et leur arrachaient leurs armes : « Messieurs, vous êtes
prisonniers, dit-il ; c'est le sort de la guerre, qui frappe de braves
soldats. »

Ceci se passait peu après que les derniers escadrons avaient
héroïquement tenté leur dernier effort.

Au-dessus des hussards, à 150 mètres vers leur droite, placé
sur un petit monticule d'où il embrassait l'ensemble de la division
Margueritte, le général de Salignac-Fénelon, seul avec son porte-
fanion (1), assistait à cette tentative grandiose contre un ennemi
invincible.

_____

(1) Maréchal des logis Dodun de Kéroman, du 1er hussards, rengagé pour la durée de
la campagne.

Ce qui restait de sa division était massé derrière les hussards et ne pouvait agir faute de terrain. Le général avait vu partir d'abord le 1er chasseurs d'Afrique, puis le 3e et les trois premiers escadrons du 1er hussards presque simultanément ; il voyait l'ennemi s'avancer et surtout surgir de la gauche. Le général criait : « A moi la cavalerie ! à moi ! » voulant lancer sur les Allemands de nouveaux escadrons.

Le commandant Noirtin prend alors sur lui de remettre ses escadrons face à l'ennemi, se porte au galop vers le général de Fénelon et se met à sa disposition. « Nous avons, répond le général, des masses d'infanterie devant nous vers la gauche : il faut les charger à outrance. » Le commandant Noirtin va voir le terrain, adresse quelques mots enlevés à ses capitaines commandants, leur donne ses ordres et s'adressant aux officiers du 5e escadron leur dit froidement : « Vous aurez l'honneur, Messieurs, de charger les premiers. »

Le général de Fénelon insistait : c'était le moment de partir. Aussi bien le 5e escadron frémissait d'impatience.

Le commandant Noirtin se place devant le front. A sa gauche, le capitaine commandant Albaret, la tête entourée de linges sanglants(¹), se grandit dans sa petite taille. « Suivez-moi ! dit-il à ses hussards, tapez dur, et surtout des coups de pointe. »

Puis il part dans la direction du demi-à-gauche, du côté des carrières. Après 250 mètres de galop, l'escadron découvre l'ennemi ; tout près, à 150 mètres, les Prussiens sont formés en trois groupes d'une cinquantaine d'hommes, appuyés par des masses noires placées devant, derrière et dans les carrières ; ils attendent la charge, l'arme haute. Dans le groupe de droite, un grand drapeau blanc brodé d'or.

Le sol est mauvais, caillouteux ou labouré, difficile ; mais l'espace est libre ; l'escadron avance bien en bataille, chaque division, compacte, prend sa direction sur un groupe : encore un bond, ils sont atteints. Tout à coup, à 50 mètres, les armes s'abaissent et font feu, la salve jette à terre l'escadron, qui vient mourir sous les

---

(¹) Il avait reçu le matin, en traversant le bois de la Garenne, un coup de pied de cheval à la tête.

baïonnettes ; tous ses officiers sont tombés en ligne. Albaret est blessé mortellement d'une balle dans le bas-ventre ; il perdait des flots de sang, son cheval le ramène au ralliement ; en y arrivant, il glisse à terre, fait quelques pas et vient mourir dans les bras du docteur Krug-Basse([1]) ; de Saint-Georges, sous-lieutenant, est tué raide ; le bras levé, le sabre haut, il reçoit une balle dans la poitrine et tombe gaîment en disant : « Cette fois, ça y est » ; de Thomassin, lieutenant en 1er, Caussade, lieutenant en second, Caille, sous-lieutenant, tombent devant le rang prussien, chacun avec son cheval tué : 71 hommes sur 96 manqueront à l'appel, tous les sous-officiers sont hors de combat.

C'est le plus bel abordage en ligne qui ait été fait dans cette journée.

Les hommes et les chevaux roulent encore à terre dans un nuage de fumée et de poussière que le sol tremble de nouveau.

C'était le 6e escadron ; parti plus qu'à distance entière, il arrive à peu près en bataille, commandé brillamment par le capitaine de Bonneval. L'escadron a l'ordre de suivre le 5e, mais il appuie aussi vers la gauche et franchit en descendant des ressauts de terrain assez élevés ; enfin il arrive sur la ligne ennemie, qui, là, était disposée en petits groupes, la baïonnette au canon, tirant sans épauler. Claoué, Hubert-Delisle, sous-lieutenants, tombent sous leurs chevaux tués ; de Farconnet a son vêtement coupé par un coup de baïonnette et, comme le capitaine de Bonneval, il est pris également dans les lignes prussiennes ; leurs chevaux ont roulé sous eux en franchissant en contre-bas un mur de soutènement en pierres sèches. On put voir le cheval de Farconnet errer sur le champ de bataille avec deux baïonnettes allemandes brisées, piquées dans le paquetage de devant.

Cinq officiers de l'escadron sont aux mains de l'ennemi ; le maréchal des logis chef Dumast a été tué, le lieutenant Ressayre reste seul pour ramener les débris au ralliement : 63 hussards sur 95 manqueront à l'appel.

Comme les vagues qui s'évanouissent sur la plage, presque bri-

---

([1]) Albaret, dont les intestins sortaient du ventre, ne voulut pas qu'on le touchât et demanda au docteur qu'on « le laissât mourir tranquille ».

sées avant d'arriver, les escadrons qui n'avaient pas frappé les premiers avaient été en partie arrêtés avant de joindre l'ennemi ; les cadavres des hommes et des chevaux faisaient devant les groupes prussiens un rempart de corps. Le feu roulait sans discontinuer ; aux salves a succédé le feu à volonté qui sème la mort dans une mêlée terrible, dans un tourbillon de feu et de fumée où ceux qui remontent le coteau opposent leur effort à l'effort qui descend.

Les hurrahs de l'ennemi saluent, formidables, chaque poussée impuissante et chaque fois le drapeau blanc brodé d'or s'élève et s'agite verticalement..... L'ennemi se sent décidément vainqueur.

Le commandant Noirtin, resté seul debout des officiers supérieurs, revient presque au point de départ et fait sonner le ralliement ; les hussards reviennent à lui.

Mais l'ennemi gagne par le bois de l'Algérie et le dernier effort devra se porter encore plus à gauche.....

La charge du 3e chasseurs d'Afrique et celle du 1er hussards ont été presque simultanées ; les pertes des Allemands sont insignifiantes : le choc des escadrons a seulement arrêté un instant la marche de l'ennemi. Quelques minutes à peine se sont écoulées et les deux derniers régiments de la division Margueritte entrent à leur tour dans la mêlée furieuse.

Nous avons vu le 6e chasseurs arriver sur le terrain en colonne de pelotons ; bientôt, après avoir longé le 1er hussards (les chasseurs criaient : « A vous, les hussards ! »), il s'est formé en colonne serrée d'escadrons et placé en deuxième ligne, en arrière à gauche du 1er chasseurs d'Afrique, à 800 mètres environ du bois de la Garenne. Il semblait au régiment qu'il était lui-même la gauche d'une première ligne irrégulière, car il ne pouvait plus voir les hussards qui étaient en dessous de sa vue, dans le haut du ravin de Fraîche-Eau ; un instant, il fut derrière les deux escadrons du 4e hussards, que nous avons déjà signalés.

Les 141 chevaux du 4e chasseurs d'Afrique, formant deux petits escadrons, en colonne, se placent également en deuxième ligne et u ninstant en échelon en arrière de la droite du 3e ; puis ils se rapprochent de la gauche et se trouvent ainsi à la droite du 6ᵉ chasseurs, qui s'est glissé à peu près en bataille à l'extrême gauche ; peut-être même ces régiments ont-ils été momentanément quelque peu mêlés.

Ils sont tous deux dans une dépression de terrain en arrière d'un ressaut qui les couvre légèrement et dont la crête est garnie d'infanterie épuisée, assez bien défilés des feux du nord, moins de ceux du sud ; mais les feux d'infanterie allemande qui viennent de leur gauche sont meurtriers.

Le général Margueritte est déjà tombé depuis un moment, lorsque le 4ᵉ arrive sur le terrain de charge, car sa tête de colonne aperçoit en avant et vers sa gauche le général blessé revenant soutenu par ceux qui l'accompagnent.

Quand, à la queue de la division, le 4ᵉ chasseurs d'Afrique était arrivé sur le plateau, il avait rejoint sa brigade vers la droite de la ligne malgré les gestes pressants du général de Fénelon, près duquel il était passé et qui voulait, sans doute, le jeter sur l'ennemi au plus près.

C'est cette direction que le régiment prend tout naturellement, car, descendant en pente douce vers Glaire le repli de terrain dans lequel il s'est placé, il rejoint et suit le sillon tracé par le 1ᵉʳ hussards qu'il appuie, comme le 6ᵉ chasseurs appuie maintenant le 1ᵉʳ hussards.

Le 6ᵉ chasseurs et le 4ᵉ chasseurs d'Afrique sont allés ainsi où chacun d'eux pensait avoir plus de terrain libre ; mais leur espoir est déçu, car, partout sur la pente, le parcours est devenu impraticable ; néanmoins, tous s'y jettent pour sauver l'honneur des armes.

Le 6ᵉ chasseurs, en colonne serrée, a quitté la direction suivie par les chasseurs d'Afrique et s'est glissé à la gauche du 1ᵉʳ hussards.

Le colonel Bonvoust a lancé son escadron de tête, le 2ᵉ, commandé par le capitaine de Querhoënt, près duquel s'est placé le commandant Poncin ; de Querhoënt, malgré sa main contusionnée, entraîne vigoureusement son escadron.

Au début de la charge, le sous-lieutenant de Brock, fortement atteint à l'épaule par la chute de son cheval dont les jambes sont broyées([¹]), reste évanoui sur le coup ; l'escadron lui passe sur le corps et joint à peine l'ennemi après une charge de 300 mètres environ ; il est arrêté par des feux de salve et des feux de tirailleurs venant du bois de La Brosse. Une compagnie d'infanterie française, couchée à côté des escadrons mêmes qui étaient prêts à soutenir l'escadron engagé, trompée peut-être par la récente tenue que portaient une partie des chasseurs, tirait aussi sur le 2ᵉ escadron éparpillé, au moment où le commandant Poncin le ralliait à grand'-peine, recevant maintenant dans le dos le feu des tirailleurs allemands qu'il avait traversés.

Le 1ᵉʳ escadron allait partir pour appuyer le mouvement du 2ᵉ ; mais pendant ce temps le drame se déroulait, et nous allons retrouver bientôt le général de Fénelon arrêtant le départ de cet escadron.

Les 141 chevaux du 4ᵉ chasseurs d'Afrique sont en bataille, à peu près en deux échelons, sur une ligne très irrégulière, parfois même interrompue par la présence de corps étrangers, le 3ᵉ escadron à la droite, avec 54 sabres, le 1ᵉʳ à la gauche, avec 40 sabres ; le 2ᵉ, 30 sabres, se joint au 1ᵉʳ et 17 sabres du 4ᵉ se placent à la gauche du 3ᵉ ; ils partent et se trouvent presque de suite en colonne, deux petits escadrons l'un derrière l'autre, en tête le lieutenant-colonel Lambert, les commandants de Vernon et Archambault près de lui ; douze officiers couvrent le front de cette petite troupe d'élite ; le capitaine Descharmes devant le 1ᵉʳ escadron.

Le terrain est coupé à chaque instant par des escaliers, les ressauts qu'ont franchis les hussards ; dans le fond, à 600 mètres, des masses énormes d'infanterie.

La charge descend comme elle peut, croisée, traversée par des chasseurs d'Afrique, des hussards, des chasseurs qui remontent au train de charge — les premiers brisés, il n'y a qu'un instant.

Le commandant de Vernon a son cheval tué ; le capitaine Descharmes tombe à 150 mètres de l'infanterie prussienne, au milieu

___

([¹]) Beau cheval appartenant au général de Mirandol, beau-père du sous-lieutenant de Brock.

des cadavres des hussards, la cuisse droite traversée par une balle.

Le lieutenant Charles de La Hamayde le remplace ; la charge, vaillamment continuée, fait encore 5o mètres et s'émiette dans la fumée. L'ennemi, qu'on distingue à peine, est à une centaine de mètres et ne ralentit pas son feu, auquel répond celui des dernières lignes françaises ; les Prussiens tirent sans épauler : ils sont dans un contre-bas inaccessible.

Le deuxième échelon est commandé par le lieutenant Peffault de Latour, sous les ordres duquel le capitaine Tournier est venu se ranger (¹). Cet escadron ne joint pas l'ennemi.

Une carrière profonde est à gauche : elle détermine un fort reflux vers la droite ; c'est de ce côté que s'écoule l'effort du 4ᵉ chasseurs d'Afrique, qui longe le flanc du carré ; le sous-lieutenant Courtès-Lapeyrat, qui est à l'aile marchante, voit un officier lever son casque et crier hurrah ! pour exciter ses hommes ; perdus dans la fumée, mêlés, brouillés dans les mêmes uniformes, les hommes ne savent plus où l'on va ; après sept ou huit minutes de tournoiements et deux demi-tours, on se retrouve presque revenu au point de départ.

(¹) Le commandant Archambault avait autorisé le capitaine Tournier, sur sa demande, à joindre ses 17 hommes à ceux du 3ᵉ escadron, à condition toutefois que le lieutenant Peffault de Latour conserverait le commandement de sa troupe. « Ça m'est égal, lui répondit Tournier, je chargerai bien sous les ordres de de Latour » ; et il alla se mettre à la gauche de l'escadron.

CHAPITRE XIII

LES RETOURS OFFENSIFS — DERNIERS EFFORTS — RALLIEMENT
RETRAITE

Uno avulso non deficit alter !... Nos escadrons vaincus n'ont pas dit leur dernier mot ; il ne leur suffit pas de montrer du courage dans le rang : ils vont prouver qu'ils ont de la ténacité malgré les revers.....

En haut, vers la crête, les trompettes sonnent le ralliement, et tous les vaillants se serrent ; les hommes démontés encore valides prennent des chevaux errants de toute provenance et rejoignent ; les officiers généreux, à l'âme haute, veulent donner encore.....

La pente vers Floing ne présente plus qu'un affreux champ de carnage ; au milieu des hommes et des chevaux saignants, sanglants, morts ou blessés, mutilés, le flot des Prussiens monte toujours, leur ligne s'est reformée et se porte en avant. Devant elle, nos débris arrêtés, roulés par le tourbillon, cèdent et remontent le coteau.

Le Mintier, du 1er chasseurs d'Afrique, qui court au ralliement, lève les bras et disparaît, tué d'une balle dans la tête ; son beau cheval syrien bai revient seul au ralliement.....

A la droite de la division, nos cavaliers ont retrouvé le général de Galliffet, respecté par le feu, et il va grouper leurs courages.

Plein de sang-froid, au milieu d'un tumulte effroyable que domine le grand souffle de la mort, ce jeune vétéran de la Crimée, ce glorieux blessé du Mexique n'a souci du danger ; il en a depuis longtemps l'habitude ; mais il veut pousser le sacrifice jusqu'au bout.

Aussi, c'est vers lui que tous convergent, demandant conseil et direction. C'est lui qui reforme les escadrons pour repartir.

A vos rangs ! à vos rangs ! Hommes d'élite, vieux soldats blessés qui n'avez pas voulu de l'ambulance et qui, la rage au cœur, donnerez jusqu'au dernier moment votre dernier effort et votre dernier sang : à vos rangs ! à vos rangs !

Le général a vite réuni plus d'une centaine de chasseurs, débris des 1er et 2e escadrons de son régiment, débris du 1er chasseurs d'Afrique ; devant la troupe, Leclère, Badenhuyer, Leroy, Erieau, Lesueur, d'autres encore.

Et pendant ce temps, l'artillerie était écrasée. C'est en vain que le général Ducrot cherchait à entraîner les fantassins couchés à terre : « A la baïonnette, à la baïonnette ! » leur criait-il ; peu, bien peu le suivaient..... Le général avait appelé à lui la division Pellé : il fallait lui donner le temps d'arriver.....

Tandis que, confondus en une seule troupe, les restes des deux régiments se reforment, les hommes qui sont à pied courent après des chevaux sans cavaliers, ou bien, blessés, contusionnés, ils gravissent péniblement, presque à reculons, cette pente fatale. Le revolver au poing, le sabre à la main, faisant tête à l'ennemi et luttant pas à pas, ils retraversent ces essaims de tirailleurs, bousculés tout à l'heure. « *Prisonnir ! Prisonnir !* » criaient les Prussiens en continuant leur feu. « Courons dessus ! » criait Rastignac ; et, leur disant tout ce qu'il pouvait trouver de plus énergique comme injures, il se précipite dessus et passe en se faisant jour comme Marulaz et Royer ; trébuchant dans les cadavres, ils tombent, se relèvent pour retomber et se relever encore ; l'un, l'autre, chacun avise et gagne un obstacle qui le protège un instant ; vite un cheval à l'officier qui va donner encore. Car le flot monte toujours ;.... les groupes prussiens sont intangibles ; les cavaliers qui tourbillonnent devant eux ne peuvent les atteindre ; le feu, toujours le feu, vient briser leur vaillance et empêcher les adversaires de se joindre ; au moindre répit, la ligne noire gagne du terrain..... Malgré tout, le flot monte toujours.....

C'était le moment des grands dévouements, des sublimes naïvetés ; les hommes donnaient leurs propres chevaux aux officiers, sans songer à leur vie compromise ; celui-ci, le vieux Gilles, du

1er chasseurs d'Afrique, s'excusait parce qu'un obus avait éventré le cheval qu'il amenait en main : « Pardon, mon lieutenant, je vais vous en chercher un autre. » Comme c'est bien le digne camarade de ceux qui demandaient à quitter le rang, après une blessure parfois mortelle, et de ce vieux hussard du 2e escadron nommé Charon : grièvement blessé au cou, il était sur le point de défaillir ; son lieutenant lui dit d'aller à l'ambulance ; l'homme rassemble ses forces et répond : « Je ne puis pas, mon lieutenant ; j'ai la marmite où est la viande. »

Et pendant ces minutes terribles, les derniers sont revenus à leur point de départ, tous prêts à un nouveau sacrifice.

Le général Ducrot s'était vite décidé à demander à la cavalerie un nouvel effort, pour permettre au général Pellé d'entrer en ligne.

Il dépêcha donc le capitaine Faverot de Kerbre'ch au général de Galliffet pour lui donner l'ordre de « charger sans retard encore une fois » ; le capitaine fit connaître la direction indiquée par le général Ducrot : vers le nord.

Après avoir écouté avec calme, le général de Galliffet déclara « la chose impossible, attendu qu'il a devant lui un ravin infranchissable », et, conduisant lui-même au galop le capitaine, il lui fit reconnaître le ravin. Faverot retourna près de son général qui modifia la direction. « Mais là, il n'y a rien ! » conclut Ducrot, en indiquant au juste le nouvel emplacement ; et il renvoie au général de Galliffet le capitaine Faverot de Kerbre'ch.

A peine ce nouvel ordre était-il transmis, que le général Ducrot accourait bientôt lui-même et s'écriait : « Allons, mon petit Galliffet(¹), encore un effort ! Si ça n'est pas pour obtenir un succès, que ce soit pour l'honneur des armes ! »

« Tant que vous voudrez, mon général ! » répond Galliffet en levant haut son képi ; « tant qu'il en restera un ! » ; et, sur cette parole antique, il se place devant sa troupe ; le général Ducrot et son état-major mettent le sabre à la main et se placent également devant le front, à droite du général de Galliffet. L'escadron s'élance : c'était bien pour l'honneur des armes !

(¹) Le général Ducrot, grand et fort, employait souvent cette expression familière : « Mon petit », empreinte d'une certaine tendresse, lorsqu'il confiait à un jeune officier une mission périlleuse.

Au bout de quelques pas, le général Ducrot quitte les chasseurs et se jette au-devant de l'infanterie éperdue qui tirait sur la cavalerie.....

Le général de Galliffet continue sa route ; il n'a pas besoin de tourner la tête : ce qu'il a dit, tous ces héros le pensent et ratifient sa réponse en la signant de leur sang.

« Ah ! les braves gens ! » avait dit le roi Guillaume, en voyant ces charges des hauteurs de Frénois ; et, comme pour lui donner raison davantage, ils sont partis de nouveau, rayonnants de valeur.

La terre résonne ! les blessés, les mourants sont fiers de ce qu'ils voient..... Pauvre escadron, il va, il va, choisissant sa place ; la main à droite, la main à gauche, il va, il va toujours jusqu'à l'émiettement avant le choc !

Les hommes ne font plus qu'un : abîmés dans une même pensée, une même volonté, ils vont avec leur général, ils vont avec leurs officiers. Oui, pour l'honneur des armes, d'intuition, pour leur gloire propre de cavaliers et pour la France, ils accomplissent leur devoir, ayant sacrifié leur vie : chacun veut encore porter son coup ; chacun veut choisir son adversaire et le frapper ou tomber frappé lui-même comme ses camarades.

Les mameluks, aux Pyramides, ont fait comme eux.

En avant !.... toujours en avant !.... les voilà de nouveau sur la pente ; les chevaux tombent, haletants, en sueur, harassés, traînant leur galop ; vannés, ils n'arrivent pas : c'est la fin !

Et là, on put être témoin d'un fait probablement unique dans les fastes de la guerre.

Au moment où la troupe brisée se retirait, les officiers firent encore quelques foulées de galop, suivant leur chef intrépide ; et plusieurs d'entre eux, se levant sur les étriers, crièrent : « Vive l'Empereur ! » en saluant du sabre..... ; les officiers allemands avaient fait cesser le feu et rendirent le salut : c'était fini.... c'était bien fini !

Ce détail, que je tiens d'un témoin oculaire, fut imprimé dans les journaux allemands ; pendant la captivité, une démarche fut faite auprès du général de Galliffet, qui reconnut être l'officier monté sur un cheval de robe alezane particulière (*Stichelfuchs*)

LE LIEUTENANT REVERONY

OFFICIER D'ORDONNANCE DU GÉNÉRAL MARGUERITTE

(*En sous-lieutenant ; était lieutenant du 2 août 1870*)

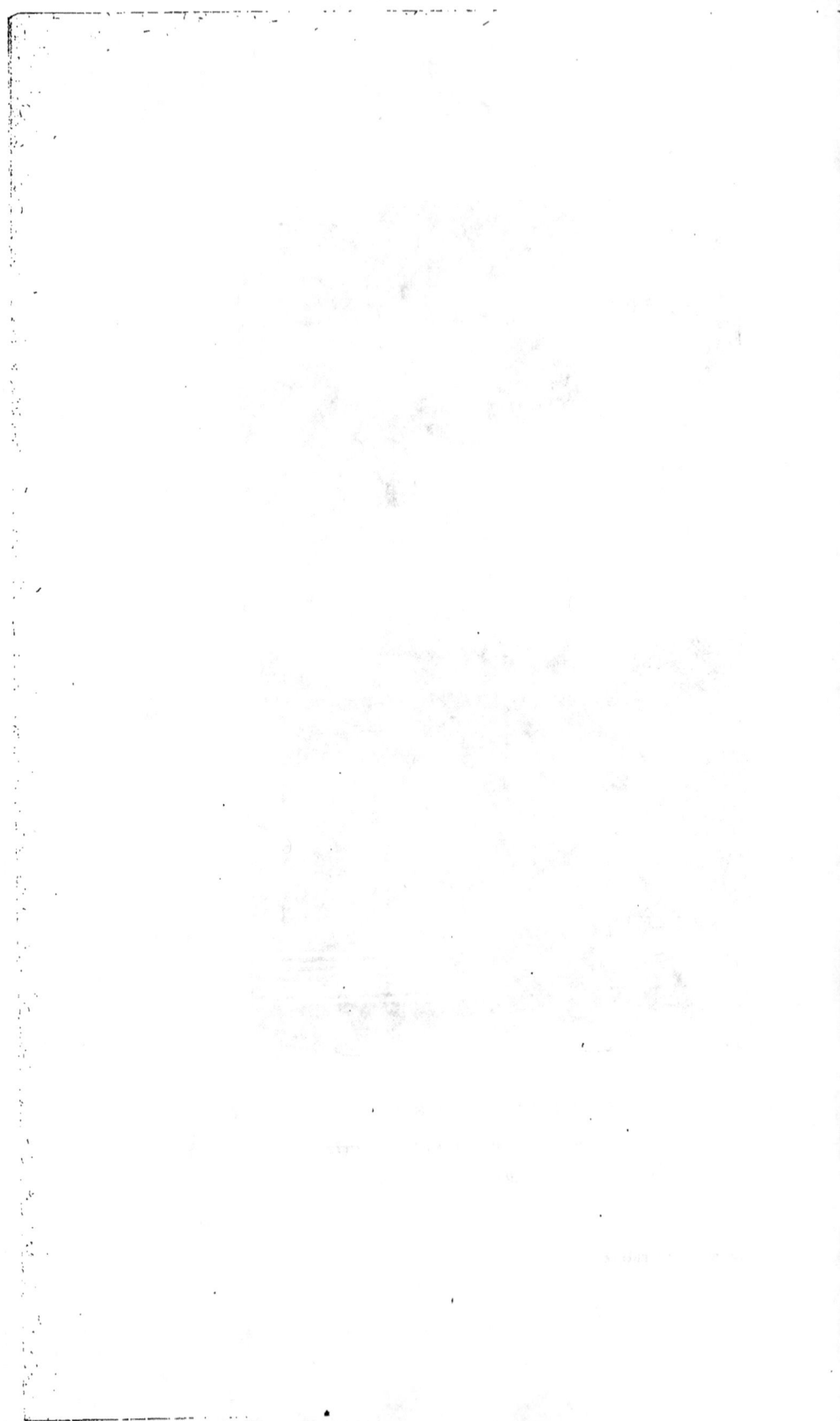

et sur lequel les Allemands avaient, disaient-ils, cessé de tirer : le fait était vrai ; ils avaient rendu hommage au courage malheureux.

Et sur le haut du coteau, les généraux Douay, de L'Abadie d'Aydrein, d'autres encore, immobiles, attendent la fin de ce terrible et grandiose écrasement : le cœur serré comme dans un étau, ils voient disparaître la division Margueritte.

Le général de L'Abadie était assis sur un talus ; il pliait son épée inutile sur ses genoux et de grosses larmes coulaient de ses yeux.

Le général Ducrot, malgré ses efforts, n'a pu entraîner l'infanterie dans le sillon tracé par les chasseurs d'Afrique — très peu d'hommes ont répondu à son appel désespéré ; ils n'ont pas fait vingt pas que déjà les chevaux affolés viennent mettre le désordre dans les rangs, qu'ils traversent d'un galop furieux ; alors tout disparaît, et le général Ducrot reste presque seul sur ce plateau tristement célèbre où se rallient déjà les derniers survivants de la dernière charge.

Le général de Galliffet revint le dernier ; son cheval était littéralement zébré de raies sanglantes sur tout le corps.

Pendant ce temps, sur divers points du terrain, s'étaient organisées de petites poussées partielles ; des groupes, des pelotons se forment et donnent sans reprendre haleine. Sellier était reparti avec une fraction de son escadron, pendant que Faivre cherchait à remettre le reste à cheval pour un nouvel effort.

L'ordonnance de Le Mintier et son maréchal des logis de La Bachelerie (¹) ont réuni ce qui reste de son peloton à quelques chasseurs et, sous la conduite du sous-lieutenant Royer, ils s'acharnent à retrouver le corps de leur chef : vains efforts : Le Mintier est tombé à 100 mètres au delà ; nul ne le reverra plus.

Certains officiers avaient chargé trois ou quatre fois ; le capitaine Leroy avait été blessé grièvement aux reins ; Ericau, Lesueur, Faivre, Sellier, de Bancarel, Badenhuyer avaient eu leurs chevaux tués ; Leclère avait une forte entorse de la cheville.

(¹) Le maréchal des logis de La Bachelerie avait eu le front fendu, pendant la dernière halte, par un éclat d'obus ; le même projectile avait mis en pièces le maréchal des logis fourrier de Raousset-Boulbon.

Gros, Launet, Daustel, peut-être encore un ou deux autres et le général de Galliffet étaient les seuls officiers sortis intacts de ces charges mémorables.

La droite de la division n'existait plus.

A la gauche, la 2ᵉ brigade avait eu beaucoup moins de chemin à parcourir pour joindre l'ennemi. Nous avons vu les premiers escadrons lancés, fauchés par des feux de salve; malgré ces efforts successifs, les Allemands s'avançaient par le bois de l'Algérie.

A l'ambulance Philippe, le lieutenant-colonel de Liniers, du 3ᵉ chasseurs d'Afrique, était tué raide d'une balle en plein front; blessé à la hanche, il était adossé sur la terrasse à une caisse d'oranger; la fusillade éclate, le lieutenant-colonel se soulève pour voir, à peine a-t-il dépassé la caisse qu'il est frappé (¹).

Comme les chasseurs d'Afrique des 1ᵉʳ et 3ᵉ régiments, les hussards font dans le même temps, avec le 4ᵉ chasseurs d'Afrique, de vigoureux retours offensifs.

Là-bas, c'était le général Ducrot.

Ici, c'est le général de Salignac-Fénelon qui ranime les courages et lance deux fois les débris des hussards à la charge. Le commandant Noirtin le seconde vigoureusement.

Dix minutes à peine après la charge des cinq escadrons, 200 hussards environ sont de nouveau en ligne; un premier escadron assez fort, puis un second et des groupes qui vont s'élancer sur les flancs.

Devant le premier escadron, formé de débris, le commandant Noirtin, sur son cheval gris clair (²).

Devant le second, en majeure partie formé du 2ᵉ escadron, le capitaine de Tussac.

Les hussards ralliés partent aussitôt avec Noirtin; mais pour eux cette fois le parcours est bien restreint, 400 mètres environ, l'élan est nul, car les cadavres entassés dans ce petit espace rendent l'attaque plus impuissante encore que vers La Maladrie.

(¹) Avant de partir de Constantine, le colonel de Galliffet lui avait dit : « Mon cher, un de nous deux y restera. Tout ce que je peux vous dire c'est que ça n'est pas moi. » Le lieutenant-colonel de Liniers était resté très préoccupé de cette affirmation.

(²) Un bel animal qui venait du lieutenant-colonel Boby de la Chapelle.

Néanmoins, les hussards vont toujours ; le sacrifice est inutile, si tant est qu'un sacrifice puisse l'être ; mais il est vaillamment fait.

A chaque poussée qui s'avance, les Allemands adossés aux carrières qui les protègent se reforment, s'excitent en criant : « *Kavallerie ! Kavallerie !* » Les tambours font entendre des sons brefs ; le feu redouble, puis le hurrah éclate.

Enfin, les hussards sont ramenés, brisés et rejetés vers la droite par le feu qui vient dans leur flanc gauche en bas du bois de l'Algérie et, en avant d'eux, des carrières et du bois de La Brosse.

C'était au 2ᵉ escadron qu'allait appartenir l'honneur de porter le dernier coup.

Le général de Fénelon venait, en effet, d'envoyer son porte-fanion dire au commandant Noirtin revenu de sa deuxième charge : « Faites un dernier effort ! » De suite, le commandant s'adresse à de Tussac : « Capitaine, le général de Fénelon, qui commande toute la cavalerie, m'enjoint de vous transmettre l'ordre de charger à votre gauche sur des tirailleurs ennemis qui nous prennent en flanc. »

Le capitaine de Tussac part aussitôt vers la gauche ; la charge est dirigée presque au pied de la pente très abrupte et rocheuse, parsemée de grands arbres, qui limite le vallon de Fraîche-Eau du côté de Sedan.

Le sous-lieutenant de La Chaise, du 1ᵉʳ escadron, s'est joint aux officiers du 2ᵉ escadron qui, dans un pêle-mêle intense, part presque en colonne par quatre ; le dernier peloton, le 4ᵉ, commandé par le lieutenant de Junquières, a, seul, le temps de se former. Le feu de l'ennemi, grâce aux ondulations du terrain, ne fait pas beaucoup de victimes ; pendant le parcours d'environ 400 mètres, deux lignes de tirailleurs sont traversées, et l'escadron se trouve vite en présence des lignes d'infanterie plus considérables ; le ralliement est sonné ; les débris de l'escadron, qui, du reste, avait perdu de suite toute cohésion, font le même trajet en sens inverse ; le feu leur fait alors subir des pertes sérieuses.

Le capitaine de Tussac, déjà blessé à la première charge, reçoit dans les lignes mêmes deux nouvelles blessures, un coup de baïonnette et une balle qui traverse la poitrine de part en part, blessure qui le tint longtemps entre la vie et la mort; laissé mourant sur le terrain, il ne fut relevé que deux heures après. Quand les officiers de son escadron amenés prisonniers à Saint-Menges le retrouvèrent encore vivant : « Laissez-moi mourir, leur disait-il, puisque j'ai la douleur de vous voir prisonniers. »

Le lieutenant en premier de Junquières, les sous-lieutenants Landas et Bullot furent pris sur le terrain ; ce dernier avait eu son cheval tué. Nous avons eu précédemment l'occasion de relater cet épisode.

Les sous-lieutenants de La Chaise et du Quesnoy ramenèrent les débris de l'escadron vers le cimetière de Cazal.

Après avoir lancé le 2ᵉ escadron, le commandant Noirtin s'était porté près du général de Fénelon, auquel il avait rendu compte de ses efforts et de l'impossibilité où il était d'agir de nouveau avec les 50 ou 60 hussards qui lui restaient ; le général lui serra la main avec effusion en lui disant : « C'est bien ! c'est très bien ! » puis il l'envoya vers le 6ᵉ chasseurs pour que ce régiment partît à son tour.....

Le général de Fénelon était fier d'avoir vu à l'œuvre le 1ᵉʳ hussards, qu'il avait encore, quinze jours auparavant, sous ses ordres.

Quelques instants après, le général se portait devant le 6ᵉ chasseurs ; son officier d'ordonnance, le capitaine de Saint-Ferjeux, avait son cheval tué raide ([1]) : c'était au moment où le 2ᵉ escadron, brisé, venait au ralliement. Le 1ᵉʳ escadron allait partir à son tour ; le général se place devant lui ; il avait à la main un sabre de troupe ([2]) ; très exalté, ses cheveux blancs au vent, il voulait conduire lui-même la charge et donna en conséquence ses indications au capitaine Cramparet. C'était un dernier effort à tenter, toujours à gauche, contre les Allemands qui nous tournaient.

« A la charge, les chasseurs ! à la charge ! » leur crie le général en ajustant ses lunettes sur son nez, puis aussitôt : « Non, non, c'est inutile ; je suis blessé ! »

Le général avait reçu une balle dans la cuisse droite ; il dut quitter le champ de bataille.

([1]) Peu d'instants après, cet officier eut encore son cheval tué.
([2]) Appartenant à un maréchal des logis du 7ᵉ lanciers.

Le 1er escadron ne perdit que quelques hommes atteints par le feu ; les 3e et 4e escadrons firent presque immédiatement une très courte démonstration sous les ordres du commandant.

Au moment où il venait de faire demi-tour, le lieutenant-colonel rencontra le capitaine de Querhoënt, qui, avec quatre ou cinq hommes déterminés, entre autres le brigadier-fourrier Martin, se jetait de nouveau sur l'ennemi. « Demi-tour, Querhoënt, demi-tour, c'est inutile ! » leur cria le lieutenant-colonel ; mais Querhoënt fit un geste avec son sabre, comme pour répondre : « En avant quand même ! » et continua sa route à fond de train ; il disparut bientôt dans la fumée qui enveloppait la ligne de tirailleurs allemands placés dans les carrières ; c'est là qu'il mourut glorieusement. Son corps ne put être retrouvé ; son cheval fut tué aussi, dit-on.

Arrivé de Tarascon, où il était capitaine instructeur, pour prendre le commandement d'un escadron au camp de Châlons, de Querhoënt avait eu ses deux chevaux hors de service par des coups de pied ; cavalier intrépide, il montait pour la charge une jument grise, quinteuse, qu'il ne connaissait pas : « Je n'ai pas de chance, disait-il, il m'arrivera malheur » ; et ses camarades lui trouvaient le regard du prédestiné.

Hors la perte cruelle de cet officier distingué, — « citadelle d'honneur et de loyauté », comme le dépeignent ses camarades, — le régiment avait, somme toute, peu souffert.

Sur ce même Terme de Floing, au nord du ravin de Fraîche-Eau, aussi vers Glaire, le 4e chasseurs d'Afrique se prodiguait également. Après sa première charge, le lieutenant-colonel Lambert rallie une soixantaine d'hommes, maintenant montés sur des chevaux de toute provenance : « Allons, mes enfants, il faut y aller ! en avant, en avant ! » criait de toutes ses forces le vieux soldat ; il les forme, les enlève et repart à leur tête, bien vigoureusement. Devant la troupe, un rang d'officiers intrépides.

Cette fois, grâce à la fumée, la petite troupe s'est glissée entre deux groupes ennemis, le feu la touche moins ; mais elle se disperse bientôt au milieu des tas d'hommes et de chevaux qui rampent à terre, ruent ou s'agitent convulsivement ; en revenant, elle essuie un feu violent, celui des carrières ; enfin, les chasseurs épuisés vont au ralliement, là aussi à la gauche de la ligne : c'est fini, c'est bien fini !....

Le flot des Prussiens monte toujours ; la division Margueritte n'existe plus : écrasée à distance par le feu, elle a succombé sans avoir, pour ainsi dire, pu atteindre l'ennemi, et les tirailleurs courent en avant en criant : Hurrah ! hurrah !

Les deux brigades ont été dignes l'une de l'autre ; ceux qui ont peu donné n'ont trouvé ni la place ni le temps pour le faire, car cette mêlée n'a duré que vingt-cinq minutes ; en moins de trois quarts d'heure, les régiments ont perdu près des deux tiers de leurs effectifs ; la proportion des chevaux tués est plus considérable encore.

En écrivant les hauts faits de la division Margueritte, j'ai dû laisser forcément de côté tout ce qui dans cette terrible lutte ne la touchait pas particulièrement ; mais, pour donner à la charge légendaire sa physionomie véritable, je dois rappeler que d'autres troupes de cavalerie avaient suivi l'exemple donné par la division ; car le courage est contagieux..... et il faut associer pour toujours à sa gloire les escadrons du 4ᵉ lanciers, qui, à la droite, ont traversé Floing en faisant des pertes énormes ; puis, les pelotons de cuirassiers qui, par petits paquets, se glissaient dans la charge. Le vicomte Lepic, maréchal des logis de l'Empereur, des officiers du 3ᵉ cuirassiers et quelques cavaliers dévoués se jetaient à leur tour sur la pente, faisant en gens de cœur une galopade aussi héroïque qu'inutile. Tout cela s'accomplissait sans ordre ; chacun, suivant son inspiration, chargeait pour son compte, augmentant le désordre et la confusion.

Plus tard, enfin, un escadron du 4ᵉ hussards parut en haut vers la crête et fit une démonstration (¹).

Ce fut ainsi un mélange indescriptible d'uniformes et de harnachements, car les cavaliers qui montaient encore leurs propres chevaux étaient bien rares. Ajoutez à cela les escadrons brisés revenant de la charge, la foule hurlante des blessés, des culbutés ; les hurrahs de la ligne noire qui avance ; la fumée, le feu, les che-

---

(¹) Le 4ᵉ lanciers et le 4ᵉ hussards appartenaient à la brigade Cambriels, de la division Amiel, attachée au 7ᵉ corps.

LA « CROIX MARGUERITTE » A ILLY

vaux fous, galopant et renversant tout sur leur passage, et vous aurez le spectacle le plus horrible et le plus grandiose que jamais fait de guerre ait produit.....

Il était 3 heures.

Le ralliement s'est fait : l'infanterie tiraille vers la crête ; ce qui reste de la cavalerie va se retirer ; le général Renson vient de lui apporter cet ordre.

Le général de Galliffet fait mettre le sabre à la main, rompre par quatre et, sous le feu, il se dirige au pas vers Sedan, ramenant, réduits à une centaine d'hommes, deux régiments de chasseurs d'Afrique.

Au moment de rompre, le commandant Laigneau arrive au galop vers le général de Galliffet ; comme i ôtait son képi pour saluer le général, un obus couvre Laigneau d'un nuage de poussière ; dès qu'elle s'est dissipée, le commandant, toujours calme dit : « Rien de nouveau, mon général ! » Un sourire d'admiration vint errer sur toutes les lèvres.....

Laigneau était un type de soldat ; brave autant que qui que ce soit, honnête autant que brave, il était couvert de blessures ; en embarquant son cheval à Stora, il avait eu le poignet foulé. Il fit toute la campagne sans pouvoir mettre le sabre à la main.

Le colonel de Bauffremont, de son côté, a rallié sa brigade près du bois de l'Algérie ; il rentre dans Sedan : 74 hussards prennent la gauche du 6ᵉ chasseurs, qui compte encore près de 300 hommes ; il y avait encore une soixantaine de chasseurs du 4ᵉ près de la maison de l'Algérie : ils se retirent à leur tour.

Les 3ᵉ et 4ᵉ escadrons du 6ᵉ chasseurs formaient l'arrière-garde, et les hommes démontés, poursuivis par le feu des tirailleurs allemands qui les suivaient à 100 mètres, cherchaient à s'y rallier.

Les chemins sont jonchés de caissons ouverts, d'affûts broyés, de roues brisées : partout des cadavres et, au milieu de cette terrible mise en scène, les fantassins sans sacs, sans armes, qui se sauvent, se dirigent rapidement sur la ville. C'est au travers de ce désordre horrible d'une armée écrasée que chemine ce qui fut la division Margueritte ; passant sous bois, par les jardins, les vergers, laissant la maison Dumoustier, où l'ambulance est en feu, puis Cazal à droite, les débris de la division, s'arrêtant parfois pour faire face en arrière, arrivent enfin par le chemin de Pierremont au nord du Château ; là, ils descendent par un éboulement dans le fossé maçonné de la demi-lune ; large d'une dizaine de mètres, ce fossé débouchait à angle droit dans le fossé principal. C'est là qu'on s'entassa, mélangés aux cuirassiers, aux lanciers !... Les obus venant de la rive gauche de la Meuse tombaient encore parfois dans ce fourmillement humain, d'où tous les blasphèmes s'échappaient comme un soulagement.

On voyait la cohue des troupes démoralisées rentrer en ville : des bataillons d'infanterie, des turcos, le général Douay et son état-major, le général de L'Abadie, seul, à pied, fort excité ; il avait été bien crâne et d'un bien bel exemple, l'ancien commandant de Saint-Cyr.

Un peu plus tard, le 6ᵉ chasseurs fit une tentative pour sortir de ces fossés ; il alla jusqu'aux jardins et dut revenir pour subir l'inexorable loi commune.

Un instant d'espoir avait lui : le canon redoublait vers Balan ; les troupes d'infanterie se portaient de ce côté avec assez d'entrain ; on entendait : « Bazaine arrive ! »

On fut bientôt revenu de cette erreur.....

Le capitaine adjudant-major de Kermartin, du 4ᵉ chasseurs d'Afrique, avait été blessé d'une balle au pied gauche à quelque 100 mètres de la ville ([1]).

C'était le dernier officier blessé dans la division : il y avait eu 69 officiers hors de combat, tués, blessés ou disparus de 8 heures et demie du matin à 3 heures du soir !....

Sur le coteau que la division vient d'abandonner, quelques lignes d'infanterie tiennent encore ; c'est le 53ᵉ, commandé par le colonel Japy. Grâce à leur feu, les hommes démontés se rejoignaient, ralliaient de leur côté, le fusil à la main, courant sans ordres aux points menacés.

Dans le cimetière de Cazal, défendu par le 5ᵉ bataillon de

([1]) Forte plaie contuse, probablement une balle française tirée du rempart. Caché dans Sedan jusqu'au 4 octobre, le capitaine de Kermartin, signalé aux Allemands, réussit à gagner la Belgique, puis il rejoignit l'armée de l'Est.

chasseurs à pied, le sous-lieutenant Royer et le maréchal des logis de La Bachelerie se sont jetés avec 37 chasseurs; prêts à combattre comme des fantassins, ils restent là jusqu'à la tombée de la nuit ([1]).

Près de la porte de Paris, le général de Beurmann a envoyé sur le rempart, dès le matin, les 120 hommes à pied du 4ᵉ chasseurs d'Afrique; toute la journée, ils font le coup de feu, commandés par le sous-lieutenant Marc et l'adjudant Sentex, aidant

TIMBALE DU NÉCESSAIRE DE NAPOLÉON III

donnée par l'Empereur pour panser la blessure du général Margueritte

les canonniers de la place qui répondaient tant bien que mal aux batteries du bois de La Marfée, avec leurs canons à âme lisse.

Il y avait là, vers Frénois et Wadelincourt, des pièces qui envoyaient des projectiles énormes; l'un d'eux, un moment avant le départ pour la charge du 1ᵉʳ chasseurs d'Afrique, avait anéanti le peloton du sous-lieutenant Lardier, qui sortit vivant d'un

---

([1]) Parmi eux, le vieux Gilles, Rieb et le brigadier Gaillard, trois fois blessé, vigoureux entre tous.

mélange informe de chairs broyées ; au moment où cet officier était parvenu à se dégager du cadavre de son cheval tué, son régiment avait disparu : il ne revint de ce peloton que le maréchal des logis Bosquet et le chasseur Kieffer.

Dans les fossés, les hommes avaient attaché les chevaux les uns aux autres par la bride ; puis, armés de leur chassepot, dirigés par le général de Galliffet et sur l'ordre du général de Wimpffen, ils s'étaient, par la poterne, portés aux remparts et au Château qu'ils devaient défendre.

Le 1er chasseurs d'Afrique était alors commandé par le capitaine adjudant-major Crouzières.....

Dans la cour du Château, une dizaine de généraux ; parmi eux le général Lacretelle.

On amena là, vers 4 heures, 500 ou 600 Bavarois faits prisonniers à Balan ; il fallut toute l'énergie des généraux pour éviter un odieux massacre.

La capitulation inévitable ne faisait plus de doute..... On vit passer un parlementaire allemand escorté d'un officier d'artillerie..... Cependant, on fit encore le coup de feu jusqu'à 5 heures, attendant l'ennemi, et le commandant de Cuguon d'Alincourt, du 1er régiment de cuirassiers, faisait, avec une poignée de braves, une tentative héroïque pour percer la ligne allemande vers Floing ([1]).

L'heure du désastre avait déjà sonné depuis longtemps que le vieux capitaine Fougeras était encore sur le rempart, armé d'une carabine de siège.....

Les hommes s'étaient répandus dans la ville : bêtes et gens n'avaient rien mangé de la journée : on peut donc se battre et bien se battre avec l'estomac creux...., tant il est vrai que les émotions nourrissent comme la fièvre.....

La fièvre s'était calmée.....

Peu à peu, les hauteurs se noircissaient d'une artillerie formidable prête à foudroyer dans Sedan l'armée vaincue..... La nuit vint ; les feux prussiens s'allumèrent..... Sur les différents points du champ de bataille, les troupes allemandes se sont rangées en

---

([1]) Voir le détail de cette charge à l'appendice II.

cercle, autour du pasteur qui récite à haute voix les prières et remercie le ciel qui leur a donné la victoire. Tête nue et recueillis, les soldats chantent des airs religieux qu'accompagne la musique.

Dans la ville, un sergent précédé d'un tambour faisait connaître à haute voix les conditions de l'armistice !....

Enfin, le silence se fit..... et la terre fatiguée sembla s'endormir dans la lassitude qui suit les grandes crises, en buvant goutte à goutte le sang qui coulait de toutes les blessures.....

Gloria victis !

CHAPITRE XIV

LA NUIT — LA PRESQU'ILE D'IGES — DÉPART EN CAPTIVITÉ

La nuit était venue. L'ennemi veillait autour de ses feux, qui piquetaient l'obscurité de points brillants ; l'oreille aux aguets, il écoutait si tous ces vaincus n'allaient pas, dans un moment de désespoir, se ruer sur lui et tenter de briser le cercle de fer qui les enfermait dans ce fond de Meuse où ils s'étaient acculés.

Non, c'était bien sans issue ;..... d'ailleurs les soldats « n'en voulaient plus ».

Dans la ville, isolés ou errants par groupes plus ou moins réconfortés, ils avaient fini par dormir, chacun où il était, malgré le tumulte des rentrants, le cliquetis des armes et les juremenls qui éclataient partout ; sur le champ de bataille, les Allemands relevaient leurs blessés, puis les nôtres, plus ou moins dépouillés par les corbeaux qui suivaient le vainqueur et que la croix de Genève n'a que trop abrités ;.... tous, ensuite, confondus dans les ambulances, recevaient les soins des médecins des deux nations.

La ferme de Quérimont prit feu pendant la nuit ; les blessés qu'elle contenait en grand nombre furent transportés à Illy.

Sur ce coteau illustré par la division Margueritte, sur ce *Terme de Floing,* que les habitants appellent aujourd'hui encore la « hauteur pavée de fer », les chevaux blessés erraient la tête basse ; les plaintes aiguës, les râles sourds rompaient le silence de la nuit.

De Marsaguet et Cugnot, tombés l'un près de l'autre, vivaient encore malgré leurs affreuses blessures ; un chasseur dévoué veillait près d'eux.

Cugnot parlait de sa femme, de ses enfants qu'il ne devait plus voir : sa douleur s'exhalait en plaintes amères et Marsaguet le consolait, cherchant à lui élever l'âme par de nobles paroles.....

Le sang étouffait de Marsaguet peu à peu ; il s'était fait placer face à Floing, face à l'ennemi, appuyé contre le cadavre de son cheval.

C'était un grand cheval gris pris aux dragons d'Oldenbourg, un étalon des haras de Wurtemberg. Marsaguet, très habile cavalier, le montait depuis l'affaire de Pont-à-Mousson, où il avait été capturé (¹), et, comme c'était un cheval fort difficile, Marsaguet avait dû charger sans mettre le sabre à la main.

Marsaguet sentait la mort venir ; toujours chevaleresque, il ne se démentait pas au dernier moment.

Au chasseur qui l'assistait, il donnait sa montre en souvenir ; il lui confiait ses médailles pour sa mère ; « à ma maîtresse, lui dit-il, ma dernière pensée ». Il avait donné sa vie à la France.

Vers 2 heures, Cugnot se tut... ; peu après, Marsaguet rendit à son tour le dernier soupir ; tous deux étaient morts après douze heures d'une lente agonie.

Ces deux héros vaincus personnifiaient les deux éléments qui rendaient hors ligne les corps d'officiers que nous venons de voir à l'œuvre.

Cugnot avait près de six pieds.

Marsaguet avait 1^m,60.

Cugnot, promu sous-lieutenant aux chasseurs d'Afrique en Crimée, venait des cuirassiers ; on avait fêté à Mustapha, en 1866, sa douzième année de grade de sous-lieutenant ; il venait de passer capitaine (²).

Marsaguet était sorti avec le n° 1 de la section de cavalerie de Saint-Cyr en 1862 : c'était une intelligence remarquable ; il venait de passer lieutenant.

L'un, pendant sa longue carrière, avait vu la Crimée, l'Italie, la Syrie, l'Afrique ; l'autre avait fait la campagne du Mexique et arpenté l'Algérie depuis sa sortie de l'école.

(¹) En débouchant ventre à terre dans la gare de Pont-à-Mousson par la voie ferrée, le cheval que montait Marsaguet se prenait le pied dans un cœur de rails et allait culbuter dans une fosse à escarbilles, *le sabot complètement arraché.*

(²) Les sous-lieutenants Puyatier et Taton avaient la même origine, la même taille, la même ancienneté de grade.

Ces deux hommes étaient l'expérience et l'intelligence, unies pour le service de la patrie.....

Le jour se leva enfin sur cette catastrophe sans précédent.

Le 2 septembre, vers 5 heures du matin, les survivants, qui avaient passé la nuit sur le glacis faisant suite à la rue Sainte-Barbe ou dans les rues de la ville, se cherchèrent, se réunirent.

Le jour paraissait à peine ; sur les différents points de Sedan, sur les remparts, les trompettes allaient sonnant le refrain de la division et on fut reprendre dans les fossés les chevaux abandonnés la veille. Quel chaos ! tous les débris de la division étaient venus se masser là.

Chaque officier ramenait ce qu'il avait pu réunir. Badenhuyer, qui était le seul officier de son escadron revenu à cheval, n'avait plus qu'un homme dans son peloton ; de Pierres comptait dix-sept chevaux dans son escadron ; des pelotons de hussards avaient également disparu en entier.

Les deux fractions du 4e chasseurs d'Afrique s'étaient rejointes, il manquait à l'appel 162 hommes et 238 chevaux.

Ce ralliement se faisait au-dessous du Dijonval, sur la rive gauche de la Meuse, où le général de Galliffet avait conduit la division ; les chevaux avaient été mis à la corde dans les prairies près de la rivière, en face du faubourg de Torcy. Le 1er hussards contre le pont, à droite en venant de la ville, tout près de la troisième arche du viaduc ou grand pont ; le 6e chasseurs, du côté opposé. Près et à gauche de la porte de la ville, dans les séchoirs de draps, tous les chasseurs d'Afrique à la suite des hussards, ensuite le reste de la cavalerie.

Plus tard, on désigna la prairie de Torcy sous le nom de Parc-aux-Bœufs, lorsque les Allemands y eurent réuni tout leur bétail.

On mettait de l'ordre partout ; un certain entrain semblait renaître et les hommes, loin de désespérer, attendaient avec impatience l'ordre de tenter une sortie que chacun désirait. « Vaut « mieux tout, disaient-ils, que de rester dans ce trou ; il y aura « bien des têtes cassées, mais les Prussiens auront leur part. » Et ils déroulaient leurs manteaux qu'ils s'amusaient à secouer

« pour faire tomber les balles » ; le haut paquetage du devant avait évité bien des blessures.

A 6 heures, les cinq régiments de la division recevaient l'ordre suivant ([1]) :

Ordre de la division

Le colonel de Galliffet, nommé général de brigade par décision impériale du 30 août 1870, et désigné pour prendre le commandement de la 1re brigade de la 1re division de réserve de cavalerie, est chargé du commandement provisoire de la division.

Les corps devront toucher la solde : les officiers, pour les mois d'août, de septembre et d'octobre ; les sous-officiers toucheront pour la journée d'aujourd'hui la somme de 1 fr. et les soldats, celle de 50 cent. ([2]).

Les traitements de la Légion d'honneur échus le 1er juillet, ainsi que les différentes indemnités qui n'auraient pas été payées, le seront immédiatement.

Les corps s'aligneront en vivres et en fourrages pour la journée d'aujourd'hui ; des ordres seront donnés ce soir pour la journée de demain.

Signé : Galliffet.

On prit de suite des mesures en conséquence.

Avec cette communication, le général de Galliffet transmit aux officiers le dernier ordre contenant les adieux du général Margueritte ; il était écrit au crayon sur un morceau de papier qui passa de mains en mains. L'ordre était très court : le général remerciait ses troupes en termes très chaleureux.

L'Empereur était parti... ; vers 6^h 30, sa voiture s'avançait par la rue de Torcy : près du convoi du 1er hussards, un peloton d'infanterie avec son drapeau se rangeait à gauche face à la rue et présentait les armes, derniers honneurs rendus au souverain.

Dans la voiture : l'Empereur, deux généraux en tenue et le

([1]) Copié sur l'original du 1er chasseurs d'Afrique.

([2]) A titre de souvenir, voici la solde que touchaient régulièrement les hommes de troupe de cavalerie légère :

Adjudant, 1 fr. 98 ; maréchal des logis chef, 1 fr. 16 ; maréchal des logis, 83 cent. ; brigadier fourrier, 63 cent. ; brigadier, 43 cent. ; trompette, 65 cent. ; cavalier de 1re classe, 33 cent. ; cavalier de 2e classe, 28 cent.

premier écuyer. Incliné sur le côté droit comme un malade sans forces, la figure jaune, les joues tombantes, affaissé sur lui-même et comme raccourci, l'Empereur avait l'aspect de l'homme anéanti, brisé ; la voiture s'approchait de la porte...

Le vétérinaire Taurines était là : il prit une attitude militaire et se découvrit les yeux pleins de larmes : l'Empereur lui rendit le salut ; c'était le dernier dans les lignes françaises... César allait se livrer comme prisonnier de guerre.

Grande victime payant ses fautes et surtout celles de ceux en qui il avait placé sa confiance.

A midi, on connut les clauses de la capitulation. Est-il possible d'écrire un mot pareil après avoir célébré tant de vaillance ! Un vent de folie furieuse passa sur les hommes, on brisait les armes...

Oh ! l'horrible chose !... puis l'anéantissement s'empara de chacun.

Sur le grand pont, un poste de soldats prussiens s'installa à la porte du pont-levis.

Les officiers se dispersèrent, passant devant le quartier de cavalerie ; ils rentrèrent en ville en quête des amis et des camarades blessés, dont ils voulaient serrer une dernière fois la main.

Sur les murs, de grands placards indiquaient à chaque corps où il devait se rallier et camper.

Le général Margueritte reçut, à la préfecture, presque tous les officiers qui avaient servi sous ses ordres ; à chacun il recommandait le calme, la discipline ; grâce à lui, bien des écarts furent évités.

Beaucoup d'officiers gardent comme une précieuse relique la feuille de papier sur laquelle le général leur écrivit son dernier adieu.

Puis, on fut absorbé par les tristes détails de la capitulation.

La caisse de l'armée fut partagée pour la sauver des mains du vainqueur : les hommes reçurent quinze jours de solde et la journée du 3 ; les officiers, comme le disait l'ordre, payés au mois d'août, eurent par avance les mois de septembre et d'octobre. Certains d'entre eux reçurent une somme à restituer plus tard (¹).

Enfin on s'occupa du *revers*.

Ceux qu'une désespérance complète conduisit à prendre l'engagement irréfléchi de ne plus porter les armes pendant la campagne, maudissent encore aujourd'hui la signature qu'ils mirent alors au *revers* de la feuille qui les faisait libres.

C'était acheter bien cher une liberté inutile.

On raconte qu'une Lorraine, voyant revenir son mari, le capitaine X***, libre par cette condition, le chassa de sa présence...

Voici le texte officiel de l'article :

« Les officiers seront libres de retourner chez eux, à la condi-« tion de signer un engagement par lequel ils jureront de rester « neutres pendant le reste de la campagne, ou alors à se consti-« tuer prisonniers. »

Cette clause était un retour de la fortune ; en 1805, l'Empereur l'avait inscrite dans la capitulation de l'armée de Mack, à Ulm ; tous les officiers autrichiens l'avaient acceptée.

Dans la division Margueritte le nombre des officiers qui signèrent fut très restreint.

La brigade des chasseurs d'Afrique revendique l'honneur de n'avoir eu qu'un seul signataire. C'est le devoir de l'historien de le constater.

Ceux qui avaient signé le revers disparurent ; les autres s'occupèrent de leurs hommes : c'était eux qu'il fallait plaindre ; ils se serraient les uns contre les autres, s'aimant d'un estime réciproque, comme des compagnons d'armes qui ont fait leur devoir ; ils avaient peur de l'inconnu qui les attendait. Groupés autour

---

(¹) Sur la réquisition signée du général de Galliffet, le 3 septembre, et en exécution des ordres venus de la place de Sedan, le sous-lieutenant Quéneau, officier-payeur du 3ᵉ chasseurs d'Afrique, toucha pour les cinq régiments de la division 80 000 fr. au Trésor, chaque régiment reçut 16 000 fr. ; le 1ᵉʳ hussards seul n'accepta pas cette somme, pensant que le colonel de Bauffremont avait perçu de son côté. Les 16 000 fr. du 1ᵉʳ hussards, que le Trésor ne voulut pas reprendre, furent remis aux officiers des autres régiments qui voulurent bien s'en charger. Tout payé ou confié, il resta 90 fr. sans emploi.

Le 9 septembre, Marquier se sentant mourir, faisait venir Descharmes à l'hôpital et remettait dans ses mains le dépôt d'honneur qu'il avait reçu.

de leurs officiers, ils entendaient le récit de la journée fatale, chacun exaltait les vertus de ceux qui avaient succombé glorieusement, puis on parla de l'avenir en se promettant de ne pas se séparer.

Quelques balles, tirées par des soldats exaltés, arrivèrent encore dans le camp pendant la journée du 2 ; l'une d'elles contusionna fortement le maréchal des logis Morphy, du 3ᵉ chasseurs d'Afrique.

Vers midi, les troupes allemandes commencèrent à occuper la ville et les nôtres à l'évacuer. Placée en contre-bas, la division vit pendant toute la journée ce lugubre défilé sur le pont ; la foule désarmée, morne, silencieuse, les vêtements souillés et déchirés, passait, passait toujours, projetant sa silhouette sous un ciel gris. Les uns jetaient dans le fleuve les schakos, les épaulettes, les gibernes pleines de cartouches, les autres les culasses de leurs mitrailleuses désormais inutiles ; tous allaient écrasés par la fatalité, la rage plein le cœur.

Cela dura jusqu'à la nuit, pour recommencer le lendemain au jour.

A 6 heures du soir, dans le cimetière d'Illy, le général Tilliard était enterré avec son aide de camp ; la tombe fut creusée à gauche d'une grande croix en pierre qui se trouve au fond du cimetière ; le sous-intendant militaire Rodet prononça une courte oraison funèbre : tous les assistants pleuraient et on entendait, tout près de là, le bruit des musiques, les hurrahs frénétiques qui saluaient le roi de Prusse vainqueur.

Le roi Guillaume passait la revue de ses troupes sur le plateau d'Illy, près du point même où le général Tilliard avait été tué la veille.

Le 3 septembre, il fallut boire le calice jusqu'à la lie.

Dès le matin, le sort était connu ! A 10ʰ 3o, le commandant de place vint lui-même faire sonner à cheval...; il pleuvait très fort.

Les munitions furent jetées dans la Meuse, la majeure partie des armes de la division fut brisée ou détruite ; les culasses mobiles furent jetées à l'eau, les buffleteries furent coupées, ce qui restait des armes fut formé en faisceaux... adieu aux carabines !

adieu aux sabres, hier tenus par des poignets si solides ; on brisait les lames sous le pied, on brisait les crosses, les aiguilles, on
détruisait… et tous ces tronçons étaient jetés en monceaux sans
nom ; les officiers laissaient faire, des hommes pleuraient de douleur.

C'était au tour de la division. A 11^h15, les hommes montèrent
à cheval, pour la dernière fois, derrière leurs officiers, et la division, quittant le camp de Torcy, dans l'ordre naturel, se dirigea
vers la presqu'île d'Iges.

L'ordre avait été donné pour 11^h30 à cheval — cette avance
d'heure eut la triste conséquence de priver les hommes de leur
campement ; — il en fut abandonné plus de moitié.

Les chasseurs d'Afrique tenaient la tête de la colonne, puis le
6e chasseurs et le 1er hussards.

Les officiers avaient conservé leurs armes.

Il pouvait être 1^h30 ; le tonnerre grondait, les éclairs déchi-
raient le ciel, la pluie tombait à torrents, le vent se déchaînait en
rafales.

La division franchit la Meuse, traverse le faubourg de Torcy.
Près de la porte, elle foule aux pieds des débris d'armes, de casques aplatis, de cuirasses, de fers de lances, abandonnés dans
une boue frangeuse, noire, une boue de fer, puis elle passe le
canal ; enfin, vers 3 heures, elle entre dans la presqu'île, s'écoulant
sous deux grands peupliers, qui rapprochés par le sommet semblaient des Fourches Caudines.

La marche avait été lente ; l'encombrement était tel, que les
temps d'arrêt se faisaient fréquents — sur le parcours, on voyait
les boulangeries et les magasins de comestibles pillés — les voitures brisées ; les animaux abandonnés depuis deux jours semblaient demander à manger : c'était un spectacle navrant.

Le défilé, un vrai chemin de croix, depuis la porte de la ville
jusqu'aux deux peupliers à l'entrée de la presqu'île, se déroulait
entre deux haies de troupes allemandes, en arrière desquelles
des patrouilles de cavalerie circulaient pour empêcher toute éva-
sion. Il y avait là des hommes à pied, puis un escadron de che-
vau-légers bavarois et de nombreux officiers fiers d'avoir vaincu
cette cavalerie qu'on ne pouvait qu'admirer. Les troupes victo-

rieuses avaient une attitude très correcte, les officiers, placés derrière le rang, réprimaient avec le plat du sabre le moindre mouvement de tête de leurs hommes. La conduite du vainqueur fut digne.

Pendant la route, un soldat français pris de vin insulta un de ses officiers ; c'était affreux à voir ; un officier de cavalerie bavaroise l'entendit, le fit prendre et fusiller séance tenante ; les cas d'ivresse parmi les vaincus étaient nombreux ; des tonneaux d'eau-de-vie avaient été défoncés ; les malheureux surexcités, et brisés de fatigue, avaient bu à même.

Les musiques jouaient des airs français.

L'âme était brisée de tristesse, mais on portait haut la tête.

Le comte de Bismarck, en uniforme de cuirassier, se tenait à l'extrémité du pont de Torcy, en amont : lui aussi regardait avec curiosité les débris de la division Margueritte ; il avait voulu voir de près ces beaux cavaliers dont le feu seul avait eu raison.

Toutes les fenêtres du faubourg étaient garnies de monde, surtout des femmes qui regardaient curieusement ; parfois à une croisée des officiers allemands, épanouis d'orgueil : on en vit avec des dames.

L'infanterie, l'artillerie et les cuirassiers étaient déjà enfermés dans la presqu'île vers Iges ; leur mouvement avait commencé la veille, à 5 heures du soir.

L'infanterie était à l'extrémité droite, puis l'artillerie le long du chemin avec le génie et le train, les zouaves et les tirailleurs le long du canal, le 1er zouaves touchant le mur d'une jolie propriété appartenant à M. Frédéric Bacot et qu'on appelle la « Tour à Glaire ».

Au-dessus, face à Sedan, sur les pentes sud du grand mamelon qui domine la presqu'île et jusque vers son sommet, les débris de la division furent installés fort irrégulièrement par régiment, presque tous dans la direction de Glaire et appuyés au mur du parc ; près de la petite porte, la tente du général de Galliffet.

Quelques régiments conservaient un certain ordre ; dans d'autres, chaque escadron avait choisi son emplacement.

Le 1er chasseurs d'Afrique était près du parc vers l'angle nord-

LE CALVAIRE D'ILLY (PRIS DU SUD)

ouest ; ensuite, à sa droite, venait le 6ᵉ chasseurs (272 chevaux), près duquel était le 6ᵉ cuirassiers ; tout en haut, le 1ᵉʳ hussards, qui comptait environ 150 chevaux ; l'escadron des guides, commandé par le capitaine Gourg de Moure, était près du 1ᵉʳ hussards, ainsi que quelques cent-gardes ; le 3ᵉ chasseurs d'Afrique (143 chevaux) était aussi en haut, mais face à l'est ; le 4ᵉ, sur deux lignes entre lesquelles les tentes des officiers étaient dressées, était au-dessous du 1ᵉʳ ; puis une batterie d'artillerie du 8ᵉ régiment, et enfin, plus bas encore, le 1ᵉʳ zouaves, vers l'angle sud du parc.

Les autres divisions de cavalerie étaient vers Iges.

La division Margueritte était dans des champs de betteraves et de pommes de terre qui furent promptement récoltées, près de petits bouquets de bois qui furent d'un grand secours ; elle se trouvait à 1500 mètres environ du gué de la Meuse, presque en face du Terme de Floing, où l'on voyait distinctement, comme des points blancs, les chevaux tués pendant la charge du soir.

Il pleuvait.....

Pendant ce temps, à midi, par une pluie battante, l'Empereur prisonnier, escorté d'un escadron de ulans en grande tenue de parade, traversait au petit pas Illy, converti en une vaste ambulance où 750 blessés recevaient des soins. Le personnel de l'ambulance, les blessés valides, les Allemands étaient venus faire la haie et saluer respectueusement le souverain malheureux qui s'acheminait vers Bouillon ; un infirmier le salua d'un dernier « Vive l'Empereur ! »

L'Empereur était dans son coupé (attelé en poste, quatre chevaux bais, les postillons à la livrée) ; un courrier précédait, marchant derrière le peloton d'avant-garde.

L'Empereur avait avec lui l'aide de camp de service, le général de Waubert de Genlis ; à la portière, le vicomte Lepic, maréchal des logis.

Le général de Boyen, aide de camp et ami personnel du roi de Prusse, et le prince de Lynar, chargés tous deux d'accompagner l'Empereur jusqu'à Wilhelmshœhe, étaient avec quelques officiers de l'état-major dans un grand char à bancs qui suivait le coupé.

Puis venaient les autres officiers à cheval, les trois voitures de suite, les trois fourgons et les chevaux de main.

Dès l'arrivée dans le camp allemand, le commandement avait été retiré aux officiers et cédé aux sous-officiers.

Un bureau mixte, composé d'officiers français et d'officiers allemands, était installé à Glaire pour donner les ordres importants, tels que les distributions et formations de colonnes de prisonniers ; lorsqu'il y avait lieu de transmettre un ordre, un officier français du bureau parcourait le camp avec un trompette et un clairon, qui sonnaient la distribution ou l'ordre. Le sous-officier qui avait pris la haute main sur le régiment se rendait au pont du canal pour la distribution ou au bureau de Glaire pour l'ordre.

Il y eut dans la presqu'île environ 65 000 hommes et 10 000 chevaux parqués dans le plus grand désordre.

Autour d'eux, des postes de soldats bavarois, établis sur la rive opposée, entouraient le camp d'un double cordon de sentinelles ; quatre pièces de canon étaient à la tête du pont, braquées sur le campement.

Dans une petite maison ([1]), près des peupliers de l'entrée, le général Ducrot s'était installé ; le général de Galliffet couchait près de là dans une voiture à bagages ; le général Ameil, le général Le Forestier de Vendeuvre et quelques autres dévoués à leurs troupes s'employaient pour elles. Grâce à eux, quelques maigres distributions purent être faites dans la suite. Ceux qui furent au *Camp de la Misère* conserveront toujours la mémoire du général Ducrot.

Les hommes ont emporté du sucre, du café, du biscuit ; ils font cuire des pommes de terre, dont ils sont largement pourvus, et nourrissent leurs officiers.....

Les chevaux mangent des betteraves.

Les petites tentes qu'on a pu sauver sont dressées, dans l'eau,

_____

([1]) La maison Herck.

dans la boue ; chacun, s'ingéniant à se créer un abri, cherche à se garantir de l'humidité du sol ; des branchages, des feuilles vertes servaient de couchage.

C'était le luxe des plus heureux.

La pluie tombait à torrents.....

Le 4 septembre, tout le monde écrivit, des délégués de la Convention de Genève parcouraient le camp et prenaient ouvertes les lettres qu'on voulait faire partir ; elles mirent plus d'un mois à parvenir à leurs destinataires : il y a lieu de croire que les autorités allemandes y puisèrent d'utiles renseignements.....

On éprouvait le besoin de revivre son affreux rêve et de mettre un peu d'ordre dans ses idées.

Des officiers prussiens vinrent pour acheter des chevaux ; on leur répondit : « Pris, mais pas à vendre ! » Les nobles bêtes avaient bien mérité ce dernier éloge.

Ils firent leur choix principalement parmi les chevaux de race française ; ils paraissaient ne pas estimer à leur valeur les chevaux arabes, « ces étalons », disaient-ils. Comme ils faisaient emmener leurs prises en main, les chasseurs d'Afrique allèrent détacher quelques chevaux méchants, qui se précipitèrent comme des bêtes féroces : les Allemands lâchèrent tout, en poussant des cris de terreur. Ce bon tour fit du bien un moment.

Mais on ne pouvait plus songer à nourrir les chevaux : il fallait réserver les betteraves, les feuilles ; alors, on leur donna l'écorce des arbres. Néanmoins, ils se mangeaient la crinière et la queue ; ne voulant pas les voir mourir à la corde, chacun, après une dernière caresse, s'en alla sans bruit donner la liberté à son camarade de peine.

Ce fut bientôt un spectacle horrible ; on l'a appelé la *tempête équestre*. Les chevaux entiers, affamés et pleins d'ardeurs, foncèrent tout droit dans les chevaux de France : c'étaient des galopades furieuses. Les trombes de chevaux faisaient retentir le sol clapotant : on entendait comme un sombre roulement, comme le bruit du tonnerre, auquel se mêlaient les cris d'effroi des troupes traversées ; brisant tout sur leur passage, attachés souvent à une même corde comme des boulets ramés, ils allaient par 50, par 100, par 200, renversant tout ; les piquets des cordes ne tenaient plus dans la boue. Plusieurs nuits se passèrent ainsi, sur un qui-vive perpétuel ; les officiers montaient la garde à leur tour et quand le troupeau arrivait ventre à terre, chacun se munissait d'un tison enflammé pris aux feux qu'on entretenait et, le faisant tournoyer, s'efforçait de détourner la tempête.

Au bout de quelques jours, les pauvres bêtes allaient tristement le long de la Meuse, et beaucoup s'y noyèrent en cherchant à étancher leur soif.

Entre temps, les hommes se livraient à des amusements absurdes ; ils poussaient les chevaux à l'eau, s'efforçant de leur faire passer la rivière à la nage pour que les paysans puissent les reprendre, mais les berges étaient si difficiles que beaucoup périrent ; l'autre amusement..... les chevaux entiers s'y prêtaient de leur mieux.

Le 4, les Allemands distribuèrent, par les soins des officiers d'administration français, pour chaque homme un demi-biscuit, 250 grammes de viande, une demi-ration de sucre et café, un peu de riz, un peu de farine ; au 3e chasseurs d'Afrique il y avait, officiers compris, 212 rationnaires ; au 1er hussards, 347 ; au 6e chasseurs, 331.

Il fallait chercher sa vie.....

Les pommes de terre épuisées, les betteraves accompagnaient la viande de cheval ; les pauvres animaux fournissaient aux officiers et aux hommes le fond de leur subsistance ; les cavaliers les plus adroits prenaient au passage les bêtes de plus belle apparence ; on vit des chasseurs se servir du lazzo dont ils avaient connu le maniement au Mexique.....

Les cuirasses servirent d'ustensiles de cuisine. Les caissons d'abord, puis les selles, les colliers, les brides, les harnais remplaçaient le bois qui manquait et tous ces feux de cuirs répandaient dans l'air une odeur infecte. La viande cuite à ces feux était nauséabonde.

Le sel manquait, c'était une grande privation ; les hommes se léchaient les mains.... !

Parfois, quelque voiture de vivres était amenée près du pont vers Glaire, par les soins de l'administration française ; elle était aussitôt pillée ; il se livra là de véritables batailles pour prendre

d'abord, pour conserver ensuite les biscuits ou les moutons maigres qui étaient distribués ; à peine un groupe avait-il sa part
qu'une bande d'affamés se précipitait pour la lui enlever. C'était
la lutte pour l'existence dans toute son horreur. L'égoïsme humain
parut dans toute sa nudité : on se serait égorgé pour un morceau
de pain.

La misère était immense ; des hommes, affamés, mouraient de
faim ; la dysenterie faisait de nombreuses victimes.

Les autres distributions avaient lieu en présence d'un officier
allemand ; elles étaient fort irrégulières.

Jusqu'au 6, on avait accordé aux officiers des permissions pour
aller dans la ville chercher des provisions ; les demandes devinrent
trop nombreuses et à partir de cette date elles ne furent plus
accordées. Alors les officiers cherchaient dans la presqu'île et, à
prix d'or, découvraient une bouteille de vin, un morceau de pain,
un peu de graisse (¹).....

Il était presque impossible de se procurer du tabac.

Malheur à celui qui avait vendu quelque chose ! s'il était découvert, c'était le pillage, c'était la ruine ; les propriétés furent
détruites ; celle de M. Bacot, malgré la présence des généraux
qui s'y étaient réfugiés, avait été mise à sac comme les autres, on
avait tout brisé ; les soldats allaient par bandes et se jetaient sur
les officiers pour les dévaliser.

La propriété de Villette fut respectée, les officiers allemands
s'y étant installés.

Les actes d'indiscipline devinrent si fréquents, que l'autorité
allemande dut intervenir ; en voici la preuve.

Ordre du 7 septembre 1870

Le général commandant les troupes allemandes fait connaître qu'il
rend responsables (sous la surveillance des officiers qui restent et sont
chargés de transmettre les ordres) les sous-officiers de chaque corps

---

(¹) Chez le meunier, 2 boutcilles de vin 40 fr., et encore faut-il aller les prendre la
nuit. Ailleurs un morceau de pain est payé 10 fr., à une femme qu'on a laissé entrer
dans la presqu'île, et tout à l'avenant : 3 kilogr. de saindoux : 80 fr., une livre de sel
3 fr. ; un cardeur de laines qui avait des approvisionnements assez considérables ne
craignait pas de vendre aux hussards un képi de farine 2 fr., 2 fr. 50.....

des actes de désordre et d'indiscipline qui pourraient être commis par leurs hommes.

Ces sous-officiers doivent user de tous les moyens de répression pour se faire obéir.

Toutes les fois qu'il sera nécessaire, les récalcitrants seront remis entre les mains de l'autorité prussienne pour être fusillés.

Les officiers de la division Margueritte ne sortaient qu'entourés de leurs hommes ; le nombre de ceux-ci s'était sensiblement accru : les Allemands, pratiques en toutes choses, avaient renvoyé à la presqu'île tous les hommes pris sur le champ de bataille ; on pouvait, sauf de rares exceptions, considérer les disparus comme morts. A l'appel du 3, le 1er hussards comptait 337 hommes de troupe, parmi lesquels 169 avaient été renvoyés au camp par les Allemands.

L'adjudant Pigot commandait et administrait en réalité le régiment ; sous ses ordres, les maréchaux des logis Savournin et Renouard contribuèrent au maintien de la discipline, tout particulièrement.

La pluie tombait toujours à torrents ; le Camp de la Misère n'était plus qu'un terrain détrempé, boueux, aride, un cloaque, où sans armes, sans aspect, des hommes épuisés, couverts d'uniformes fatigués et sales, erraient tristement en attendant leur tour de départ pour l'Allemagne ; la décomposition des nombreux cadavres empoisonnait l'atmosphère et corrompait l'eau.....

Les Allemands furent obligés de venir enterrer les cadavres.

Les chevaux étaient partis le 5, vers 11h30 ; des ulans les avaient emmenés en main ; les harnachements avaient été presque complètement détruits, les selles brisées.

Le 6, un escadron de hussards dispersés en tirailleurs et armés de grandes branches poussait devant lui comme un troupeau les chevaux qui erraient encore dans la presqu'île ; les pauvres bêtes avaient peine à marcher : un grand nombre se noya, en allant boire.

Le 6, dans la soirée, vers 9 heures, les officiers supérieurs partirent pour Pont-à-Mousson ; ils s'y rendirent à cheval, individuellement, et le 10, à 3 heures, ils partirent pour l'Allemagne, hormis le commandant Noirtin ; cet officier supérieur partit dans un convoi d'officiers subalternes et, bien que surveillé d'une façon spéciale, il réussit à s'échapper à Saint-Mihiel.

Quelque pénible que cela soit à écrire, je ne dois pas taire que certains colonels quittèrent leurs régiments sans serrer la main de leurs officiers, sans leur dire un mot d'adieu.

Le même jour, les Allemands donnèrent à la distribution des bœufs vivants, à raison de 500 grammes par homme, et un quart de ration de sucre et café.

Le 7, un peu de biscuit, du mouton, un quart de café vert et 5 grammes de sel par homme.

Le 9, on toucha aux distributions : un quart de ration de biscuit; un quart de ration de lard, 300 grammes de viande, un vingtième de litre de vin.

Le 10, 250 grammes de viande, une demi-ration de pain.

Ces cinq distributions furent les seules faites du 1er au 10 septembre 1870 par les soins de l'autorité allemande.

La douleur morale ne le cédait en rien aux souffrances physiques de toute sorte dont on était accablé; les bruits qui venaient de France étaient désastreux : on croyait le pays à feu et à sang. *Finis Patriæ !*

On passait le temps à écrire ; on s'informait vingt fois par jour « si son tour viendrait bientôt ». On sortait peu d'ailleurs de son campement ; les mains se serraient en silence : ces loyales étreintes en disaient plus long qu'un long poème ; toutes les amertumes remontaient du cœur aux lèvres muettes de douleur, et les musiques allemandes jouaient toujours en signe d'allégresse.

Jours de misère, d'opprobre et de douleurs.

Le soir venait : les journées de septembre sont déjà courtes, et les tristes nuits arrivaient désirées ; couchés les uns contre les autres sur la terre humide, tous s'efforçaient d'oublier ; au-dessus, la lune blafarde paraissait à travers les gros nuages qui déversaient sans cesse leurs torrents de pluie sur ce troupeau humain, parqué dans la boue.

Que dire de plus ?

Les officiers allaient partir pour l'Allemagne.

Toutes les douleurs n'avaient pas été épuisées : il en restait une plus poignante encore. En exécution des clauses de la capitulation (art. 2 et 3 [¹]), usant de son droit du plus fort, l'ennemi refusa aux officiers la consolation suprême d'emporter leurs armes ; la seule marque d'estime inscrite dans la capitulation ne s'étendait qu'à ceux qui avaient signé le revers !

L'armée de Metz fut mieux traitée.

Les sabres brisés, les revolvers démontés furent jetés dans la Meuse, dans le canal.

Le sacrifice était consommé ; il fallut partir : le 8 (²), le 9, le 10, le 11, le 12, les officiers se séparèrent de leurs hommes et l'on vit alors un spectacle que le vainqueur n'a pas oublié. Les cavaliers, les officiers dans les bras les uns des autres, se serrant les mains, se disaient au revoir, et les larmes coulaient silencieuses le long des joues amaigries.

Nobles cœurs brisés par une séparation attendue, c'était votre glorification. Ils s'aimaient de toutes leurs forces. On a souvent, sans les connaître, reproché aux troupes d'Afrique leur indiscipline ; la cavalerie, quant à elle, a donné à ses détracteurs le plus noble démenti, elle fut inébranlable et la troupe donna l'exemple du dévouement le plus absolu : il n'y eut pas un écart. Les hommes nourrissaient leurs officiers et les soignaient comme des enfants ; ce sont eux qui ont pourvu à tout : nulle part le respect des chefs et l'obéissance ne furent aussi bien observés. C'était d'ailleurs un sentiment naturel, répondant à l'affection que les officiers témoignaient en toutes circonstances à leurs hommes.

Ceux-ci sont tels qu'on les fait ; les officiers ne changeaient pas alors de régiment à chaque grade, l'avancement était plus lent, les hommes restaient bien plus longtemps qu'aujourd'hui : on se connaissait réciproquement de longue date, on s'estimait à sa valeur et la sollicitude pour les besoins de chaque jour était la préoccupation de l'officier de troupe ; aussi, comme ils furent obéis, ces chefs ! comme ils furent secondés, ces officiers ! Pas une défaillance ; leurs cavaliers, sur un signe, se seraient fait tuer jusqu'au dernier.

(¹) Voir le texte aux pièces annexes.

(²) Premier départ le 8 à 10 heures du matin — convoi de 250 officiers, parmi lesquels ceux des chasseurs d'Afrique et du 6ᵉ chasseurs.

Aussi, quelle estime mutuelle! Ce sont des frères d'armes, les uns et les autres sont à hauteur des plus grands sacrifices et, si les circonstances l'exigent, leur valeur morale croît de cent coudées.

Ah! nos soldats! nos braves soldats! aujourd'hui si abattus, comme ils sont beaux quand le danger les transfigure, quand l'amour de leur uniforme les soutient ; parlez-en, ami, à ceux qui les ont commandés et vous verrez couler les larmes de ces vieux capitaines, quand ils vous diront en remuant tristement la tête : « Tout mon pauvre escadron est resté là ! »

Oui, mais ce qu'ils n'ajoutent pas, c'est que des exemples pareils fortifient et rendent meilleur ; ce qu'ils n'ajoutent pas, c'est qu'un jour viendra où nous ferons comme eux et si, ce qu'à Dieu plaise, nous avons le bonheur d'aller au ralliement, les trompettes devant, c'est en nous souvenant d'eux et en évoquant leur héroïque mémoire que chacun de nous s'écriera : En avant ! en avant !

Et nos hommes nous suivront, s'ils nous aiment ; car ce sont des âmes généreuses dont la hauteur repose et console. C'est l'homme qui couvre de son corps le corps de son chef, le corps de son camarade et se dévoue sans calcul, sans arrière-pensée.

Aussi, ne soyez pas surpris, vous qui n'appartenez pas à l'armée, si je serre la main de ce simple cavalier, si je l'embrasse en pleurant quand je me sépare de lui ; c'est mon compagnon d'armes, de misère et de mort. Non, non, ne vous étonnez pas si, rentré dans la vie commune, à la grande surprise de ceux qui me voient faire, je serre en ami la main loyale de cet homme découvert devant moi : *nous étions ensemble* (¹).

Et vous, jeunes officiers qui ne connaissez encore que les espoirs, croyez-moi, aimez vos hommes ! Aimez-les bien...

Les colonnes d'officiers prisonniers furent formées.

Chacun put emmener un cavalier comme ordonnance.

Après de longues heures d'attente, on partait ; quel long sup-

___

(¹) Un jour, au château d'Esclimont, chez le duc de La Rochefoucauld, au milieu d'une foule élégante, le général de Galliffet, alors commandant de corps d'armée, tutoyait le concierge et lui serrait la main ; on paraissait étonné..... « C'est mon camarade de lit », observa simplement le général.

plice ! On traversa d'abord Sedan — tout le monde aux fenêtres, chacun faisait la charité aux prisonniers ; on leur jetait du tabac ! du pain ! et des arrêts, des haltes qui n'en finissaient pas — puis ce fut le faubourg de Balan, les maisons éventrées, Bazeilles — non, les ruines de Bazeilles incendié, rasé, détruit — Douzy, Mairy, Mouzon : nous étions là il y a dix jours, bien beaux, et aujourd'hui.....

Les étapes furent dures : dix ou douze heures de marche (¹), quelle fatigue !

On passait par Stenay, Damvillers, Étain, Gorze, enfin Remilly par Corny ! Les Allemands faisaient voir à leur armée sous Metz les trophées de leur victoire inespérée ; les officiers légèrement blessés étaient entassés dans des charrettes ; les soins leur manquaient.

Enfin, à Remilly, des wagons à bestiaux attendaient les officiers subalternes. Ceux des 1ᵉʳ, 3ᵉ et 4ᵉ chasseurs d'Afrique partirent le 8 et furent transportés à Erfurt, où ils arrivèrent le 14 septembre à 7ʰ30 du soir.

Les sous-lieutenants Dantzer et Villemaine, du 4ᵉ, réussirent à s'évader : le premier à Stenay, le deuxième à Remilly.

Les autres, ceux du 1ᵉʳ hussards, s'acheminèrent le 11 vers Mayence, Wiesbaden, Bonn, Darmstadt et Schwerin par Buzancy, Varennes, Nubécourt-Beauzée, Saint-Mihiel, Bouconville et Pont-à-Mousson, d'où ils partirent en chemin de fer.

Le commandant Noirtin, les sous-lieutenants Geoffroy, de Lachaise et le vétérinaire Taurinet réussirent à s'échapper à Saint-Mihiel ; un maître sellier du 1ᵉʳ hussards, retiré dans cette ville, rendit de grands services aux officiers de son ancien régiment.

Ceux du 6ᵉ chasseurs partirent le 8 pour Mersebourg, où ils arrivèrent le 16, étant partis d'Erfurt à 10ʰ15 du matin.

Les sous-lieutenants Chevillot et Gosselin purent s'échapper

(¹) Le 8, arrivée à 9ʰ30 du soir.
Le 9, départ à 8ʰ30 du matin, arrivée à 5ʰ30 du soir — pluie torrentielle.
Le 10, arrivée à 4 heures du soir, toujours la pluie.
Le 11, dimanche, départ à 8ʰ30 du matin, arrivée à 8ʰ30 du soir.
Le 12, départ à 7 heures du matin, arrivée à minuit !
Enfin le 13, à 2 heures du matin, en chemin de fer.

pendant la route, à Écurey, où la colonne arriva le 9 à 5 heures du soir.

Les hommes partirent un ou deux jours après, sévèrement escortés; le moindre écart était réprimé avec brutalité.

Le 4 septembre, un convoi de prisonniers était parqué à Buzancy, près d'un moulin; pendant la nuit, un soldat de l'escorte fit involontairement partir son arme; au bruit, un poste bavarois, croyant à une surprise, fit feu dans la direction des prisonniers : beaucoup furent atteints, parmi lesquels cinq ou six hommes du 1ᵉʳ hussards, qui, ayant échappé à mille morts trois jours avant, venaient tomber tristement, désarmés.

Quelques officiers étaient restés par ordre pour embarquer les soldats. De Rastignac et Ulrich, au 1ᵉʳ chasseurs d'Afrique, remplirent cette triste mission. Ces deux officiers s'évadèrent en passant à Pont-à-Mousson.

Les hommes du 1ᵉʳ chasseurs d'Afrique furent envoyés à Bonn; 80 environ réussirent à s'évader.

Au 3ᵉ, ils allèrent à Darmstadt et à Giessen; le capitaine Carnaux les embarqua.

Au 4ᵉ, Halberstadt, le capitaine Pordelanne et le lieutenant Prodhomme mirent les hommes en route; le capitaine Pordelanne réussit à gagner la Belgique, mais il y fut interné. Il s'échappa une centaine d'hommes et un très grand nombre de sous-officiers partis comme ordonnances. Du 1ᵉʳ hussards, il y en eut à Stettin, Cologne, Mayence, Coblentz, Dantzig. Peu d'évasions, une quinzaine peut-être.

Au 6ᵉ chasseurs, le capitaine Domon et le sous-lieutenant Cabuchet embarquèrent les hommes pour Magdebourg et Glogau. Quelques-uns furent à Dantzig, d'autres à Erfurt.

Voici le dernier ordre !

ORDRE DU 10 SEPTEMBRE 1870.

Toutes les troupes du 1ᵉʳ corps changeront de campement demain matin, 11 septembre, et viendront se placer en arrière du canal et parallèlement à lui, entre le pont de Glaire et le village de Villette, afin d'être prêtes à partir le 12 au matin. Des ordres ultérieurs seront donnés pour ce départ. MM. les officiers partiront tous demain, 11 septembre à 10 heures du matin; ils devront être rendus à 9h 3o sur la berge du canal à droite du pont de Glaire, ayant derrière eux leurs ordonnances et leurs voitures de bagages. Prière de faire parvenir le plus tôt possible à la maison Herck, bureau des départs, l'effectif de chaque régiment : 1° en sous-officiers, 2° en hommes de troupe, non compris les ordonnances.

La division Margueritte n'existait plus; elle avait pris sa place dans l'histoire.

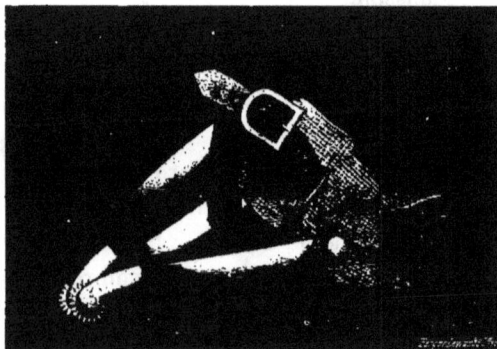

ÉPERONS QUE PORTAIT LE GÉNÉRAL MARGUERITTE
A SEDAN

CONTRÔLES ET TABLEAUX

Contrôles des officiers

Ordre dans lequel les régiments ont chargé

Place de bataille des officiers présents aux charges

Tableaux des pertes subies par les régiments
dans la journée du 1er septembre

1er RÉGIMENT DE CHASSEURS D'AFRIQUE

Contrôle des officiers des escadrons mobilisés

	GRADES	NOMS	PRÉSENTS au départ	PRÉSENTS le 1er septembre	OBSERVATIONS
État-major.	Colonel	Clicquot O✻	1	1	
	Lieutenant-colonel . . .	Ramond O✻.	1	1	
	Chef d'escadrons. . . .	Delorme ✻	1	1	
		Martin de Boulancy.	1	1	
	Capitaines adjudants-majors	Crouzières ✻	1	1	
		Ruinart de Brimont.	1	1	
		Plessis ✻	1	1	
	Sous-lieutenant adjoint au trésorier	Cleroy	1	1	
	Sous-lieutenant porte-étendard	Servat de Laisle	1	»	Resté au détachement de Metz.
	Lieutenant d'état-major.	Tronchet	1	»	
	Médecin-major de 2e cl.	Ferran ✻.	1	1	
	Médecin aide-major de 1re classe	Barthélemy.	1	1	
	Vétérinaire en premier.	Bernis ✻	1	1	
	Aide-vétérinaire	Coupard	1	1	
Embarqués avec l'état-major.	Capitaine instructeur. .	Braun ✻	1	1	Près du général Margueritte.
	Sous-lieutenant	Reverony	1	1	Officier d'ordonnance du général Margueritte.
	—	D'Harcourt.	1	»	Détaché à l'état-major du maréchal de Mac-Mahon.
	—	Murat.	1	»	
3e escadron.	Capitaine commandant.	Fougeras-Lavergnolle ✻ . .	1	1	
	— en second . .	Laffond.	1	1	
	Lieutenant en premier.	Chapt de Rastignac ✻. . . .	1	1	(Bien-Venu-Gabriel).
	— en second. .	Durieux de Marsaguet	1	1	
	Sous-lieutenant	Lardier	1	1	
	—	De Groulard	1	1	
	—	D'Arcy	1	1	
4e escadron.	Capitaine commandant.	Leroy ✻	1	1	
	— en second . .	Cugnot ✻.	1	1	
	Lieutenant en premier.	Jousserandot	1	1	
	— en second. .	Uhucr ✻.	1	1	
	Sous-lieutenant . . .	Delnas de Grammont ✻. . .	1	1	
	—	Ferry de Nieuil.	1	1	
5e escadron.	Capitaine commandant.	Marquier ✻, dit Madelaine .	1	1	
	— en second . .	Faivre ✻	1	1	
	Lieutenant en premier.	Seillier	1	1	
	— en second .	Le Mintier de Saint-André ✻.	1	1	
	Sous-lieutenant	Launet	1	1	
	—	Royer.	1	1	
6e escadron.	Capitaine commandant.	De Bancarel	1	1	
	— en second . .	Laüer ✻.	1	1	
	Lieutenant en premier.	Marulaz ✻	1	1	
	— en second . .	Hunault de la Chevallerie.	1	1	
	Sous-lieutenant	Le Sueur	1	1	
	—	Lagarde.	1	1	
	—	Trieau.	1	1	
		Totaux	44	40	

Nota. — Les officiers sont placés dans les escadrons auxquels ils appartenaient le 1er septembre 1870.

1ᵉʳ RÉGIMENT DE CHASSEURS D'AFRIQUE

Ordre dans lequel la colonne a chargé le soir
Place de bataille des officiers présents à la charge le soir

ORDRE de charge	NUMÉROS des escadrons	NUMÉROS des pelotons	GRADES	NOMS DES OFFICIERS	OBSERVATIONS
			Colonel	CLICQUOT	Blessé mortellement pendant la charge, mort à Sedan.
			Lieutenant-colonel . . .	RAMOND	Blessé à la main en chargeant, pris et soigné à l'ambulance de Floing.
			Capitaines adjudants-majors.	CROUZIÈRES	»
				DE BRIMONT	Cheval tué en chargeant.
			Sous-lieutenant adjoint au trésorier	CLÉROY	Pris sous son cheval tué.
1ᵉʳ	3ᵉ		Chef d'escadrons . . .	DE BOULANCY . . .	
			Capitaine commandant.	FOUGERAS - LAVERGNOLLE.	Deux chevaux tués dans les lignes prussiennes.
			Capitaine en second . .	LAFFOND.	Cheval tué dans les lignes prussiennes.
		1ᵉʳ	Lieutenant en premier.	DE RASTIGNAC . . .	Id.
			Capitaine adjudant-major	PLESSIS	Blessé à la tête en chargeant.
				DE GROULARD . . .	Deux blessures en chargeant, à l'épaule et aux reins, pris et conduit à l'ambulance de Floing.
		1ᵉʳ			
		2ᵉ	Sous-lieutenants	LARDIER.	Cheval tué au moment du départ de la charge.
		3ᵉ		D'ARCY	Cheval tué dans les lignes prussiennes, fait prisonnier et conduit à Floing.
		4ᵉ	Lieutenant en second. .	DE MARSAGUET. . .	Blessé mortellement en chargeant, mort sur le champ de bataille.
2ᵉ	4ᵉ		Capitaine commandant.	LEROY.	Blessé dans une des charges partielles, cheval tué.
			— en second . .	CUGNOT	Blessé mortellement en chargeant, mort sur le champ de bataille.
		1ᵉʳ	Lieutenant en premier.	JOUSSERANDOT . . .	Blessé gravement en chargeant.
		2ᵉ	Sous-lieutenants	DE GRAMMONT . . .	Tué en chargeant.
		3ᵉ		DE NIEUIL	Id.
		4ᵉ	Lieutenant en second. .	ULRICH	Cheval tué.
3ᵉ	5ᵉ		Chef d'escadrons. . . .	DELORME.	Tombé avec son cheval pendant la charge.
			Capitaine commandant.	MARQUIER	Blessé mortellement pendant la charge, mort à Sedan.
			— en second . .	FAIVRE	Cheval tué au ralliement.
		1ᵉʳ	Lieutenant en premier.	SEILLIER.	Id.
		2ᵉ	Sous-lieutenants . . .	LAUNET	»
		3ᵉ		ROYER.	Cheval tué pendant la charge.
		4ᵉ	Lieutenant en second. .	LE MINTIER	Tué au premier ralliement.
4ᵉ	6ᵉ		Capitaine commandant.	DE BANCAREL . . .	Cheval tué au ralliement.
			— en second . .	LAUER.	3 chevaux tués { 1 à la charge du matin. / 1 pendant la traversée du bois. / 1 pendant la charge du soir.
		1ᵉʳ	Lieutenant en second. .	DE LA CHEVALLERIE.	Blessé à la tête au départ de la charge.
		1ᵉʳ		ERIEAU	Cheval tué dans une des charges partielles.
		2ᵉ	Sous-lieutenants	LE SUEUR	Id.
		3ᵉ		LAGARDE.	Cheval tué pendant la charge.
		4ᵉ	Lieutenant en premier.	MARULAZ.	Id.
			Vétérinaire en premier.	BERNIS.	

NOTA. — Le médecin-major FERRAN et le médecin aide-major BARTHÉLEMY avaient mis pied à terre pour soigner les blessés, au moment même de la charge du soir:

L'aide-vétérinaire COUPARD, était absent au moment de la charge.

1er RÉGIMENT DE CHASSEURS D'AFRIQUE

Tableau des pertes

UNITÉS	EFFECTIF le 1er septembre au matin		EFFECTIF le 2 septembre au matin		PERTES ÉPROUVÉES LE 1er SEPTEMBRE				
					Officiers			Troupe	
	Officiers	Troupe	Officiers	Troupe	Tués	Blessés	Disparus	Tués	Blessés
État-major.	12	»	8	»	1	2	1	»	»
3e escadron	7	95	4	42	1	1	1	26	27
4e escadron	6	85	1	40	3	2	»	23	22
5e escadron	6	105	4	44	2	»	»	32	29
6e escadron	7	110	6	61	»	1	»	26	23
TOTAL.	38	395	23	187	7	6	2	107	101
TOTAUX.	433		210		223				
					433				

NOTA. — Il n'a pas été tenu compte dans ce tableau des blessures qui n'ont pas nécessité l'entrée à l'ambulance. Il n'a pas été davantage fait mention des cavaliers disparus, en petit nombre d'ailleurs, le régiment n'ayant été engagé qu'une seule fois. Les cinq hommes du petit état-major ont dû être compris dans l'effectif d'un escadron, probablement le 6e. Le nombre des prisonniers qui se sont échappés pendant le trajet vers l'Allemagne est d'environ 80. La plupart se sont évadés à Pont-à-Mousson, dont les habitants se souvenaient du brillant coup de main du 11 août.

Le sous-lieutenant LE SUEUR, faisant fonctions d'officier payeur, a touché le 1er septembre la solde pour 38 officiers et 395 hommes.

3e RÉGIMENT DE CHASSEURS D'AFRIQUE

Contrôle des officiers des escadrons mobilisés

	GRADES	NOMS	PRÉSENTS au départ	PRÉSENTS le 1er septembre	OBSERVATIONS
État-major.	Colonel	DE GALLIFFET O✻. . . .	1	1	
	Lieutenant-colonel. . .	DE LINIERS ✻.	1	1	
	Chefs d'escadrons. . .	DEMANGEON ✻.	1	1	
		LAIGNEAU O✻.	1	1	
	Capitaines adjudants-	ROUX ✻.	1	1	Entré à l'hôpital de Sainte-Me-
	majors	JEANTET ✻.	1	»	nehould le 22 août.
	Sous-lieut. adj. au trés.	QUENEAU ✻.	1	1	
	Sous-lieut. porte-étend.	PFEIFFER.	1	1	
	Lieutenant d'état-maj.	LORAIN.	1	»	Resté à Metz à l'état-major de la division.
	Médecin-major de 2e cl.	THOMAS ✻.	1	1	
	Médecin aide-major de 1re classe	PINEAU ✻.	1	1	
	Vétérinaire en premier.	VILAIN ✻.	1	1	
	Aide-vétérinaire. . . .	JEOFFROY	1	1	
Ne comptant pas dans les escadrons.	Capitaine en second. .	BROSSIER DE BUROD ✻. .	1	»	Resté à Metz, officier d'ordon- nance du général du Barail.
	Lieutenants en second.	BLEICHNER ✻.	1	»	Resté au détachement de Metz.
		BURTHEZ.	1	»	Entré à l'hôpital de Metz le 11 août.
1er escadron.	Capitaine commandant.	ROZIER DE LINAGE ✻. . .	1	1	
	— en second . .	DE VALENTIN DE LATOUR.	1	1	
	Lieutenant en premier.	DE BERGEVIN.	1	1	
	— en second .	DE PIERRES	»	1	Promu lieutenant après le départ, rejoint le régiment à Beaumont.
		DE BOIGUÉHÉNEUC	1	1	
		JARDEL	1	1	
	Sous-lieutenants. . . .	BAILLOUD	»	1	Stagiaire d'état-major, rejoint à Lunéville.
		DE KERGARIOU (Paul-Gas- ton-Antoine-Marie). . .	»	1	Récemment promu, arrivé au ré- giment à Toulon le 1er août.
2e escadron.	Capitaine commandant.	DE VARAIGNE DU BOURG ✻.	1	1	
	— en second . .	LECLÈRE ✻.	1	1	
	Lieutenant en premier.	DE LA MOUSSAYE.	»	1	Détaché à Saumur, rejoint le ré- giment à Toulon le 1er août.
	— en second .	RENAULT ✻.	1	1	
	Sous-lieutenants. . . .	ZWENGER ✻.	1	1	
		PETIT	1	1	
		BADENHUYER.	1	1	
3e escadron.	Capitaine commandant.	RAPP ✻.	1	1	
	— en second .	CARNAUX ✻.	1	1	
	Lieutenant en premier.	LECLERC	1	1	
	— en second .	DE GANAY	1	1	
		DAUSTEL.	1	1	
	Sous-lieutenants. . . .	GRAVIER DE VERGENNES. .	1	1	
		DE COURS	1	1	
6e escadron.	Capitaine commandant.	GELEZ ✻	1	1	
	— en second . .	VAN SCHALKWYCK DOISAU- BIN	1	1	
	Lieutenant en premier.	TRIBOULET.	1	1	
	— en second .	GROS	1	1	
	Sous-lieutenants. . .	DE FITZ-JAMES.	1	1	
		FRIÉDEL	»	1	Sous-officier promu sous-lieute- nant pendant la campagne.
		TOTAUX	39	39	

NOTA. — Les officiers sont placés dans les escadrons auxquels ils appartenaient le 1er septembre 1870.

3ᵉ RÉGIMEN

Ordre dans lequel le régiment a chargé le matin. —

(Avant d'ab

Commᵗ Demangeon
⊙

De Linage   De Varaigne
○   De Latour   Leclère   ○
                ○   ○

1ᵉʳ	2ᵉ	3ᵉ	4ᵉ		1ᵉʳ	2ᵉ	3ᵉ
De Bergevin le Kergariou	De Boisguéhéneuc	Jardel	De Pierres Bailloud		De La Moussaye Badenhuyer	Zwenger	Petit

○   ○   ○
Dʳ Thomas   Dʳ Pineau   Vʳᵉ Jeoffroy

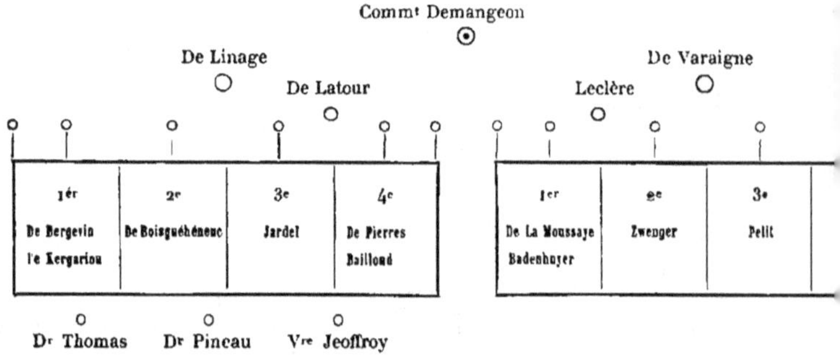

État-major . . .
{
Général DE GALLIFFET.
Lieutenant-colonel DE LINIERS, légèrement blessé à la main.
Chefs d'escadrons DEMANGEON, LAIGNEAU.
Capitaine ROUX, cheval tué après le passage du chemin.
Sous-lieutenant adjoint au trésorier GUENEAU.
      —   porte-étendard PFEIFFER.
Dʳˢ THOMAS, PINEAU.
Aide-vétérinaire JEOFFROY.
}

1ᵉʳ ESCADRON	2ᵉ ESCADRON
Capi- { commandant. DE LINAGE. taines { en second . . DE LATOUR, un cheval tué, pris dans Floing. Lieute- { en premier. . DE BERGEVIN. nants { en second . . DE PIERRES. Sous-lieutenants. . . . { DE BOISGUÉNÉHEUC. JARDEL, tué dans la mêlée. BAILLOUD, DE KERGARIOU.	Capi- { commandant. DE VARAIGNE. taines { en second . . LECLÈRE. Lieute- { en premier, . DE LA MOUSSAYE. nants { en second . . RENAULT, tué dans la ZWENGER, blessé mor au demi-tour, mort Sous-lieutenants. . . . { PETIT. BADENHUYER.

NOTA. — Le vétérinaire en premier VILAIN, égaré dans le bois de la Garenne avant la charge, a gagné la

EURS D'AFRIQUE

ille des officiers présents à la charge du matin

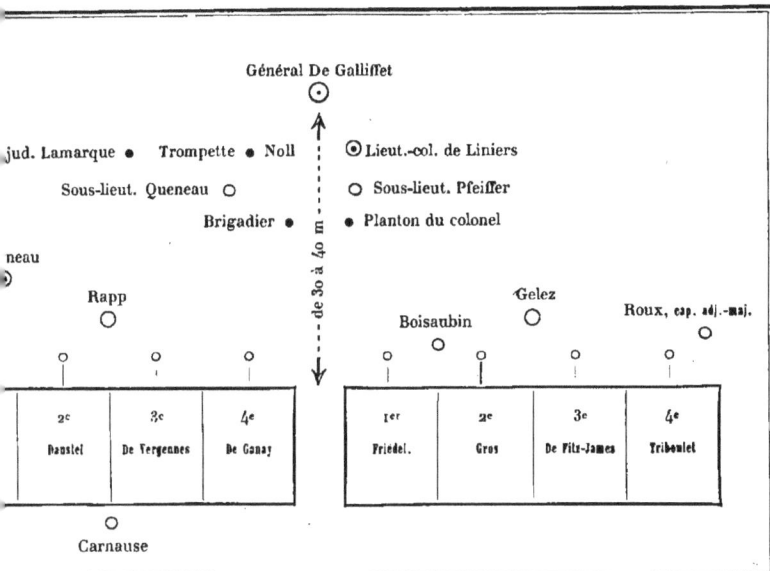

nin d'Illy)

Général De Galliffet
⊙

jud. Lamarque ●   Trompette ● Noll   ⊙ Lieut.-col. de Liniers

Sous-lieut. Queneau ○   ○ Sous-lieut. Pfeiffer

Brigadier ●   ● Planton du colonel

neau

de 30 à 40 m

Rapp   Gelez   Roux, cap. adj.-maj.
○   Boisaubin   ○   ○
                            ○
○   ○   ○   ○   ○   ○   ○

2ᵉ	3ᵉ	4ᵉ		1ᵉʳ	2ᵉ	3ᵉ	4ᵉ
Daustel	De Vergennes	De Ganay		Friédel.	Gros	De Fitz-James	Triboulet

○
Carnause

3ᵉ ESCADRON	4ᵉ ESCADRON
commandant. RAPP.	Capi- commandant. GELEZ.
en second . . CARNAUSE.	taines en second . . BOISAUBIN, un cheval tué.
en premier. . LECLERC, tué; son cheval tué en descendant à la charge.	Lieute- en premier. . TRIBOULET, blessé à l'épaule après le passage du chemin.
en second . . DE GANAY, blessé; son cheval tué, pris sur le terrain.	nants en second . . GROS.
tenants. . . . DAUSTEL. DE VERGENNES, tué dans la mêlée. DE COURS, blessé au passage du chemin, pris dans Illy.	Sous-lieutenants. . . . DE FITZ-JAMES, un cheval tué, pris dans Illy. FRIÉDEL.

e de Bouillon.

3ᵉ RÉGIME

Le régiment en bataille avant la charge du soir —

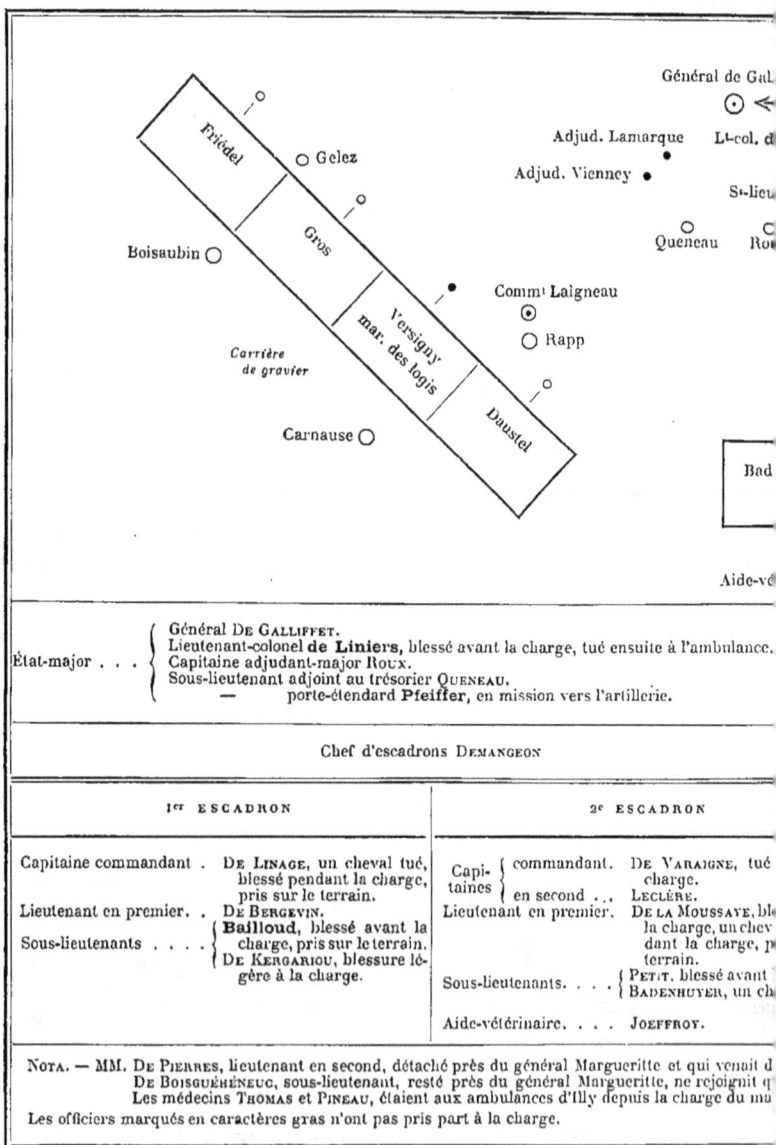

(Un

Général de Gal

⊙ ◄

Friedel

○ Gelez

Adjud. Lamarque   Lᵗ-col. d

Adjud. Vienney ●

Sᵗ-lieu

Gros

○
Queneau   Ro

Boisaubin ○

Versigny
mar. des logis

Commᵗ Laigneau
⊙

○ Rapp

Carrière
de gravier

Daustel

Carnause ○

Bad

Aide-vé

État-major . . .
- Général De Galliffet.
- Lieutenant-colonel de Liniers, blessé avant la charge, tué ensuite à l'ambulance.
- Capitaine adjudant-major Roux.
- Sous-lieutenant adjoint au trésorier Queneau.
- — porte-étendard Pfeiffer, en mission vers l'artillerie.

Chef d'escadrons Demangeon

1ᵉʳ ESCADRON		2ᵉ ESCADRON	
Capitaine commandant .	De Linage, un cheval tué, blessé pendant la charge, pris sur le terrain.	Capi- { commandant. taines { en second ...	De Varaigne, tué charge. Leclère.
Lieutenant en premier. .	De Bergevin.	Lieutenant en premier.	De la Moussaye, bl la charge, un chev
Sous-lieutenants	{ Bailloud, blessé avant la charge, pris sur le terrain. { De Kergariou, blessure légère à la charge.		dant la charge, p terrain.
		Sous-lieutenants. . . .	{ Petit, blessé avant { Badenhuyer, un ch
		Aide-vétérinaire. . . .	Joeffroy.

Nota. — MM. De Pierres, lieutenant en second, détaché près du général Margueritte et qui venait d
De Boisguéhéneuc, sous-lieutenant, resté près du général Margueritte, ne rejoignit q
Les médecins Thomas et Pineau, étaient aux ambulances d'Illy depuis la charge du ma
Les officiers marqués en caractères gras n'ont pas pris part à la charge.

EURS D'AFRIQUE

ille des officiers présents à la charge du soir
e départ)

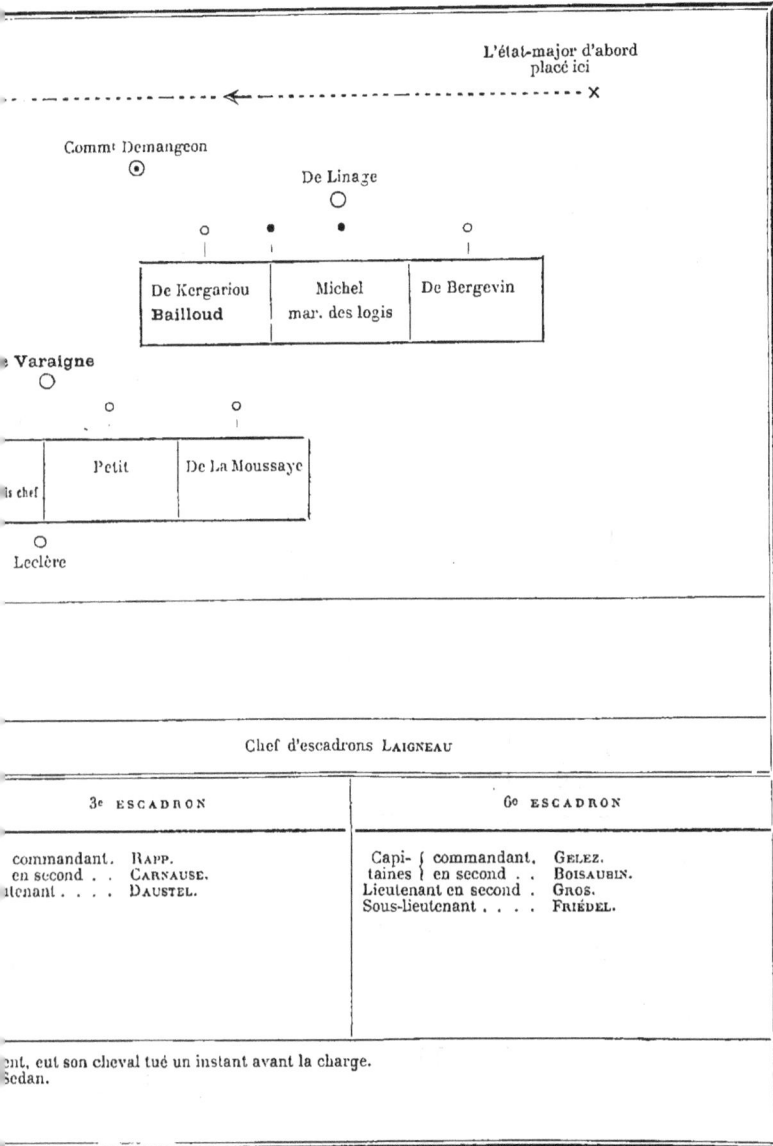

L'état-major d'abord
placé ici

◄ - X

Comm^t Demangeon
⊙

De Linage
○

     ○   ●   ●   ○

De Kergariou Bailloud	Michel mar. des logis	De Bergevin

Varaigne
○

   ○   ○

s chef	Petit	De La Moussaye

○
Leclère

Chef d'escadrons LAIGNEAU

3e ESCADRON	6e ESCADRON
commandant. RAPP.	Capi- { commandant. GELEZ.
en second . . CARNAUSE.	taines { en second . . BOISAUBIN.
atenant . . . . DAUSTEL.	Lieutenant en second . GROS.
	Sous-lieutenant . . . . FRIÉDEL.

ent, eut son cheval tué un instant avant la charge.
Sedan.

3e RÉGIMENT DE CHASSEURS D'AFRIQUE

Tableau des pertes

UNITÉS	EFFECTIF le 1er septembre au matin		EFFECTIF le 2 septembre au matin		PERTES ÉPROUVÉES LE 1er SEPTEMBRE Officiers			PERTES ÉPROUVÉES LE 1er SEPTEMBRE Troupe	
	Officiers	Troupe	Officiers	Troupe	Tués	Blessés	Disparus	Tués	Blessés ou disparus
État-major.........	11	»	9	»	1	»	1	»	»
Petit état-major....	»	5	»	3	»	»	»	»	2
1er escadron.......	8	104	4	56	1	2	1	23	25
2e —	7	117	2	24	3	2	»	30	63
3e —	7	108	3	49	2	2	»	17	42
6e —	6	103	4	74	1	»	1	12	17
TOTAUX.....	39	437	22	206	8	6	3	82	149
TOTAUX GÉNÉRAUX......	476		228		248			476	

NOTA. — Les totaux de ce tableau sont extraits d'une lettre adressée par le général de Galliffet, dans le courant d'octobre 1870 et datée d'Ems.

Les chiffres partiels des pertes dans les escadrons ont été relevés par le sous-lieutenant porte-étendard Pfeiffer, et sont d'accord avec ceux fournis par les capitaines commandants, sous la réserve que le total des hommes à cheval, 437, doit être diminué d'une trentaine pour avoir le chiffre exact des combattants. Trente hommes environ portés disparus rentrèrent au corps, trente-six évasions réussirent ; ces cavaliers furent reconduits à Constantine par le sous-lieutenant Pfeiffer qui put aussi s'évader.

Enfin comme sanction du chiffre, 206 présents le 2 au matin, le bon fourni le 5 septembre à l'autorité allemande pour une distribution de biscuit dans la presqu'île d'Iges porte 212 rations pour officiers et hommes présents.

4ᵉ RÉGIMENT DE CHASSEURS D'AFRIQUE

Contrôle des officiers des escadrons mobilisés

	GRADES	NOMS	PRÉSENTS au départ	PRÉSENTS le 1ᵉʳ septembre	OBSERVATIONS
État-major.	Colonel.	DE QUÉLEN ✻.	1	1	
	Lieutenant-colonel. . .	LAMBERT ✻.	1	1	
	Chefs d'escadrons. . .	GAY DE VERNON ✻. . . .	1	1	
		ARCHAMBAULT ✻.	1	1	
	Capitaines adjudants-majors	LAVIE ✻.	1	1	
		HENRY DE KERMARTIN . .	1	1	
	Sous-lieut. adj. au trés.	DANTZER.	1	1	
	Sous-lieut. porte-étend.	MARC	1	1	Dans Sedan avec les hommes à pied.
	Lieutenant d'état-maj.	LAPLACE	1	»	A quitté le régiment à Tourteron, attaché à un général.
	Médecin-maj. de 2ᵉ cl.	BELAY	1	1	
	Méd. aide-major 1ʳᵉ cl.	LETELLIER	1	1	
	Vétérinaire en premier.	PATÉ ✻	1	1	
	Aide-vétérinaire. . . .	HENRIOT	1	1	
Ne comptant pas dans les escadrons	Capitaine en second. .	PORDELANNE	1	1	Nouvellement promu, détaché près du général Margueritte.
	Lieutenant en second (2ᵉ escadron).	AMEIL	1	»	Détaché près de son père, le général baron Ameil, command⁴ la divis. de cavalerie du 7ᵉ corps.
	Lieutenant en premier (5ᵉ escadron).	DE PEYTES DE MONCABRIÉ.	1	»	Emmené par le colonel comme officier d'armement.
	Lieutenant en second.	BERNARD.	»	»	Était en congé, rejoint à Châlons et attaché à un ét.-maj. à Rethel.
1ᵉʳ escadr.	Capitaine commandant	PUJADE.	1	1	
	Capitaine en second. .	DESCHARMES	1	1	
	Lieutenant en premier.	DE MONTFORT.	1	1	
	Lieutenant en second.	de la HAMAYDE (Charles-Thierry).	1	1	
	Sous-lieutenants. . . .	RIVOIRE	1	1	
		MARMIN ✻.	1	1	
		JACQUES.	1	1	
2ᵉ escadron.	Capitaine commandant	MARLIEN ✻.	1	1	
	Capitaine en second. .	CASTELLO ✻	1	1	
	Lieutenant en premier.	DE TARRAGON	1	1	
	Lieutenant en second.	DU BLAISEL.	1	1	Nouvellement promu, emmené par le colonel.
	Sous-lieutenants. . . .	VILLEMAINE.	1	1	
		SOLANGE.	»	1	Sous-officier nouvellement promu ne comptait pas dans l'effectif des officiers au départ.
		HÉRON DE VILLEFOSSE. . .	»	1	
3ᵉ escadron.	Capitaine commandant	GRENIER ✻.	1	1	
	Capitaine en second.	SCHÜRR ✻	1	1	
	Lieutenant en premier.	PEFFAULT DE LATOUR. . .	1	1	
	Lieutenant en second.	PRODHOMME.	1	1	
	Sous-lieutenants. . . .	DE LASCOUS.	1	1	
		DE BOISAIRAULT.	»	1	Était à Saumur, a rejoint.
		BÈS	1	1	
4ᵉ escadron.	Capitaine commandant	TOURNIER ✻	1	1	
	Capitaine en second. .	DUVAL.	1	1	
	Lieutenant en premier.	PARIS ✻.	1	1	
	Lieutenant en second.	DE ROQUEFEUIL.	1	1	
	Sous-lieutenants. . . .	DE GUIROYE	1	1	
		PERROT.	1	1	
		COURTÈS-LAPEYRAT. . . .	1	1	
		TOTAUX.	41	42	

NOTA. — Les officiers sont placés dans les escadrons auxquels ils appartenaient le 1ᵉʳ septembre.

4ᵉ RÉGIMENT DE CHASSEURS D'AFRIQUE

État des officiers après la séparation du régiment en deux tronçons

ÉTAT-MAJOR

Colonel	**de Quélen**	Lieutenant adjoint au trésr.	**Dantzer**
Lieutenant-colonel. . . .	LAMBERT	Capitaine en second. . .	PORDELANNE
Chefs d'escadrons. . . .	DE VERNON et ARCHAMBAULT	Lieutenant en premier. . .	de Moncabrié
Capitaines adjud.-majors.	LAVIE et de KERMARTIN		

1ᵉʳ ESCADRON

Capitaine . . . . . DESCHARMES
Lieutenant en 2ᵉ . . . DE LA HAMAYDE
Sous-lieutenants . . { Rivoire / Marmin / JACQUES

2ᵉ ESCADRON

Capitaine commandt. MARLIEN
Capitaine en 2ᵉ . . . Castello
Lieutenant en 1ᵉʳ. . . DE TERRAGON
Sous-lieutenants. . { Villemaine / Solange / de Villefosse

3ᵉ ESCADRON

Capitaine commandt. Grenier
Capitaine en 2ᵉ . . . . Schürr
Lieutenant en 1ᵉʳ. . . DE LATOUR
Lieutenant en 2ᵉ . . . Prodhomme
Sous-lieutenant . . . Bès

4ᵉ ESCADRON

Capitaine commandt. TOURNIER
Capitaine en 2ᵉ . . . . Duval
Lieutenant en 1ᵉʳ . . . PARIS
Lieutenant en 2ᵉ . . . de Roquefeuil
Sous-lieutenants. . { de Guiroye / Perrot / COURTÈS

Récapitulation. { Les noms en caractères gras sont avec le colonel 16
Les noms en petites capitales sont avec le lieutenant-colonel . . . . 16 } 32 officiers.

NOTA. — MM. le sous-lieutenant porte-étendard MARC était aux remparts de Sedan avec les hommes à pied.
le médecin-major BELAY et le médecin aide-major LETELLIER étaient aux ambulances d'Illy depuis la charge du matin.
l'aide-vétérinaire HERNIOT était entré dans Sedan avec l'infirmerie.

Pertes depuis le matin : MM. le sous-lieutenant de LASCOUX, blessé avant la charge.
le capitaine commandant PUJADE, tué à la charge.
le lieutenant en premier de MONTFORT, blessé à la charge et pris sur le terrain.
le sous-lieutenant de BOISAIRAULT, tué dans la traversée du bois.
le lieutenant en second du BLAISEL, prisonnier après la traversée du bois.
le vétérinaire PATÉ, égaré au moment de la charge du matin, est passé en Belgique.

... E RÉGIMENT DE CHASSEURS D'AFRIQUE

La fraction du régiment en bataille, avant la charge du soir
Place de bataille des officiers présents à la charge du soir

Lieut.-col. Lambert.

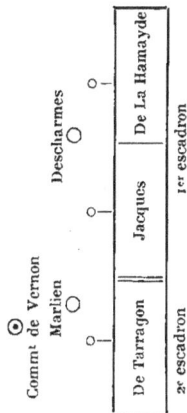

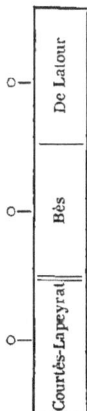

Commt Archambault   Commt de Vernon

Lavie   De Kermartin   Marlien   Descharmes

| Courtès-Lapeyrat | Bès | De Lalour | | De Tarragon | Jacques | De La Hamayde |

4e escadron   3e escadron   2e escadron   1er escadron

Tournier

État-major. . .	Lieutenant-colonel. . .	LAMBERT.
	Chefs d'escadrons. . .	DE VERNON, un cheval tué pendant la charge. ARCHAMBAULT, un cheval tué.
	Capitaines adjudants-majors. .	LAVIE. LE KERMARTIN, blessé d'une balle au pied gauche après la charge.

1er ESCADRON	2e ESCADRON	3e ESCADRON	4e ESCADRON
Capitaine en second.	Capitaine commandant.	Lieutenant en premier.	Capitaine commandant.
Lieutenant en premier.			Sous-lieutenant . . . .
Lieutenant en second			
Sous-lieutenant. . .		Sous-lieutenant. . .	

1er ESCADRON		2e ESCADRON		3e ESCADRON		4e ESCADRON	
Capitaine en second.	DESCHARMES, blessé d'une balle à la cuisse droite.	Capitaine commandant.	MARLIEN.	Lieutenant en premier.	DE LATOUR.	Capitaine commandant.	TOURNIER.
Lieutenant en premier.	DE LA HAMAYDE.	Lieutenant en premier.	DE TARRAGON.		BÈS.	Sous-lieutenant	COURTÈS-LA-PEYRAT.
Lieutenant en second	JACQUES.						
Sous-lieutenant. . .				Sous-lieutenant. . .			

NOTA. — M. PORDELANNE, capitaine, détaché près du général Marguerite.

4e RÉGIMENT DE CHASSEURS D'AFRIQUE

Tableau des pertes

UNITÉS	EFFECTIF le 1er septembre au matin		EFFECTIF le 2 septembre au matin		PERTES ÉPROUVÉES LE 1er SEPTEMBRE					
	Officiers	Troupe	Officiers	Troupe	Officiers			Troupe		
					Tués	Blessés	Disparus	Tués	Blessés	Disparus
État-major.............	14	»	12	»	»	2	»	1 (a)	»	»
Petit état-major........	»	6	»	5	»	»	»	»	»	»
1er escadron..........	7	105	4	57	1	2	»	7	16	25
2e —	7	105	6	(89) 67	»	»	1	(8) 4	8	26
3e —	7	105	5	72	»	1	1	2	5	26
4e —	7	105	6	72	1	1	»	2	5	26
TOTAUX........	42	426	33	273	2	6	1	16	34	103
TOTAUX GÉNÉRAUX......	468		306		162			468		

NOTA. — Les chiffres marqués en chiffres *italiques* ont été établis contradictoirement, la liste des tués et blessés porte les numéros matricules, mais ne donne pas les escadrons ; cette recherche peut se faire dans les documents du ministère de la guerre, mais présente en réalité peu d'intérêt, les pertes portant principalement sur le 1er escadron, déjà fort éprouvé à la charge du matin. Les chiffres ordinaires du 2e escadron sont donnés par le capitaine commandant Marlien, qui a sans doute compris dans le chiffre de huit tués un certain nombre de disparus ; le 2, à l'appel, il manquait 162 hommes et 238 chevaux ; les disparus rallièrent peu après le régiment.

Il y eut une centaine d'évasions.

Les totaux sont absolument exacts.

(a) Adjudant Noël, sous-lieutenant nouvellement promu au 8e hussards.

1ᵉʳ RÉGIMENT DE HUSSARDS

Contrôle des officiers des escadrons mobilisés

	GRADES	NOMS	PRÉSENTS au départ	PRÉSENTS le 1ᵉʳ septembre	OBSERVATIONS
État-major	Colonel.	DE BAUFFREMONT O✳. . .	I	I	
	Lieutenant-colonel. . .	DE GANTÉS O✳.	»	I	Nouvellement promu, venant des cuirass. de la Garde, a rejoint le 4 août le régim. et remplacé le lieut-col. Boby de la Chapelle passé aux dragons de l'Impératrice.
	Chefs d'escadrons. . .	BRISSAUD-DESMAILLET ✳ .	I	I	
		NOIRTIN ✳.	I	I	
	Capitaines adjudants-majors	COMONT ✳.	I	I	
		HANRYÉ	I	I	
	Sous-lieut. adj. au trés.	GOUGAULT	I	I	
	Sous-lieut. porte-étend.	TUAILLON ✳	I	I	Dans Sedan avec le convoi.
	Lieutenant d'état-maj.	DE REY	I	I	Détaché, 28 août, près génᵃˡ Margueritte.
	Médecin-maj. de 2ᵉ cl.	KRUG-BASSE	I	I	
	Méd. aide-major 1ʳᵉ cl.	SENUT	I	I	
	Vétérinaire en premier.	TAURINES.	I	I	Dans Sedan avec le convoi.
	Aide-vétérinaire. . . .	BERNARD.	I	I	
1ᵉʳ escadron	Capitaine commandant	LABORIE ✳.	I	I	
	Capitaine en second. .	BELLOME ✳.	I	I	
	Lieutenant en premier.	GAULTIER ✳	I	I	
	Lieutenant en second.	BUTON.	I	I	
	Sous-lieutenants. . . .	DE LINIERS	I	I	
		DE LACHAISE.	I	I	
2ᵉ escadron	Capitaine commandant	DUPRÉ ✳.	I	»	Chef d'escadrons 7ᵉ chasseurs, a rejoint son nouveau corps.
	Capitaine en second. .	RICHARD DE TUSSAC ✳ . .	I	»	Dét. état-maj. du maréchal de Mac-Mahon.
	Lieutenant en premier.	LAURENS DE WARU. . . .	»	I	
	Lieutenant en second.	DE JUNQUIÈRES.	I	I	
		BASTARD.	I	»	Entré le 26 août à l'hôpital de Sedan.
		BIGNON.	I	I	Dans Sedan avec le convoi.
	Sous-lieutenants. . . .	BULLOT.	I	I	
		DU QUESNOY	»	I	Arrivé au régim. 4 août, camp de Châlons, nouvellement promu.
		LANDAS	»	I	Arrivé au régim. 4 août, camp de Châlons, venant de l'École d'état-major licenciée.
3ᵉ escadron	Capitaine commandant	PIQUET DE PRESSAC ✳ . .	I	I	
	Capitaine en second. .	GODARD-DESMAREST. . . .	I	I	
	Lieutenant en premier.	VEDRÈNES ✳.	I	I	
	Lieutenant en second.	BIZOT	I	I	
	Sous-lieutenants. . . .	GEOFFROY ✳.	I	I	
		ARÈNE ✳.	I	I	
		D'ASSAILLY	»	I	Arrivé au régiment le 4 août, au camp de Châlons, nouvellement promu.
5ᵉ escadron	Capitaine commandant	ALBARET ✳.	I	I	
	Capitaine en second. .	DE MULLENHEIM.	I	I	Détaché près du général Tilliard.
	Lieutenant en premier.	DE THOMASSIN	I	I	
	Lieutenant en second.	CAUSSADE	I	I	
	Sous-lieutenants. . . .	DE SAINT-GEORGES SIBRA.	I	I	
		CAILLÉ.	I	I	
		DE CHALÉON	I	I	
6ᵉ escadron	Capitaine commandant	DE BONNEVAL ✳	I	I	
	Capitaine en second. .	DE BULLET ✳.	I	I	
	Lieutenant en premier.	RESSAYRE	I	I	
	Lieutenant en second.	DENIS DE SENNEVILLE. . .	I	I	Détaché, 18 août, près génᵃˡ Margueritte.
	Sous-lieutenants. . . .	DE FARCONET.	I	I	
		CLAOUÉ.	I	I	
		HUBERT-DELISLE	I	I	
		TOTAUX. . . .	44	46	

NOTA. — Les officiers sont placés dans les escadrons auxquels ils appartenaient le 1ᵉʳ septembre 1870.

1ᵉʳ RÉGIMENT DE HUSSARDS

Ordre dans lequel le régiment a chargé — Place de bataille des officiers présents à la charge

A ces officiers il faut ajouter pour compléter le contrôle :

MM. Tuaillon sous-lieuten., porte-étendard,

Bignon, sous-lieuten.,

Taurines, vétérinaire en premier,

qui, attachés au convoi et à l'infirmerie depuis leur départ de Châlons, étaient le 1ᵉʳ septembre dans Sedan.

M. De Lachaise parvint à s'évader.

1ᵉʳ escadron.

⊙ De Gantès   ○ Adjud. Pigot

⊙ Laborie

| 4ᵉ Buton | 3ᵉ De Lachaise | 2ᵉ Sokolesky (¹), mar. des logis chef | 1ᵉʳ Gaultier |

○ Dʳ Krugg-Bass   ○ Bellomé   ⊙ De Tussac

2ᵉ escadron.

| 4ᵉ De Junquières | 3ᵉ Du Quesnoy | 2ᵉ Landas | 1ᵉʳ Bullot |

⊙ Godard-Desmarest   ⊙ De Pressac

⊙ Col. de Bauffremont   ○ Cap. Hanryé

3ᵉ escadron.

| 1ᵉʳ D'Assailly-Vedrènes | 2ᵉ Geoffroy | 3ᵉ Arène | 4ᵉ Bizot |

⊙ Albaret

5ᵉ escadron.

| 1ᵉʳ De Thomassin | 2ᵉ De Saint-Georges | 3ᵉ Caille | 4ᵉ Caussade |

⊙ De Bonneval

6ᵉ escadron.

| 4ᵉ Hubert-Delisle | 3ᵉ Claoué | 2ᵉ De Farconnet | 1ᵉʳ Ressayre |

(¹) Le nom de ce sous-officier est omis à dessein. Étranger, auquel la France avait donné l'hospitalité, il se permit après la défaite les propos les plus injurieux et prit du service en Allemagne.

1er RÉGIMENT DE HUSSARDS

Tableau des pertes

UNITÉS	EFFECTIF le 1er septembre au matin		EFFECTIF le 2 septembre au matin		PERTES ÉPROUVÉES LE 1er SEPTEMBRE — Officiers			PERTES ÉPROUVÉES LE 1er SEPTEMBRE — Troupe		
	Officiers	Troupe	Officiers	Troupe	Tués	Blessés	Disparus	Tués	Blessés	Disparus
État-major	13	»	11	»	1	»	1	»	»	»
Petit état-major	»	4	»	3	»	»	»	»	»	»
1er escadron	6	100	5	56	»	1	1	28	9	7
2e —	6	93	3	48	»	1	1	21	1	23
3e —	7	88	6	72	»	1	1	1	5	10
5e —	7	96	»	25	2	2	3	41	14	16
6e —	7	95	1	32	1	1	4	39	6	18
TOTAUX	46	476	26	236	4	6	10	131	35	74
TOTAUX GÉNÉRAUX	522		236		260					

NOTA. — Les chiffres des hommes à cheval présents le 1er septembre et le 2 sont absolument exacts, ils sont donnés presque tous d'après les contrôles nominatifs des capitaines commandants. Le 3 septembre, l'appel nominal fait par l'adjudant Pigot, et conservé, donne 337 hommes présents, soit 100 hommes à pied, du convoi ou disparus qui ont rallié le régiment (236 + 100).

Le chiffre des hommes tués a été fourni par la revue de liquidation du troisième trimestre 1870; cette revue, établie par l'adjoint au trésorier, le sous-lieutenant Gougault, est aux archives du ministère de la guerre.

6e RÉGIMENT DE CHASSEURS

Contrôle des officiers des escadrons mobilisés

	GRADES	NOMS	PRÉSENTS au départ	PRÉSENTS au 1er septembre	OBSERVATIONS
État-major	Colonel	Bonvoust O ✻	1	1	
	Lieutenant-colonel	Aubert ✻	1	1	
	Chefs d'escadrons	Manès	1	1	
		Poncin ✻	1	1	
	Capitaines adjudants-majors	Fiévée	1	1	
		Fortin ✻	1	1	
	Sous-lieut. adj. au trés.	Anot	1	1	
	Sous-lieut. porte-étend.	Lasserre	1	1	Aux bagages, dans Sedan, le 1er sept.
	Sous-lieut. d'ét.-major.	Berthaut	»	»	Rejoint camp de Châlons, mis à la disposition de son père le général Berthaut, commandant les mobiles de la Seine.
	Médecin-major de 2e cl.	Ollier	1	1	
	Vétérinaire en premier.	Roger ✻	1	1	
	Aide-vétérinaire	Dreuilh	1	1	
Ét.-maj. (Metz)	Médecin aide-major de 1re classe	Deville	1	»	Avec l'escad. d'escorte du mal Canrobert.
1er escadron	Capitaine commandant	Cramparet ✻	1	1	
	Capitaine en second	Pistollet de St-Ferjeux.	1	1	Officier d'ordonn. du général de Fénelon.
	Lieutenant en premier.	de Monerie	1	1	
	Lieutenant en second.	Poulat	1	1	
	Sous-lieutenants	Terrail	1	1	
		Coatsalion	1	1	
2e escadron	Capitaine commandant	de Querhoënt	»	1	Rejoint au camp Châlons, vers le 13 août, était capitaine instructeur.
	Capitaine en second	Domon	1	1	
	Lieutenant en premier.	Delamothe	1	1	
	Lieutenant en second.	Perny	1	1	Aux bagages, dans Sedan, le 1er sept.
	Sous-lieutenants	Brousse	1	1	
		de Brock	1	1	
3e escadron	Capitaine commandant	Lafontaine ✻	1	1	
	Capitaine en second	Carré	1	1	
	Lieutenant en premier.	Fontagny ✻	1	1	
	Lieutenant en second.	Cabuchet	1	1	
	Sous-lieutenants	Gélinet	1	1	
		Rivaud de la Raffinière.	»	1	Rejoint au camp de Châlons, 14 août, venait du dépôt de remonte de Tarbes.
		Gosselain	1	1	
4e escadron	Capitaine commandant	Puech ✻	1	1	
	Capitaine en second	Marot-Lacombe	1	»	A Metz, comme vaguemestre du 6e corps.
	Lieut. en premier	Jochem ✻	1	1	
	— (4e peloton).	Schaller	»	1	Rejoint au camp de Châlons, le 4 août.
	Sous-lieutenants	Chevillot	1	1	
		de Vassinhac d'Imécourt.	1	»	Entré à l'hôpital 14 août, camp de Châlons, gravement malade, décédé à Paris, d'une méningite, quelques jours après, le 28.
		Allut	1	1	
6e escadron	Capitaine commandant	Étienne	1	»	Escadron d'escorte, à Metz, près du maréchal Canrobert.
	Capitaine en second	Fourquier ✻	1	»	
	Lieutenant en premier.	de Bellegarde	1	»	
	Lieutenant en second	Bourdès	1	»	
	Sous-lieutenants	Thomas	1	»	
		Brahy	1	»	
		Martin	1	»	
		Totaux	42	35	

Nota. — Les officiers sont placés dans les escadrons auxquels ils appartenaient le 1er septembre 1870.

6ᵉ RÉGIMENT DE CHASSEURS

Tableau des pertes

UNITÉS	EFFECTIF le 1ᵉʳ septembre au matin		EFFECTIF le 2 septembre au matin		PERTES ÉPROUVÉES LE 1ᵉʳ SEPTEMBRE					
					Officiers			Troupe		
	Officiers	Troupe	Officiers	Troupe	Tués	Blessés	Disparus	Tués	Blessés	Disparus
État-major	12	»	12	»	»	»	»	»	»	»
Petit état-major	»	5	«	4	»	»	»	1	»	»
1ᵉʳ escadron	5	96	5	»	»	»	»	»	»	»
2ᵉ —	6	95	2	»	1	2	1	»	»	»
3ᵉ —	7	96	7	»	»	»	»	5	24	11
4ᵉ —	5	92	5	»	»	»	»	»	»	»
TOTAUX	35	384	31	263	1	2	1	10	40	71
TOTAUX GÉNÉRAUX	419		294		4			125		
					419					

NOTA. — Les chiffres en italique ont été établis contradictoirement, le chiffre total 38' est donné par M. Anot, lieutenant adjoint au trésorier. La liste des tués et blessés absolument exacte ne donne que des numéros matricules sans indication de l'escadron; ceci est d'ailleurs peu important, car les pertes ont porté principalement sur le 2ᵉ escadron. Les totaux sont absolument exacts. Les 71 disparus rejoignirent en très grande partie dans la presqu'île d'Iges. A Torcy, le 2 septembre, l'appel fait donne 35 tués, 47 blessés et 47 disparus sur 460 présents (officiers compris). Ces chiffres sont relevés sur les situations remises au capitaine Fortin, adjudant-major de jour.

Il restait 272 chevaux sur 447. Dans ces totaux sont compris 30 officiers, 50 hommes et 40 chevaux qui étaient au convoi et qui sont rentrés à Sedan la veille de la bataille.

2 officiers, MM. Gosselain et Chevillot, 7 sous-officiers et 60 cavaliers environ réussirent à s'évader pendant le trajet de Sedan à Remilly.

2e BATTERIE DU 19e RÉGIMENT D'ARTILLERIE A CHEVAL
(BATTERIE DE COMBAT)
Tableau des pertes

UNITÉS	EFFECTIF le 1er septembre Officiers	Troupe	EFFECTIF le 2 septembre Officiers	Troupe	PERTES ÉPROUVÉES LE 1er SEPTEMBRE Officiers Tués	Blessés	Disparus	Troupe Tués	Blessés
2e batterie (de combat) [6 pièces de 4].	3	81	1	23 (4 sous-officiers, 11 servants, 8 conducteurs)	»	2	»	14	44 (dont 33 grièvement)
TOTAUX.	3	81	1	23	»	2	»	14	44
TOTAUX GÉNÉRAUX.	84		24			84		60	

NOTA. — La 2e batterie du 19e régiment d'artillerie à cheval comprenait :

1o La batterie de combat ;

2o La réserve.

La batterie de combat, qui seule fut engagée le 1er septembre, comptait :

6 pièces de 4 rayé de campagne, 2 caissons dont le chargement a été renouvelé, au total 18 coffres à 37 obus par coffre. Il y avait 32 chevaux de trait et 69 chevaux de selle, au total 101 chevaux.

Il rentra dans Sedan une trentaine de chevaux.

2ᵉ BATTERIE DU 19ᵉ RÉGIMENT D'ARTILLERIE A CHEVAL

Place de bataille des officiers et chefs de pièce pendant le tir

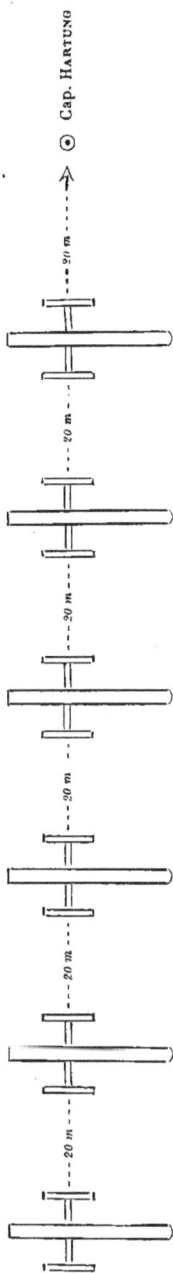

⊙ Cap. HARTUNG

1ʳᵉ pièce	2ᵉ pièce	3ᵉ pièce	4ᵉ pièce	5ᵉ pièce	6ᵉ pièce

AMIEL
maréchal
des logis

CASTEX
maréchal
des logis

HENNEQUIN
maréchal
des logis

DIÉBOLD
maréchal
des logis

MICAËLLI
maréchal
des logis

BREVET
maréchal
des logis

COULANGE
lieutenant
en premier

COUROUVE
adjudant

DE PORTICH
lieutenant
en second

RÉCAPITULATION

Tableau des pertes de la Division

UNITÉS	EFFECTIF le 1er septembre		EFFECTIF le 2 septembre		PERTES ÉPROUVÉES LE 1er SEPTEMBRE Officiers			PERTES ÉPROUVÉES LE 1er SEPTEMBRE Troupe		
	Officiers	Troupe	Officiers	Troupe	Tués	Blessés	Disparus	Tués	Blessés	Disparus
État-major de la division.	2	»	1	»	1	»	»	»	»	»
1er chasseurs d'Afrique.	40	345	25	187	7	6	2	107	101	»
3e —	39	437	22	206	8	6	3	82	119	30
4e —	42	425	33	273	2	6	1	16	34	103
État-major de la 2e brigade.	2	»	»	»	2	»	»	»	»	»
1er hussards.	46	476	26	236	4	6	10	131	35	74
6e chasseurs.	35	384	31	263	1	2	1	10	40	71
Batterie.	3	81	1	23	»	2	»	14	44	»
Totaux.	209	2 199	139	1 188	25	28	17	360	373	278
Totaux généraux	2 408		1 327			1 081				
						2 408				

APPENDICES ET ANNEXES

STATUE DU GÉNÉRAL MARGUERITTE

A FRESNES-EN-WOËVRE (Meuse)

APPENDICES

APPENDICE I

Charge des 2ᵉ et 3ᵉ escadrons du 4ᵉ régiment de lanciers

Le 4ᵉ régiment de lanciers appartenait à la division de cavalerie Ameil, attachée au 7ᵉ corps (Douay) ; mais les 2ᵉ et 3ᵉ escadrons de ce régiment furent détachés à la brigade Bordas (division Dumont) lors de son mouvement sur Grand-Pré, et, à partir de ce moment, séparés de leur division pendant le reste de la campagne.

Le 31 août, ces deux escadrons bivouaquèrent isolément, dans un petit vallon, face au nord, près du sommet de l'angle sud-ouest de la croisée de chemins Floing-Quérimont et Cazal-Calvaire d'Illy.

Dans la matinée du 1ᵉʳ septembre, ils se placèrent à l'angle sud-ouest du bois Ricada, en soutien d'une batterie appuyée à ce bois et sur la crête ; en regardant au sud, ils voyaient par la coupée, entre les bois de l'Algérie et celui de la Garenne, l'exécution du mouvement de retraite ordonné par le général Ducrot.

Les deux escadrons étaient plus au sud, en bataille dans l'ordre naturel, face au nord et pied à terre, lorsque, un peu avant 1ʰ45, l'ordre leur fut donné d'exécuter un mouvement offensif vers l'ouest, contre l'ennemi dont les tirailleurs débouchaient de Floing.

L'historique du 4ᵉ lanciers dit que cet ordre fut donné par le général Margueritte : rien dans nos recherches n'est venu confirmer cette indication. Le groupe d'officiers qui s'approcha des lanciers paraît être plus vraisemblablement l'état-major du général Ducrot ; celui-ci, voyant deux escadrons inoccupés, les prit et

les lança, comme il venait de prendre et lançait au même moment
la division Margueritte et tout ce qu'il avait sous la main.

Les deux escadrons montèrent de suite à cheval, rompirent
par pelotons vers la gauche et marchèrent à l'ennemi; le premier
peloton du troisième escadron tenait la tête.

Il y eut d'abord un moment d'arrêt, d'indécision : le but de la
charge et sa direction ne paraissaient pas assez affirmés au commandant Esselin : ils lui furent confirmés; on repartit.

A l'extrémité du plateau du Terme, les lanciers longèrent, le
laissant à gauche, le 3e régiment de chasseurs d'Afrique, arrêté
en colonne avec distances, mais déjà en position en arrière de la
crête.

Le sous-lieutenant Heurtault de Lammerville serra en passant
la main de son camarade de promotion le lieutenant Bailloud —
ce détail intéressant fixe d'une manière indiscutable l'antériorité
de la charge des lanciers du 4e.

La descente se fit au pas. Arrivé au sud de Floing, le 3e escadron se forma sur la droite en bataille, face au nord, sous le feu
très violent d'une faible compagnie allemande qui, à 150 mètres
de là, montait groupée à l'assaut de la hauteur : c'était la 5e compagnie du 46e régiment (1er régiment de Basse-Silésie); elle tenait
la tête du 2e bataillon et commençait à couronner la hauteur.
Malgré son feu, l'escadron poussa devant lui courageusement sur
les troupes de tirailleurs qui sortaient de Floing; ces tirailleurs
appartenaient aux 6e et 7e compagnies du même bataillon qui
suivaient la 5e, en deuxième ligne et à quelque distance.

Le terrain était mauvais, coupé de ressauts; la charge creva
sur le chemin, le 3e peloton prenant la tête; et, bientôt, elle
dégénéra en une marche au galop le plus vite, fournie par des
groupes sans cohésion, qui s'écoulèrent pour entrer dans Floing
par la route la plus à l'est. Chemin faisant, quelques tirailleurs
furent sabrés, mais le plus grand nombre, qui avait pu se rallier,
s'établit solidement sur deux rangs, face au sud, face aux lanciers, à 40 mètres en avant de la fourche de route au sud de
Floing et, là, barra résolument le passage. C'était la 7e compagnie.

Cette troupe était protégée sur sa gauche par l'escarpement

du terrain, sur sa droite par des arbres, des buissons et le contre-
bas dans lequel se trouve aujourd'hui le cimetière dit « des
soldats ».

A 30 mètres de ce point, les lanciers furent fauchés par une
salve suivie de feux à volonté ; très peu réussirent à passer par
cet entonnoir et pénétrèrent dans l'intérieur de Floing ; ils furent
tous tués ou pris. Tous les officiers étaient à terre ; le capitaine
Moitoiret, le sous-lieutenant Costa de Beauregard étaient tués
raide. Le sous-lieutenant de Lammerville, déjà blessé à la main
gauche, restait seul en tête ; en passant la ligne ennemie une balle
lui traversait la figure ; cet officier fonçait néanmoins dans le village. Les Allemands sortaient des maisons pour barrer la route :
le cheval de Lammerville tomba tué ; quant à lui, il fut immédiatement relevé et porté à l'ambulance établie dans la maison
d'école de Floing. Quelques cavaliers vigoureux étaient entrés
derrière lui.

Le commandant Esselin était blessé à la tête ; les capitaines
Cousset, Barban, le lieutenant Laurent, le sous-lieutenant Gilly,
étaient blessés et pris sur le terrain sous leurs chevaux tués.
Gilly mourait le lendemain à l'ambulance.

On raconte encore dans Floing que des Prussiens furent percés
de coups de lance sur la place même du village ; les derniers
lanciers allèrent tomber près du cimetière, sous les feux croisés
de la 8e compagnie du 146e (4e du 2e bataillon), qui venait de
prendre les armes, et du 5e bataillon de chasseurs qui entrait dans
le village à ce moment.

La violence du feu fut telle, qu'en un instant les rues du village
furent littéralement barricadées par les cadavres des hommes et
des chevaux.

Les chevaux sans cavaliers remontèrent affolés par le chemin
qui va de Floing à l'auberge du Terme, et vinrent mettre, les
premiers, le désordre dans les troupes d'infanterie de la brigade
de La Bastide.

Le 2e escadron s'était formé en bataille en marchant et avait
obliqué un peu vers la gauche pour soutenir l'effort du 3e escadron ; il se heurta à un contre-bas qu'il ne put franchir et fut
décimé ; l'escadron tomba en ligne sous le feu rapide d'une ligne

de tirailleurs et de son soutien, formé en arrière du chemin à
environ 150 mètres. C'était la tête de la colonne du 1er bataillon
du 46e (4e et 1re compagnies). Le sous-lieutenant Guibert, dont le
cheval avait été tué, courait à pied lorsqu'il fut tué raide par une
balle. Le capitaine Bertrand-Geslin et le sous-lieutenant Carbillet
avaient leurs chevaux tués ; ils furent pris sur le terrain. Les lanciers démontés se mettaient à l'abri derrière les cadavres des
chevaux.

En résumé, les deux escadrons du 4e lanciers avaient eu affaire
à de petits détachements du 87e et aux deux bataillons de mousquetaires du 46e ; la tête du 1er bataillon, mélangée de quelques
fractions des 93e et 95e régiments, était à la droite du 2e bataillon
et déjà sur le contrefort du mamelon, dont les compagnies 3 et 2
gravissaient les pentes escarpées, lorsque la charge eut lieu.

Les pertes des deux escadrons furent très considérables.

Sur 12 officiers : 4 furent tués, 5 blessés ; 2 disparurent, pris
sur le terrain.

Le 2e escadron était formé à deux pelotons ; sur 121 hommes
inscrits à l'effectif au départ de Lyon, 38 étaient à Belfort ou aux
hôpitaux, 34 furent pris dans Sedan, 49 ont chargé (3 lanciers
du 2e régiment s'étaient joints à eux). Il en revint à peine trois
ou quatre.

Ces chiffres sont relevés sur le contrôle nominatif du 2 septembre remis par le maréchal des logis chef Bastien au capitaine
commandant.

Le 3e escadron était formé à trois pelotons.

Il avait 123 hommes inscrits à l'effectif au départ de Lyon :
9 étaient à Belfort ou aux hôpitaux, 3 disparus antérieurement
au 1er septembre, 28 furent pris dans Sedan, 80 ont chargé (chiffre
exact à quelques unités près).

Il ne rentra au camp d'Iges que deux lanciers ayant chargé.

Ces chiffres sont fournis par le lieutenant de Moulins-Rochefort,
qui fut appelé, après la campagne, au commandement de cet
escadron.

4ᵉ RÉGIMENT DE LANCIERS (2ᵉ et 3ᵉ escadrons)

Contrôle des officiers

	GRADES	NOMS	OBSERVATIONS
État-major . . .	Chef d'escadrons.	ESSELIN ✿.	
	Capitaine adjudant-major. . .	MOITOIRET ✿.	
2ᵉ escadron. . .	Capitaine commandant. . . .	BERTRAND-GESLIN.	
	— en second . . .	DE LA CHEVARDIÈRE DE LA GRANDVILLE ✿. . .	Détaché dans le service de l'intendance.
	Lieutenant en premier	AMAT	À Belfort avec son peloton.
	— en second. . . .	GUIBERT.	
		CARBILLET.	
	Sous-lieutenants	VANDERBECQ.	
		WIDEMONT.	Détaché à la 3ᵉ division d'infanterie (général Dumont).
3ᵉ escadron. . .	Capitaine commandant. . . .	COUSSET ✿.	
	— en second . . .	BARBAN ✿.	
	Lieutenant en premier	LAURENT.	
	— en second. . . .	DE MOULINS-ROCHEFORT	Détaché à la 3ᵉ division d'infanterie (général Dumont).
		GILLY ✿.	
	Sous-lieutenants	HEURTAULT DE LAMMERVILLE.	
		COSTA DE BEAUREGARD.	

4ᵉ RÉGIMENT DE LANCIERS

Ordre dans lequel les escadrons ont chargé et place de bataille des officiers présents à la charge

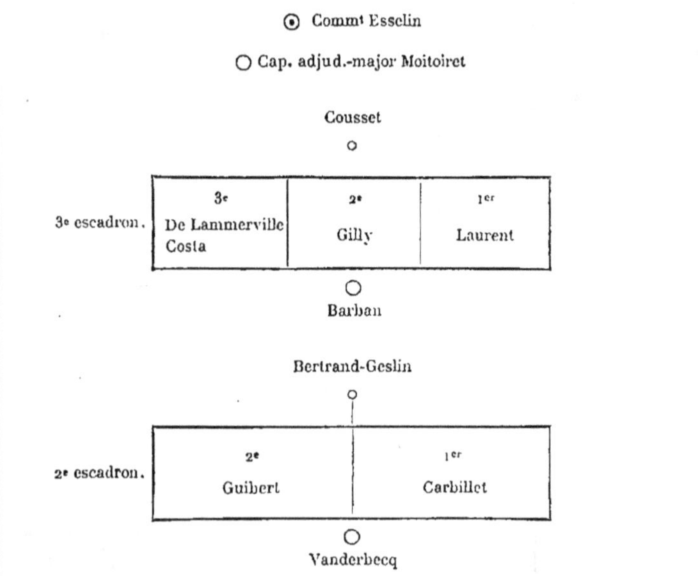

⊙ Commᵗ Esselin

○ Cap. adjud.-major Moitoiret

Cousset
○

3ᵉ escadron.	3ᵉ De Lammerville Costa	2ᵉ Gilly	1ᵉʳ Laurent

○
Barban

Bertrand-Geslin
○

2ᵉ escadron.	2ᵉ Guibert	1ᵉʳ Carbillet

○
Vanderbecq

État-major . .	Commandant	ESSELIN, blessé légèrement à la tête.
	Capitaine adjud.-major .	MOITOIRET, tué.

3ᵉ escadron . .	Commandant	COUSSET, blessé, la cuisse déboîtée, cheval tué, pris sur le terrain.
	Capitaine en second . . .	BARBAN, blessé à la jambe, cheval tué, pris sur le terrain.
	Lieutenant en premier . .	LAURENT, blessé de cinq coups de crosse, assommé, cheval tué.
	Sous-lieutenants	GILLY, tué, deux balles dans le ventre, mort à l'ambulance (maison d'école de Floing) après vingt-quatre heures d'horribles souffrances. DE LAMMERVILLE, deux blessures, un cheval tué, pris sur le terrain. COSTA, tué, son cheval tué.

2ᵉ escadron . .	Capitaine commandant .	BERTRAND-GESLIN, un cheval tué, pris sur le terrain.
	Lieutenant en second . .	GUIBERT, tué, son cheval tué.
	Sous-lieutenants	CARBILLET, un cheval tué, pris sur le terrain. VANDERBECQ.

4ᵉ RÉGIMENT DE LANCIERS

Tableau des pertes

UNITÉS	EFFECTIF ayant chargé le 1ᵉʳ septembre		EFFECTIF le 2 septembre		PERTES					
					Officiers			Troupe		
	Officiers	Troupe	Officiers	Troupe	Tués	Blessés	Disparus	Tués	Blessés	Disparus
État-major.	2	»	»	»	1	1	»	»	»	»
2ᵉ escadron	4	49	1	4	1	»	2	15	9	25
3ᵉ —	6	80	»	2	2	4	»	45	17	16
Totaux. . . .	12	129	1	6	4	5	2	60	26	41

APPENDICE II

Charge des cuirassiers de la porte de Mézières
à Floing et vers Saint-Albert

Si la charge des lanciers du 4e régiment fut le premier effort de notre cavalerie au sud de Floing, une heure et demie après l'écrasement de la division Margueritte, des cuirassiers tentèrent à leur tour de percer la ligne ennemie de ce même côté. Ce fut, en réalité, la dernière vers Floing : il paraît intéressant à ce titre de la relater ici ; elle honore d'ailleurs grandement ceux qui purent y prendre part.

La bataille était perdue ; il était environ 4h 45 et la 1re division de réserve de cavalerie arrivait à peu près en ordre par les glacis de la place, refoulée vers Sedan comme le reste de l'armée vaincue. Prises dans les remous de cette cohue, les dernières fractions de la division, dans un horrible pêle-mêle au milieu des attelages et des voitures, avaient peine à suivre et se trouvaient à chaque instant séparées de la tête de la colonne ; le feu de l'ennemi énervait plus qu'il ne causait de pertes — il venait de la rive gauche de la Meuse et déjà un peu des tirailleurs qui occupaient le cimetière de Cazal. — Tout ce que l'imagination peut se figurer, comme désordre et désorganisation, s'offrait dans le spectacle qui se passait aux portes : les chariots renversés, les caissons et les affûts brisés, les canons démontés ; au milieu de ces débris, toutes les armes confondues se ruaient et grouillaient pêle-mêle, artilleurs, cavaliers, fantassins, dans un fouillis épouvantable, au milieu des cadavres d'hommes et de chevaux, hurlaient, vociféraient, se bousculaient, insultant leurs chefs pendant que les obus faisaient parfois un trou dans cet amas humain où la peur, le découragement, le désespoir, le sentiment exclusif du « moi », avaient remplacé toutes les mâles vertus, tout respect de soi-même. C'était hideux à voir : c'était la bête seule qui agissait... ; des cas de folie se déclarèrent subitement et l'on vit un capitaine d'infanterie, atteint de démence, danser en faisant tournoyer sa coiffure autour de sa lame de sabre.

Le commandant de Cugnon d'Alincourt se trouvait à la gauche de son régiment, le 1ᵉʳ cuirassiers, qui lui-même était à la gauche de la division ; il arrivait à la porte de Mézières et se trouvait coupé par la droite, lorsque, ne s'inspirant que de son héroïsme, il voulut tenter un suprême effort pour briser le cercle de fer qui nous étreignait. Le capitaine Haas, commandant le 2ᵉ escadron, se trouvait à côté de son chef d'escadrons avec quelques officiers, entre autres le capitaine Fuchey, du 3ᵉ cuirassiers, d'Alincourt leur demanda s'ils étaient prêts à le suivre tête baissée avec leur escadron ; les hommes ratifièrent la réponse affirmative de leurs chefs, dont l'attitude était admirable.

Alors, faisant demi-tour sur la route même, d'Alincourt rétrograda, marchant à l'ennemi ; le lieutenant d'état-major Lafuente l'accompagnait ; non sans peine le commandant arriva jusqu'à hauteur du cimetière de Cazal, déjà occupé par l'ennemi et garni de feux. Là, hésitant devant la responsabilité d'une attaque exécutée sans ordre, il crut devoir consulter de nouveau les officiers qui l'entouraient ; tous affirmèrent avec enthousiasme la volonté de marcher à l'ennemi et d'avoir au moins la suprême consolation de tomber les armes à la main.

La situation était désespérée et chacun était libre de suivre, ajoutèrent-ils, sa propre inspiration.

Le colonel de Quélen, avec une grosse fraction du 4ᵉ chasseurs d'Afrique, était là, quand les officiers furent consultés.

Alors le trompette Gousset, un brave médaillé à Frœschwiller, sonna le refrain du régiment et le ralliement ; ceux qui purent se faire jour en remontant à travers le flot des fuyards se joignirent au commandant : il y eut là, en outre des officiers du 2ᵉ escadron au complet, les adjudants Frichon et Thomas et (une vingtaine d'hommes) le 4ᵉ peloton du 1ᵉʳ escadron, commandé par le maréchal des logis Beil ; le capitaine d'état-major Mangon de La Lande ; le sous-intendant Seligmann-Lui, qui chargea sans armes, un bâton de tente à la main ; un capitaine de tirailleurs algériens ; environ cinquante cavaliers du 5ᵉ escadron du 3ᵉ cuirassiers. Commandés par le capitaine Fuchey et le sous-lieutenant Diehl, quelques tirailleurs algériens qui allèrent jusqu'au Gaulier grimpés à cheval; un capitaine et quelques chasseurs d'Afrique du 1er régiment : en tout 150 hommes environ fortement trempés, faisant, derrière un groupe d'officiers héroïques, une colonne irrégulière, par six ou par huit de front, comme on pouvait avancer. A 20 pas en avant de la tête, un tirailleur nègre monté sur un cheval arabe gris tout sanglant; le nègre brandissait fièrement son fusil.

On se mit en marche sur la route, au pas, marchant assez librement; à 400 ou 500 mètres de la porte de Mézières ou de Cazal, au premier coude de la route, on aperçoit tout à coup quelques tirailleurs ennemis, le turco leur jette son coup de fusil et on les traverse en les sabrant; ils étaient une dizaine, plusieurs furent tout surpris par cette attaque; ils reculent, et enfin jettent leurs armes; puis on arrive au Gaulier, traversé par une grande rue de faubourg et fortement occupée : les quelques coups de feu avaient donné l'éveil. Alors le commandant d'Alincourt enlève sa troupe et part au galop sous le feu terrible d'un bataillon qui occupait le village; au milieu des décharges qui partaient des fenêtres, des portes, de toutes les maisons, la colonne s'écoule comme un ouragan, brisant tout ce qui s'oppose à son passage; la rue était jonchée de fusils abandonnés tant la surprise de l'ennemi avait été grande: il eût suffi d'une charrette pour arrêter la colonne...

A la sortie du Gaulier, au coude du chemin, les feux de Floing viennent balayer la route; les Allemands qui montent sur les escarpements de la croupe du Terme font face en arrière; tous les feux convergent sur la petite troupe déjà bien réduite : elle est décimée, puis brisée sur une sorte de barricade formée d'un caisson placé en travers et de quelques meubles. Ce fut là un effondrement et un amoncellement de cadavres d'hommes et de chevaux; il semblait, au milieu d'une fumée et d'une poussière intenses, que tous les chevaux étaient par terre...: c'était vers Fraicheau, un peu avant d'arriver à La Maladrie, qu'eut lieu cet écrasement, une culbute d'hommes et de chevaux impossible à décrire.

La tête de colonne payait chèrement sa gloire. Le lieutenant

Théribout et le capitaine de La Lande sont tombés là percés de
balles ; Théribout était tué ; le sous-lieutenant de Montenon, blessé
d'un coup de feu à la joue gauche, a son cheval tué ; le capitaine
Haas, grièvement blessé d'une balle au défaut de l'épaule, a son
cheval tué ; le capitaine Blanc, fortement contusionné, reste sur le
terrain, sous son cheval tué ; le sous-intendant Seligmann, le lieutenant Lafuente, ont leurs chevaux tués. Ce dernier et le sous-
lieutenant de Montenon sont assez heureux pour sauter sur des
chevaux de troupe et reprendre leur charge ; bientôt Lafuente a
son deuxième cheval tué.

Le maréchal des logis Destorey, voyant son chef de peloton, le
lieutenant Théribout, tomber blessé, avait sauté à terre sous le
feu et lui offrit son cheval ; Théribout ne put que le remercier de
son noble dévouement et tomba mort un instant après. Destorey
rallia la charge. On se rappelle encore le capitaine Fuchey, qui
faisait franchir à son cheval la barricade en levant son sabre et
criant hurrah ! Puis, ce fut de tous côtés des combats épiques à
l'arme blanche entre les cuirassiers démontés et les fantassins allemands. Le nombre eut raison de la bravoure. D'Alincourt n'a plus
qu'une poignée d'hommes sur lesquels s'élancent les hussards du
13ᵉ régiment, en position dans la prairie à gauche de la route ;
leur attaque n'arrête pas l'élan de la petite colonne, mais la brise
en deux fractions.

Le commandant, continuant son galop, dépasse Floing ; le village était barricadé, le feu partait de toutes les maisons ; la
colonne y subit de nouvelles pertes ; le capitaine Fuchey y fut
atteint de deux blessures et resta sur le terrain avec son cheval
tué. Enfin, vers Saint-Albert, le commandant d'Alincourt tombe
au milieu des ulans, blessé d'un coup de feu et d'un coup de
sabre ; le lieutenant Amyac est atteint un des derniers de trois
coups de feu ; il fut laissé pour mort ; les glorieux survivants se
retrouvèrent prisonniers dans l'enclos de Saint-Albert.

L'autre fraction, avec le lieutenant Garnier et le sous-lieutenant
de Montenon, est arrêtée par un détachement d'infanterie, qui barre
la route et la balaye de ses feux ; vivement ils prennent leur parti
et se jettent à gauche dans les prairies qui bordent la Meuse, avec
l'intention de la traverser à la nage, malgré le lit profond et les

berges à pic. Ces cavaliers intrépides avaient quitté leurs cuirasses et dépaquetaient lorsque des ulans se ruèrent sur eux et
les firent prisonniers, le lieutenant Garnier et le sous-lieutenant
Montenon furent pris avec leurs hommes. Plusieurs cuirassiers
s'étaient noyés en essayant de traverser le ruisseau de Floing, fort
encaissé ; le seul gué, qu'ils ignoraient d'ailleurs, était près du
moulin de Floing. Un seul avait pu traverser la Meuse : il fut tué
en arrivant sur l'autre rive.

Tous ceux qui n'étaient pas tombés sur le parcours de la
charge furent ainsi faits prisonniers et se retrouvèrent, en
majeure partie, le soir, réunis à Donchery dans la défaite, mais
aussi dans leur gloire, ayant parcouru près de 5 kilomètres sous
le feu en bousculant un ennemi victorieux. Ce fait de guerre avait
duré une demi-heure.

L'escadron qui marchait devant le 2ᵉ avait aussi fait demi-tour ;
le capitaine de Masin le ralliait pour partir, quand les débris de
la charge, rétrogradant avec les fuyards, rendirent cette bonne
volonté inutile.

A l'hôpital de Donchery, les blessés reçurent les premiers
soins ; ils y retrouvèrent le général de Salignac-Fénelon soigné
par un chirurgien allemand qui avait été son condisciple au collège Charlemagne. Là aussi, dans la chambre de la supérieure des
sœurs de l'hôpital, était alité, blessé, le fils du comte de Bismarck ;
il demanda instamment que le commandant d'Alincourt, les capitaines Haas et Fuchey lui fussent présentés, et il se pommada les
cheveux avec conscience pour mieux recevoir leur visite ; leur
brillant fait d'armes lui était déjà connu.

Le lieutenant Théribout avait été tué ; avec lui cinq hommes de
troupe du 1ᵉʳ cuirassiers et un du 3ᵉ.

10 hommes du 1ᵉʳ avaient été blessés ; parmi eux, le maréchal
des logis Belail.

11 hommes du 3ᵉ ; parmi eux, le maréchal des logis Soupène.

Au total : 1 officier tué, 6 blessés dont 2 laissés pour morts,
7 chevaux tués ; voilà le bilan de gloire pour les 12 officiers.

6 cuirassiers tués, 21 blessés, tout le reste contusionné, brisé,
pris les armes à la main. Voilà cette poussée héroïque qui s'appelle la charge de d'Alincourt, où les cuirassiers, hier à Frœsch-

willer, aujourd'hui à Sedan, derrière ce chef énergique, se sont montrés dignes de leurs ancêtres de Mont-Saint-Jean.

Le capitaine Mangon de La Lande fut porté pour mort; on voit même sa plaque mortuaire contre le mur de la chapelle près de laquelle il tomba. On crut longtemps qu'il avait été tué; il n'en était rien: horriblement blessé et laissé sans connaissance, il ne recouvra jamais la raison; transporté d'ambulance en ambulance, il finit par mourir à l'asile des aliénés de Naugeat, près Limoges.

1er ET 3e RÉGIMENTS DE CUIRASSIERS

Contrôle des officiers qui ont pris part à la dernière charge vers Floing

	GRADES	NOMS	OBSERVATIONS
État-major.	Chef d'escadrons du 1er régiment de cuirassiers.	De Cugnon d'Alincourt ✼.	Blessé d'un coup de feu et d'un coup de sabre.
	Capitaine d'état-major .	Mangon de La Lande ✼ .	Percé de plusieurs balles, laissé pour mort.
	Lieutenant d'état-major.	Lafuente	Deux chevaux tués.
	Sous-intendant militaire de 1re classe	Seligmann-Lui ✼.	Un cheval tué.
1er cuirassiers. 2e escadron.	Capitaine commandant.	Haas ✼	Blessé d'une balle au défaut de l'épaule, un cheval tué.
	— en second . .	Blanc.	Un cheval tué, fortement contusionné.
	Lieutenant en premier.	Théribout.	
	— en second. .	Garnier.	Tué, percé de plusieurs balles.
	Sous-lieutenants	Anyac.	Trois coups de feu, laissé pour mort.
		Geay de Montenon. . . .	Blessé d'un coup de feu à la joue, un cheval tué.
3e cuirassiers. 5e escadron.	Capitaine commandant.	Fuchey	Deux blessures, un cheval tué.
	Sous-lieutenant.	Diehl.	

ANNEXES

ANNEXE I

Le général de brigade Margueritte et le colonel de Galliffet ont-ils été régulièrement promus au grade supérieur ?

On ne s'étonnera pas que je tienne, dans le but que je me suis imposé d'établir la vérité historique, à répondre spécialement à ceux qui ont élevé des doutes sur la validité des nominations du général Margueritte et du colonel de Galliffet.

D'après eux, le général Margueritte n'était pas plus général de division, le 1er septembre, que le colonel de Galliffet n'était général de brigade.

Bien que la question soit de minime importance aujourd'hui, il faut cependant en dire un mot, car, malgré la confirmation officielle, il y a peu de temps, on discutait encore.

La nomination du général Margueritte aurait été « illégale », parce qu'elle ne comblait pas une vacance déterminée, parce que le général n'était pas nommé « en remplacement d'un autre divisionnaire disparu », et enfin parce que la lettre de service ne fut signée ni de l'Empereur, ni du maréchal.

Dans ces temps troublés, c'eût été une bien légère préoccupation que de s'arrêter à des détails pareils ; les vacances s'ouvraient nombreuses depuis le commencement de la campagne et en admettant même que le décret fût illégal, la nomination faite, elle était acquise.

Les signatures manquaient par la force des événements.

Au point de vue administratif, les documents étaient incomplets sans être nuls, et la nomination était effective ; il restait simplement à la régulariser.

C'est ainsi, du reste, que l'ont jugé les officiers généraux de cavalerie qui, par ordre du général de Cissey, ministre de la guerre, se réunirent en commission pour compléter et arrêter les états de service du général Margueritte, lorsqu'il s'agit de liquider la pension de sa veuve.

La pension de Mme Margueritte fut concédée par décret du 28 octobre 1871 et fixée au tarif ordinaire de 3 900 fr., comme veuve de général de division tué à l'ennemi.

Le colonel de Galliffet était nommé général de brigade en remplacement du général Margueritte; la légalité de cette nomination, suite de vacance ouverte, ne saurait donc être mise en doute.

Ces deux promotions, faites verbalement, n'avaient pas été une surprise; depuis la vigoureuse reconnaissance de Pont-à-Mousson, la nomination du général Margueritte était prévue, certaine. Celle du colonel de Galliffet ne se fit pas sans de nombreuses objections de la part du maréchal de Mac-Mahon, qui avait un autre candidat, le colonel Clicquot; le colonel de Galliffet, quoique beaucoup plus jeune de grade, fut choisi sur les instances réitérées du général Margueritte.

On racontait même au bivouac de Sailly, le soir du 30 août, que le colonel Clicquot, froissé du choix qui lui était infligé, avait eu avec le général Margueritte une vive altercation qui s'était terminée par des arrêts.

Les nominations furent décidées à Stonne, le 29 août; le même jour, vers 10^h 30, le quartier général impérial et l'état-major général arrivaient à Raucourt et la nouvelle se répandait. Les lettres de service furent de suite établies; les événements qui se sont précipités n'ont pas permis alors de mettre les signatures nécessaires pour les rendre valables; voilà la vérité.

Le gouvernement qui a succédé à l'Empire a ratifié la parole du souverain déchu, et on ne peut que l'approuver. On a regretté beaucoup, en 1815, de ne pas voir confirmées par le Roi les nominations faites à la suite de la bataille de Ligny, à la veille aussi d'une fatale journée.

La victoire rend toutes les promotions faciles et donne le temps de les régulariser.

Néanmoins, la nomination du général de Galliffet, signée de l'Empereur, est aux archives administratives du ministère de la guerre.

Ce fait a besoin d'être expliqué ; fort peu de jours après le désastre de Sedan, un officier de la division Margueritte, fort lié avec le général de Galliffet et connu de l'Empereur, se rendit à Wilhelmshöhe sur la demande du général et fut prier l'Empereur de compléter la nomination qu'il avait faite verbalement ; l'Empereur parut très contrarié et reçut assez mal, contre son habitude, celui qui venait troubler ses tristesses pour une question d'ordre si personnel; néanmoins il signa..... bien qu'il n'eût plus le droit de le faire.

Cette signature, datée du 30 août, fut acceptée par la commission de revision des grades, et nous ne saurions faire autrement qu'elle.

On peut, jusqu'à un certain point, s'étonner que ces nominations décidées, annoncées, rendues publiques, n'aient pas été plus vite régulièrement signées et portées à la connaissance de la troupe.

Voici l'explication de ce retard.

L'Empereur ne savait rien refuser à ceux en qui il avait foi: il céda pour ces deux nominations de généraux à une chaleureuse demande qui lui fut adressée en faveur du général Margueritte, par un officier qui avait approché de près sa personne; cette promotion l'intéressait d'ailleurs particulièrement.

Mais, en établissant le décret, le général Faure fit observer au maréchal que ces nominations ne pouvaient sortir seules, que de nombreuses vacances, auxquelles il n'avait point encore été pourvu, existaient dans les cadres de l'infanterie et de l'état-major ; les généraux Raoult, Abel Douay, etc., n'avaient pas été remplacés et il pouvait paraître illogique de faire des nominations dans une division de cavalerie qui n'avait pas encore été engagée, tandis que des divisions d'infanterie fortement éprouvées dans plusieurs rencontres attendaient encore le remplacement de leurs généraux tués.

Il y avait lieu de respecter certaines susceptibilités légitimes.

Le maréchal fit part de cette juste observation à l'Empereur, qui consentit à faire une promotion plus complète. L'ordre fut donné, le 30, au général Faure de préparer un travail d'ensemble, et c'est ainsi que les signatures à mettre sur les lettres de service de la cavalerie furent ajournées jusqu'à la très prochaine promotion qui allait être faite.

Dans la suite de ce mouvement de promotions, le lieutenant-colonel Charles de Montauban était nommé colonel du 3ᵉ chasseurs d'Afrique, en remplacement du colonel de Galliffet, promu général de brigade, et nous avons vu le nouveau colonel du 3ᵉ chasseurs d'Afrique venir faire connaissance sur le champ de bataille avec son nouveau régiment.

Au point de vue administratif, les deux généraux n'auraient pas touché le 31 août la solde afférente à leurs nouveaux grades. Ils n'avaient pas encore fait « mutation ».

Ceci ne fait pas un doute.

Ils n'étaient pas reconnus devant la troupe ; la mise à l'ordre n'avait pas eu lieu.

Il n'en est pas moins vrai que leurs nominations étaient considérées comme un fait accompli. La parole du chef de l'État donnée sur le champ de bataille et en présence des troupes a toujours tenu lieu des lettres de service jusqu'à leur arrivée.

Le soir du 31, au bivouac, les nouveaux promus furent complimentés ; la nouvelle était sue de tous : quelques officiers du 1ᵉʳ hussards, qui, cinq années avant, étaient sous les ordres du commandant de Galliffet, vinrent féliciter leur ancien chef.

A Raucourt, un ami du prince Achille Murat vint trouver le général de Galliffet et lui dit : « Vous voilà maintenant général ; Achille regrette ce qui s'est passé entre vous : faites-moi et faites-lui le grand plaisir de lui tendre la main. »

Le général fut trouver le prince et lui serra la main.

Si j'ai cité ces épisodes, c'est pour bien établir que les deux nominations du général Margueritte et du colonel de Galliffet étaient un fait acquis et bien connu dans toute la division.

Le général Margueritte, plus que qui que ce soit, traitait le colonel de Galliffet en général, sans cependant lui en donner encore le titre ; il lui confia, le 30 août, le soin de placer les avant-postes de la division en lui disant : « Voici le moment de débuter comme général de brigade. »

Pendant la journée du 1er septembre, le général Ducrot, considérant la nomination comme effective, s'adressera au « général » et non au « colonel » de Galliffet ; c'est enfin au général de Galliffet que le général Margueritte blessé remettra le commandement de la division.

Dans les moments pénibles de la capitulation, personne ne contesta au général de Galliffet le droit de faire partie à ce titre du conseil de guerre suprême, et c'est en cette qualité qu'il adressa au général de Wimpffen le rapport concis et modeste que personne n'a oublié. Ce rapport est signé : « Général de Galliffet ».

Faut-il ajouter si le colonel de Galliffet avait été tué le 1er septembre en tête du 3e chasseurs d'Afrique, l'historien serait bien forcé de dire : « Le colonel de Galliffet, nommé général de l'avant-veille, fut tué en tête de son régiment, dont il avait conservé le commandement » ; la pension de sa veuve eût été liquidée comme pension de veuve de général de brigade tué à l'ennemi, tout comme l'a été celle de Mme Margueritte, et par le même décret probablement.

Par un sentiment militaire de déférence et de tact que tout officier est à même d'apprécier, le nouveau général, non encore reconnu dans son grade, ne voulut intervenir personnellement dans la direction du 1er chasseurs d'Afrique que lorsque le colonel Clicquot eut été frappé, et nous le verrons, au moment de la charge, respectueux de la forme et du droit au point de s'effacer devant l'ancienneté du colonel Clicquot.

Le général Margueritte prenait soin d'initier lui-même le colonel de Galliffet au rôle difficile du commandement dans des circonstances aussi critiques ; il semblait que, poussé par un secret pressentiment, il voulût façonner à l'avance le successeur qu'il s'était choisi. Le colonel de Galliffet recherchait d'ailleurs volontiers la société du général Margueritte.

Peut-être trouverait-on l'origine de la préoccupation constante du général Margueritte dans la certitude où il était que la plus légère blessure serait pour lui mortelle ; le général était atteint

du diabète et le médecin qui le soignait à Metz, le docteur J. Ser-
vier, ne lui avait pas caché la gravité de son état ; le général n'en
regardait pas moins en toute occasion la mort en face : il semblait braver le danger.

Un chef pareil inspire une admiration sans réserve.

En résumé, le général Margueritte et le général de Galliffet ont
été pourvus verbalement de leurs nouveaux grades ; ils n'ont pas
été mis à l'ordre ni reconnus administrativement ; ils n'ont pas été
régulièrement nommés de fait, ils ont été, l'un divisionnaire,
l'autre brigadier — dans certaines circonstances critiques, ils ont
fait acte de commandement dans leurs nouveaux grades ; ils en
ont eu aussi les difficultés.

La consécration est venue du fait accompli justifié par leur
héroïsme. La cause a été entendue, jugée et les nominations confirmées.

ANNEXE II

NOTICE SUR LES UNIFORMES DE LA DIVISION MARGUERITTE

Les événements que je viens de raconter sont déjà loin de nous et mon travail serait incomplet si je ne disais pas exactement les uniformes que la défaite a consacrés. Bien peu, dans la nouvelle armée, les connaissent, et, de l'autre côté du Rhin, les artistes se sont livrés à ce sujet aux bizarreries les plus inconcevables. Je vais donc décrire ces uniformes.

Général Margueritte

Le 1er septembre, le général, au moment où il fut frappé mortellement, était monté sur un cheval arabe bai, de taille un peu au-dessus de la moyenne. Les autorités allemandes autorisèrent le général à emmener sa monture en Belgique. Mme Margueritte l'offrit par la suite au lieutenant Reverony. Ce cheval est mort en 1884, en Normandie.

Le harnachement était celui d'officier de cavalerie légère (*J. M. O.*, 2e sem. 1864, p. 220, et 1er sem. 1868, p. 569).

La selle à palette.

C'était la selle que le général avait quand il était colonel au 1er chasseurs d'Afrique.

Couvre-fontes en peau de tigre, bordés d'une bande de drap garance (*J. M. O.*, 2e sem. 1844, p. 229).

Tapis en drap garance à galon de laine plat rouge (*J. M. O.*, 2e sem. 1844, p. 229).

Tous les accessoires du harnachement en cuir noir verni, à boucles de cuivre dédoré (*J. M. O.*, 2e sem. 1844, p. 229).

Le général était vêtu d'une courte pelisse de drap bleu foncé, presque noir, bordée d'astrakan noir ; six tresses fixes sur la poitrine, triples galons à plat sur la bordure et les coutures, le tout en poil de chèvre noir. Sur les manches, six galons d'or en nœud hongrois d'ordonnance, montant jusqu'en haut des manches, pas d'étoiles.

Ce vêtement, d'un usage habituel, n'était pas réglementaire; il se rapprochait beaucoup de celui qui fut ordonnancé plus tard et qui est décrit *J. M. O.*, 1er sem. 1872, p. 239.

La pelisse était déboutonnée et laissait voir le gilet en drap bleu foncé, fermé par douze petits boutons dorés estampés en relief aux insignes de l'état-major général (*J. M. O.*, 2ᵉ sem. 1844, p. 222, moins le coq ; confirmé, 1ᵉʳ sem. 1872, p. 234).

Le général portait au cou une croix de commandeur de la Légion d'honneur du modèle officiel (*J. M. O.*, 1ᵉʳ sem. 1852, p. 200).

La culotte était en drap rouge à bande unique bleu foncé, large de 50 millimètres.

Les bottes jaunes, graissées, avaient une courroie au-dessous du genou et de forts éperons à branches droites, en acier.

Le képi était en drap rouge avec le bandeau noir brodé d'un seul rang de feuilles de chêne en or, trois soutaches d'or montant sur les coutures (*J. M. O.*, 2ᵉ sem. 1872, p. 236, confirmant les modifications introduites depuis *J. M. O.*, 2ᵉ sem. 1844, p. 223).

Le képi que le général portait à l'affaire de Pont-à-Mousson était à six galons d'or avec deux étoiles d'argent sur le bandeau. Ce képi fut perdu sur le terrain.

Le sabre était droit et à poignée d'acier.

La dragonne en cuir noir verni à gland d'or, portant deux petites étoiles d'argent (*J. M. O.*, 2ᵉ sem. 1844, p. 227, et 2ᵉ sem. 1845, p. 164).

Le ceinturon en cuir noir verni, à deux bélières, était sous le gilet (*J. M. O.*, 2ᵉ sem. 1844, p. 228).

Le général n'avait pas de ceinture. Par-dessus sa pelisse, le général avait un water-proof d'« Old England »(1), sorte de mac-ferlane en étoffe très foncée caoutchoutée, presque noir, largement ouvert, la demi-pèlerine du devant complètement rejetée en arrière.

Après sa blessure, le général monta d'abord un petit cheval arabe gris rouanné, celui du sous-lieutenant de Kergariou, avec le harnachement d'officier, manteau sur les fontes. Quand il passa devant la tête du 1ᵉʳ chasseurs d'Afrique, il venait de changer de cheval et montait, alors, un petit cheval gris de fer avec une selle allemande et le paquetage de troupe sans campement, c'était le cheval de Jean Wurtz, son ordonnance.

Lieutenant Reverony

L'officier d'ordonnance du général, le lieutenant Reverony, du 1ᵉʳ chasseurs d'Afrique, montait au moment où le général fut blessé un cheval gris, avec le harnachement d'officier de cavalerie légère (petit tapis carré en feutre marron, couvre-fontes en cuir noir verni, sur les

---

(1) Magasin de vêtements à Paris

fontes un manteau noir roulé); le képi et le dolman bleu de ciel des
chasseurs d'Afrique ne portèrent pendant toute la campagne que les
insignes de sous-lieutenant, bien que Reverony fût promu du 2 août;
le pantalon était à basanes ou fausses bottes en vache vernie noire, le
sabre, à poignée d'acier.

Le lieutenant Reverony, décoré après l'affaire de Pont-à-Mousson,
portait la croix de chevalier de la Légion d'honneur (*J. M. O.*, 1er sem.
1852, p. 200).

Après que le général blessé eut été remis à cheval, Reverony le sou-
tint sous le bras droit pour revenir vers Sedan; tantôt à pied, tantôt à
cheval; de l'autre côté était le maréchal des logis Weyer, puis Jean
Wurtz qui prit sa place quand il eut rejoint; tout près de Sedan, le
lieutenant Reverony monta le cheval bai du général.

Jean Wurtz

Jean Wurtz, ordonnance du général, avait l'uniforme des chasseurs
d'Afrique, mais sans fusil.

*
* *

Général Tilliard

Le 1er septembre, au moment où il fut tué, le général Tilliard était
monté sur un cheval arabe castré, noir, d'assez grande taille.

Le harnachement était celui d'officier général (état-major général)
[*J. M. O.*, 2e sem. 1844, p. 229]. Selle anglaise avec chapelet.

Tapis en drap rouge à galon de laine plat rouge (*J. M. O.*, 2e sem.
1844, p. 229).

Couvre-fontes en peau de tigre (*J. M. O.*, 2e sem. 1844, p. 229).

Tous les accessoires du harnachement en cuir verni piqué; les bou-
cles, bossettes et fleuron en cuivre doré, les bossettes du mors à la
Condé et le fleuron du poitrail estampés en relief d'une tête de Méduse
(*J. M. O.*, 2e sem. 1844, p. 229).

Le général était vêtu d'un court vêtement, sorte de vareuse, en drap
gros bleu noir, avec les attentes, les boutons en or, pas de galons,
mais deux étoiles d'argent sur chaque manche. La vareuse à petit col
rabattu, et deux rangées de cinq boutons.

Le général portait la croix d'officier de la Légion d'honneur (*J. M. O.*,
1er sem. 1852, p. 200).

La culotte était en drap rouge à bande unique bleu foncé; les bottes
à l'écuyère noires, vernies, du modèle d'ordonnance avec les éperons
dorés (*J. M. O.*, 2e sem. 1844, p. 220, et 2e sem. 1836, planche IX).

Le képi était en drap rouge avec le bandeau noir, brodé d'un seul rang de feuilles de chêne en or, trois soutaches d'or montant sur les coutures.

Le sabre était droit, à poignée d'acier, un mouchoir blanc attaché à la poignée.

La dragonne, en cuir noir verni, à gland d'or, portant deux petites étoiles d'argent.

Le ceinturon à deux bélières était sous le vêtement.

Gants en peau glacée de couleur marron violacé.

Capitaine Proust

L'aide de camp du général, le capitaine Proust, du corps d'état-major, montait quand il fut tué un cheval français, commun, bai, avec le harnachement d'ordonnance d'officier d'état-major, petite tenue ; tapis gros bleu à galon plat cramoisi (*J. M. O.*, 2e sem. 1851, p. 350).

Le caban (*J. M. O.*, 1er sem. 1868, p. 98), roulé sur les fontes, une sacoche à papier en avant à droite.

Képi d'ordonnance de l'état-major (*J. M. O.*, 1er sem. 1852, p. 329 et 378). Amarante à bandeau bleu foncé, trois galons de grade d'or, deux montants sur les coutures, jugulaire sous le menton, noire bordée d'un petit galon d'or.

Vareuse, en drap gros bleu noir avec attentes, boutons et galons de grade circulaires en or, ouverte sur un gilet d'état-major, en drap bleu foncé, boutonnant droit par neuf petits boutons d'uniformes (*J. M. O.*, 1er sem. 1872, p. 735).

Pantalon rouge à bande unique bleu foncé (*J. M. O.*, 2e sem. 1845, p. 752), enfermé dans des houzeaux en vache vernie.

Le sabre d'ordonnance d'état-major (Mod. 1855) sous la tunique (*J. M. O.*, 1er sem. 1856, p. 182).

Une lorgnette en sautoir à droite.

* *

Général de Galliffet

Le général de Galliffet, le 1er septembre 1870, montait un cheval alezan très fortement rubican sur la croupe, la queue coupée au-dessus du jarret ; ce cheval venait du général de Montarby, le prédécesseur du général de Galliffet dans le commandement du 3e chasseurs d'Afrique.

Le harnachement était celui des officiers de cavalerie légère : selle à palette, petit tapis bleu de ciel, couvre-fontes en cuir noir verni, pas de porte-manteau ; bissac en vache vernie noire, le recouvrement du bissac à deux boucles.

Le cheval avait le collier, et non le licol à la fermière.

Les bossettes du mors à la Condé et le fleuron du poitrail étaient estampés comme il sera dit plus loin, au harnachement des chevaux des officiers de chasseurs d'Afrique.

Le général était vêtu du dolman en drap bleu de ciel du modèle d'ordonnance. Le dolman était fermé. Sur le dolman une large ceinture en soie rayée blanc et rouge-cerise. A la charge du matin, le général de Galliffet avait, par-dessus son dolman, une sorte de criméenne, petit veston-caban, tout uni, bleu de ciel, sans galons.

Le général portait la croix d'officier de la Légion d'honneur.

La culotte était en drap rouge, à double bande et passepoil bleu de ciel, basanée jusqu'à l'enfourchure inclusivement en peau chamoisée jaune clair.

Les bottes à l'écuyère vernies, noires, de la forme dite « Chantilly », l'éperon à la chevalière, droit, en acier.

Le képi d'ordonnance portait, outre les cinq galons de colonel, deux petites étoiles sur le devant du bandeau bleu de ciel.

Sabre d'ordonnance.

Dragonne en cuir noir verni.

Le ceinturon à deux bélières sous la ceinture.

Iᵉʳ, 3ᵉ ET 4ᵉ RÉGIMENTS DE CHASSEURS D'AFRIQUE

Uniforme des officiers le 1ᵉʳ septembre 1870

Képi. — Turban en drap garance, bandeau en drap bleu de ciel sans numéro, tresses de grade plates en argent.

Le képi bas, un peu pointu, forme ancienne, la visière presque carrée et horizontale.

La jugulaire sous le menton, en cuir verni noir, uni ou. bordé d'argent (*J. M. O.*, 1ᵉʳ sem. 1852, p. 390, et 1ᵉʳ sem. 1859, p. 27 et 241).

Dolman. — En drap bleu de ciel ; le collet en drap jonquille, bordé en haut d'une tresse plate en laine noire posée à plat, se prolongeant sur la poitrine, en double par conséquent sous la rangée de boutons du milieu et contournant le bord de la taille, tout autour, simple.

Dans le dos, sur les coutures, la même tresse à plat, simple, double ou triple selon le grade.

Derrière, deux petits sabots en forme de pique comme aux dolmans des hussards et deux fausses poches sur les côtés, un peu en arrière.

Six brandebourgs cousus, en laine noire, formés par deux tresses carrées jointives. Petites soutaches entre les tresses au milieu de la poitrine.

Grandes soutaches dans le dos.

Les boutons sur les brandebourgs, en argent, au numéro, ceux du milieu grelots, ceux des côtés demi-sphériques.

Le 1er chasseurs d'Afrique ne portait pas le numéro sur les boutons.

Sur les manches, le parement était figuré par la tresse plate noire, au-dessus de laquelle était le galon de grade en soutache d'argent et dessinant le double nœud hongrois (*J. M. O.*, 1er sem. 1862, p. 115).

Cravate noire. — En soie à bouts apparents, laissant voir un peu le col blanc de la chemise (*J. M. O.*, 1er sem. 1859, p. 243).

Pantalon. — En drap garance à cinq gros plis sur chaque devant, large, fausses bottes en vache vernie, double bande et passepoil bleu de ciel (*J. M. O.*, 1er sem. 1862, p. 115).

Tous les officiers de chasseurs d'Afrique portaient la ceinture d'ordonnance (rouge carminé) par-dessus le dolman ; elle avait une hauteur de 25 centimètres environ (*J. M. O.*, 1er sem. 1859, p. 257, et 2e sem. 1865, p. 388).

Chaussures. — Au 1er chasseurs d'Afrique, presque tous les officiers portaient le pantalon à fausses bottes, fort peu d'officiers avaient la grande botte jaune.

Au 3e et au 4e chasseurs d'Afrique, peu d'officiers en pantalon ; le plus grand nombre en bottes à l'écuyère cirées, noires, très peu en bottes jaunes ; les éperons à la chevalière étaient en acier, soit du modèle articulé de Saumur, soit droits, du modèle des spahis. Les éperons vissés avaient les branches droites (*J. M. O.*, 2e sem. 1859, p. 53).

Sabre. — La moitié des officiers avaient le sabre d'ordonnance de cavalerie légère, modèle 1822 (*J. M. O.*, 2e sem. 1856, p. 197), l'autre moitié, le sabre droit à poignée d'acier.

Dragonne. — En cuir noir verni (*J. M. O.*, 1er sem. 1859, p. 49).

Ceinturon. — En cuir noir verni, il était sans plaque, bouclé sur la ceinture et avait deux bélières terminées aux bracelets par un double bouton uni en cuivre (*J. M. O.*, 1er sem. 1859, p. 243).

Gants. — Peu d'officiers en portaient, ils étaient en peau blanche.

Giberne. — Aucun officier ne portait la giberne.

Revolver. — La manière de le porter n'était pas encore réglementée ; presque tous les officiers le portaient dans la fonte ; au 1er chasseurs d'Afrique cependant, quelques officiers avaient déjà le porte-revolver en cuir noir.

Le 1er septembre, quelques officiers portaient par-dessus le dolman la pelisse garnie d'astrakan noir, d'autres le petit caban court tout soutaché, d'autres enfin une sorte de veston-vareuse tout uni avec ou sans les galons de marine ; tous ces vêtements de fantaisie étaient en drap bleu de ciel ; pour certains officiers, la pelisse avec ou sans

OFFICIER DE CHASSEURS (1870)

(Le capitaine Rozat de Mandres, du 4e chasseurs, officier d'ordonnance du général Frossard
et auteur de ce volume.)

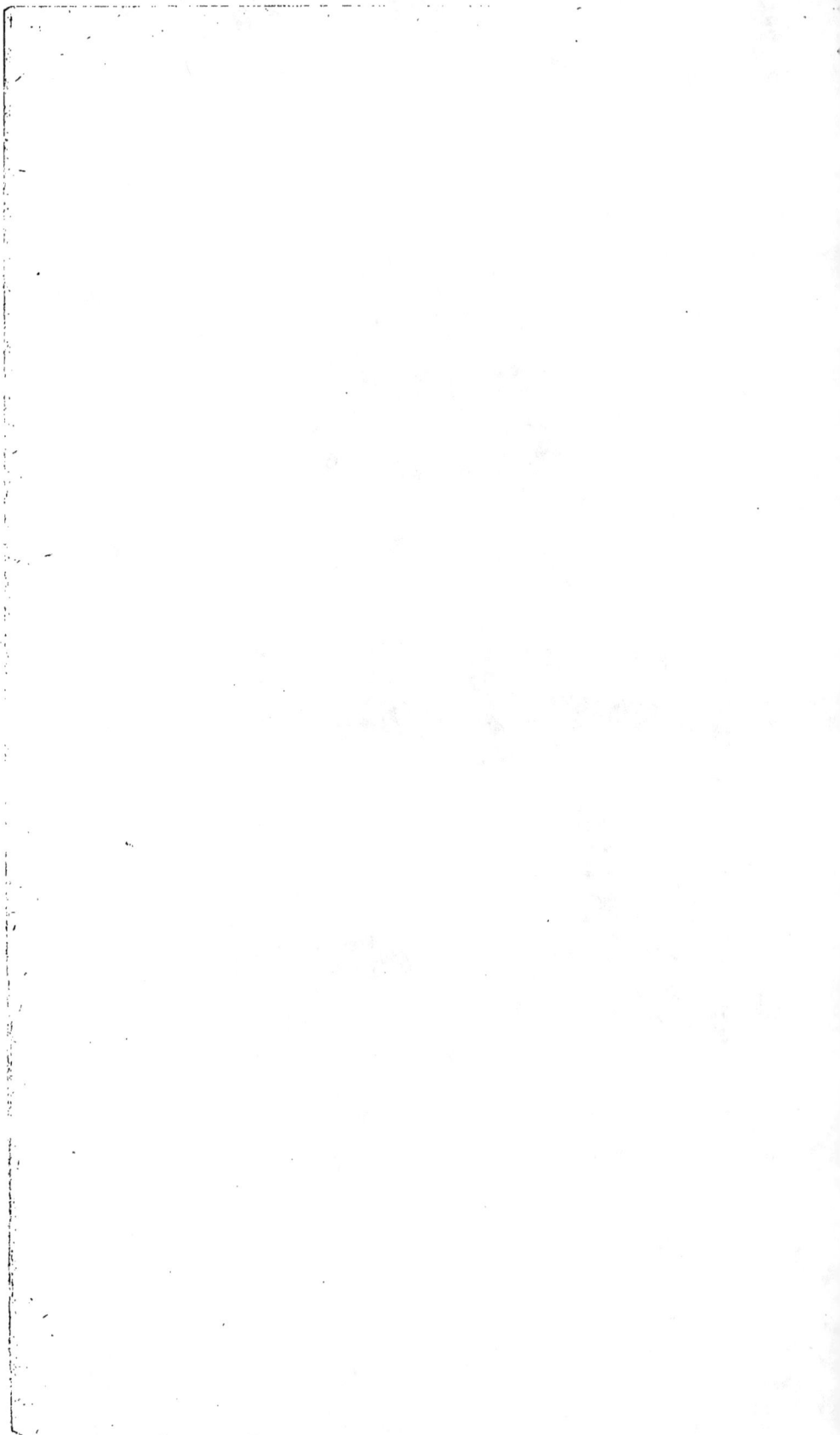

astrakan remplaçait le dolman; elle était alors ouverte sur un gilet bleu de ciel, la ceinture rouge sur le gilet; presque tous les officiers du 4ᵉ chasseurs portaient la pelisse sans fourrure, dite pelisse d'été; c'est ce modèle de pelisse qui fut adopté pour l'état-major général en 1872.

Harnachement des chevaux d'officiers

C'était le harnachement de cavalerie légère, modèle 1861. Le siège en cuir fauve uni, la palette bordée de cuivre (*J. M. O.*, 2ᵉ sem. 1864, p. 220).

Les couvre-fontes en cuir verni noir.

La sangle, en fil, blanchie.

Un manteau quelconque, caoutchouc ou caban bleu de ciel, était roulé sur les fontes.

Le bissac était en vache vernie noire ou en toile à voile grise, identique d'ailleurs comme forme à celui de la troupe.

Pas de porte-manteau.

Les accessoires du harnachement étaient en cuir noir ciré, les boucles en cuivre.

La bride n'avait pas de licol, par conséquent pas de dessus de nez.

Le filet, prolongé par cinq maillons de gourmette et un T en acier, était soutenu par un D fixé aux montants de la bride.

Certaines brides avaient encore des montants de filet comme les montants du mors.

Le collier était attaché à la têtière par une patte qui maintenait la gourmette de rechange.

Le mors à la Condé avait des bossettes en cuivre estampées en relief de l'attribut distinctif, un croissant ayant entre les cornets le numéro du régiment.

Le fleuron du poitrail portait seul le numéro du régiment, découpé.

Tapis de selle. — C'était un petit tapis presque carré en drap bleu de ciel, sans ornements, ou un petit tapis presque carré également, en feutre marron. Au 1ᵉʳ régiment, le tapis marron dominait.

*
* *

Uniforme de la troupe le 1ᵉʳ septembre 1870

Les hommes portaient comme *coiffure* le képi dur dit Taconet (¹); le turban était en drap garance, le bandeau en drap bleu de ciel, le numéro du régiment sous la cocarde et au-dessus du bandeau.

_____

(¹) Taconet, nom de l'adjudicataire premier fournisseur de cette coiffure.

La cocarde tricolore était maintenue par une double tresse en laine bleue, un bouton sphérique en étain au retour de la tresse.

Deux ventouses peintes en rouge à droite et à gauche en haut du turban près du calot.

Une petite tresse ronde en laine bleue recouvre les coutures et marque deux montants.

Un petit bouton en étain gansé de laine bleue sur le calot (l'ancienne bride de cordon fourragère).

La visière presque carrée, droite.

Un petit pompon demi-sphérique en chenille, de la couleur distinctive affectée à l'escadron.

1er escadron : Bleu de roi.

2e escadron : Garance.

3e escadron : Vert.

4e escadron : Bleu de ciel.

5e escadron : Jonquille.

6e escadron : Orange.

La jugulaire, sous le menton, en cuir noir ciré, avec petite boucle noire à gauche, à hauteur du bas de l'oreille (*J. M. O.*, 1er sem. 1859, p. 235, et 1er sem. 1862, p. 113).

Quelques chasseurs portaient la *chéchia*, calotte haute en feutre rouge-garance, ornée à la base de trois raies noires (teintes).

Le 4e chasseurs d'Afrique avait des chéchias à quatre raies. La partie supérieure recevait la houpette, ou gland en laine retorse à la couleur de l'escadron (*J. M. O.*, 1er sem. 1859, p. 237).

La cravate. — En toile de coton bleu, faisant deux tours (*J. M. O.*, 1er sem. 1859, p. 244).

La veste. — En drap bleu de ciel, se terminant à la ceinture et fermant droit sur la poitrine par neuf boutons sphériques en étain au numéro du régiment en relief.

Deux boutons demi-sphériques en bas des coutures du dos, aux sabots.

Pattes d'épaules en drap du fond, fixées par un petit bouton demi-sphérique en étain.

Parements du drap du fond, en pointe, fermant par trois petits boutons demi-sphériques en étain, celui du milieu sur la ligne du parement.

Pas de patte de ceinturon.

Écusson jonquille au collet (*J. M. O.*, 1er sem. 1859, p. 233).

Le 1er régiment de chasseurs d'Afrique n'avait pas de numéro sur les boutons.

Le *pantalon*, en drap garance basané, à double bande et passepoil en drap bleu de ciel, fausses bottes en cuir noir ciré.

Cinq larges plis sur chaque devant à la ceinture.

Le pantalon large à hauteur du genou (*J. M. O.*, 1er sem. 1859, p. 232, et 1er sem. 1862, p. 112).

A la *chaussure*, des éperons en fer poli, vissés, à branches droites.

Ceinture, en laine rouge, d'ordonnance, par-dessus la veste, comme les officiers (*J. M. O.*, 1er sem. 1859, p. 257, et 2e sem. 1865, p. 388).

Sabre de cavalerie légère, modèle 1822 (*J. M. O.*, 2e sem. 1822, p. 317).

Dragonne, en buffle blanchi (*J. M. O.*, 1er sem. 1859, p. 42).

Le *ceinturon*, par-dessus la ceinture, en buffle blanchi, à crochet d'agrafe en cuivre.

Deux bélières (*J. M. O.*, 1er sem. 1859, p. 39 et 242).

Giberne à coffret noir ciré, banderole en buffle blanchi, ornée d'une grenade aux 1er et 3e, et généralement d'un simple bouton double au 4e chasseurs d'Afrique (modèles des dragons et des lanciers).

Bouclerie en cuivre (*J. M. O.*, 1er sem. 1859, p. 33).

Fusil Chassepot de cavalerie (modèle 1866) à capucines de cuivre ; porté à la grenadière (*Manuel de l'instructeur de tir*, 1873, p. 97, et *Aide-Mémoire à l'usage des officiers d'artillerie*, 4e éd., 1879, p. 9, et pl. IV et VIII).

La bretelle noire cirée (*J. M. O.*, 1er sem. 1859, p. 43).

Les sous-officiers, trompettes et maréchaux avaient le pistolet (modèle 1822 transformé) [*J. M. O.*, 1er sem. 1854, p. 120].

Harnachement des chevaux de troupe des trois régiments de chasseurs d'Afrique

Le harnachement des trois régiments était le même ; il comprenait :

Pour un tiers, les selles hongroises ou à la Rochefort, pour deux tiers, les selles du modèle 1861 (selle Randon) [*J. M. O.*, 2e sem. 1864, p. 199, et 1er sem. 1868, p. 569].

Le modèle Rochefort avait la sangle en fil blanchi.

Le modèle 1861, la sangle en cuir.

Les accessoires du harnachement étaient tous en cuir noir ciré « croupière, poitrail, fausse martingale, collier, longe, bride ».

Les boucles étaient en fer poli.

Les petits fleurons du frontal, ovales, en cuivre, unis.

Le fleuron du poitrail rond, en cuivre, portait découpé à jour le numéro du régiment.

Le mors à la Condé ou à col de cygne était orné de bossettes en cuivre estampées en relief de la marque des régiments : un croissant portant entre ses cornes le numéro du régiment ([1]).

([1]) La description des bossettes (chasseurs d'Afrique, hussards, chasseurs, lanciers) est telle qu'elles existaient encore en 1870, mais avec cette observation que le harnachement modèle 1861 avait supprimé les numéros et donné l'étoile aux hussards (*J. M. O.*, 2e sem. 1864, p. 213).

Le mors du filet était soutenu par les montants du mors de bride ; un T, terminant cinq maillons de gourmette fixés au mors du filet, entrait dans un D fixé au montant. Certaines brides avaient des montants de mors de filet pareils aux montants du mors de bride.

Avec la selle Rochefort, on avait la grande couverture de laine grise à liteaux bleus, pliée en huit, le gros pli sur le garrot, les liserés à gauche.

Avec la selle 1861, on avait la petite couverture grise, le feutre marron et le surfaix de fil ; le feutre était placé sur le poil, maintenu par le surfaix de fil, la couverture placée par-dessus, touchant par conséquent la selle ; le feutre de couleur tabac était coupé arrondi, garni à gauche d'un morceau de cuir fauve pour empêcher l'usure par le sabre (*J. M. O.*, 2ᵉ sem. 1864, p. 217).

Le 1ᵉʳ régiment de chasseurs d'Afrique avait, le 1ᵉʳ septembre 1870, la couverture de laine au poil et le feutre sous la selle, c'était d'ailleurs l'habitude du régiment.

Les deux modèles de selle avaient la palette bordée de cuivre et le paquetage présentait le même aspect.

Le bissac était de deux modèles, à peu près en nombre égal dans les escadrons.

L'ancien modèle, en toile grise, basané en cuir noir à la partie inférieure, s'ouvrant par une fente en long à la partie supérieure et fermant par une lanière en cuir de Hongrie.

Le nouveau modèle, tout en toile grise formant deux poches avec patelettes de recouvrement, à chacune deux boucles et deux contre-sanglons (*J. M. O.*, 2ᵉ sem. 1864, p. 216).

Pas de filet à fourrage.

Paquetage. — *Devant :* le manteau en drap gris, roulé sur les fontes et tenu par les cinq courroies de paquetage ; par-dessus le sac à distribution, pris par trois courroies seulement (*J. M. O.*, 2ᵉ sem. 1861, p. 33).

Derrière : le pantalon de treillis roulé serré dans la blouse ou bourgeron de toile écrue (*J. M. O.*, 1ᵉʳ sem. 1853, p. 246), et affectant la forme d'un V renversé.

Pris dans la palette et maintenu par le paquetage de derrière, le bissac.

L'entrave était pendue à la poche à fers de droite et la *corde à fourrage* roulée en rond à celle de gauche.

Le 1ᵉʳ chasseurs d'Afrique mettait l'entrave à gauche au paquetage de devant.

Campement. — Les ustensiles de campement comprenaient :

La marmite,

Le bidon,

La gamelle (*J. M. O.*, 2ᵉ sem. 1861, p.34).

Ces ustensiles de grand modèle, chacun pour huit hommes, étaient fixés sur le côté droit du paquetage ; devant, marmite ou bidon, et derrière à la poche à fer, la gamelle.

Le *piquet d'attache* (*J. M. O.,* 1ᵉʳ sem. 1868, p. 16), ou la *mailloche* et les *petits piquets de tente* étaient fixés sur le côté gauche du paquetage de devant ainsi que la *peau de bouc.*

La *toile de tente* roulée sur le paquetage de derrière ainsi que la *corde de bivouac* (*J. M. O.,* 1ᵉʳ sem. 1868, p. 16).

Les cordes de bivouac étaient longues de 8 à 10 mètres (quatre par peloton).

Dans presque tous les régiments, les toiles de tentes individuelles avaient été réunies et cousues par trois, formant la tente ; il en résulte qu'à l'aspect chaque homme n'avait, en plus de son paquetage, qu'un seul des ustensiles de tribu indiqués ci-dessus ; le sac à avoine était placé sur le bissac, l'avoine également répartie dans les deux extrémités.

1ᵉʳ RÉGIMENT DE HUSSARDS

Uniforme des officiers le 1ᵉʳ septembre 1870

Les officiers portaient comme coiffure : le *shako,* en carton recouvert de toile cirée noire, la visière presque carrée et horizontale, une fausse jugulaire en soutache d'argent.

Derrière le shako et à la partie supérieure près du calot, un petit bouton d'uniforme demi-sphérique en argent avec une petite ganse en soutache d'argent.

Pompon ovale en argent, sans numéro, affleurant le bord supérieur du shako.

Jugulaire sous le menton, en cuir verni noir avec la boucle à gauche à hauteur du bas de l'oreille (*J. M. O.,* 2ᵉ sem. 1857, p. 195, et 2ᵉ sem. 1855, p. 294).

Képi. — Cinq ou six officiers portaient le képi au moment de la charge ; le turban était en drap garance ; le bandeau, en drap bleu de ciel, les petites tresses de grade en soutache d'argent. Sur le devant du bandeau, un petit nœud hongrois horizontal en soutache d'argent ; visière droite presque carrée ; réglementairement le bandeau ne devait plus avoir d'ornement et les galons du grade devaient être en tresses plates, mais on conservait par tradition, avec le plus grand soin, l'ornement de la soutache dans les régiments de hussards.

Jugulaire cuir noir verni ou bordé d'argent (*J. M. O.,* 1ᵉʳ sem. 1859, p. 10).

Dolman, en drap bleu de ciel avec dix-huit tresses carrées, noires, en poil de chèvre ; le collet garance (*J. M. O.,* 1ᵉʳ sem. 1860, p. 54) bordé en haut et en bas d'un galon noir, posé à plat, laissant voir très peu le fond.

Le galon noir descendant en double sous la rangée de boutons du milieu et faisant simple le tour du dolman.

Dans le dos, sur les coutures, le même galon à plat ; simple, double (concédé par l'usage) ou triple suivant le grade ; en bas du dos, le galon simple dessine deux piques accolées sur les sabots et horizontales ; sur les côtés du dolman deux fausses poches.

Trois rangées de boutons en argent sans numéro, au milieu et aux bouts de tresses ; ceux du milieu, grelots sphériques, ceux des rangées latérales demi-sphériques.

Le parement des manches, en pointe et garance (*J. M. O.*, 1er sem. 1860, p. 54), bordé d'un galon noir à plat, plus petit que celui du collet et au-dessus le galon de grade en soutache d'argent en forme de nœud hongrois double (*J. M. O.*, 1er sem. 1859, p. 31 et 198, et 2e sem. 1859, p. 386).

C'était le dolman de petite tenue ; il venait d'être remplacé par la tunique courte.

Tunique à taille mais ample en drap bleu de ciel foncé, à un seul rang de six boutons d'argent sphériques et à numéro. Ornée sur la poitrine de six brandebourgs en tresse carrée, noirs, en poil de chèvre ; chaque tresse faisait le 8 au milieu et se terminait par un trèfle dont la feuille du milieu était tournée deux fois sur elle-même ; les tresses de gauche faisaient boutonnière au milieu.

Collet bleu de ciel, au numéro du régiment en argent, passepoil garance courant autour du collet et sur le devant côté droit.

La jupe avait les pans très courts et non doublés. Sur les épaules, une tresse carrée formant trèfle vers la couture de la manche était fixée près du collet par un bouton demi-sphérique.

Sur les coutures de carrure du dos de petites tresses carrées noires en poil de chèvre, commençant par un petit trèfle près des manches et allant jusqu'en bas des pans. A la taille, les tresses faisaient chacune un petit rond sur lequel était fixé un bouton sphérique.

Entre les deux boutons, une fente non passepoilée ; sur le côté gauche des pans, la tresse verticale fixée à la taille par un trèfle dissimule la fente faite pour laisser passer le sabre — à droite même dessin, fente simulée.

Les parements en pointe, en drap garance, limités par la tresse noire et au-dessus le nœud de grade, hongrois comme sur le dolman (*Moniteur de l'armée*, 26 août 1868).

Plus des deux tiers des officiers étaient en dolman, les jeunes officiers et les nouveaux promus portaient la tunique.

Quelques-uns avaient la pelisse par-dessus le dolman, la pelisse était en drap bleu de ciel et garnie d'astrakan noir.

Col noir d'ordonnance, sans liseré blanc et affleurant à peu près le col du vêtement (*J. M. O.*, 1er sem. 1859, p. 50).

Pantalon en drap garance, tombant droit, à bande unique en drap bleu de ciel ; souvent aussi assez large de jambe et serré sur la botte ; éperons en acier à branches droites et vissés.

Les officiers en grande majorité portaient des houzeaux en vache vernie (*J. M. O.*, 1er sem. 1859, p. 50). Quelques-uns simplement en pantalon long avec ou sans fausses bottes, quelques autres en très petit nombre portaient des bottes en cuir jaune ou noires à l'écuyère.

Les officiers étaient généralement gantés, presque tous avaient le sabre d'ordonnance de cavalerie légère (modèle 1822), quelques-uns le sabre droit à poignée d'acier.

Le ceinturon en cuir noir verni, sans plaque, était sous le vêtement ; il avait deux bélières terminées aux bracelets par un double bouton uni en cuivre.

Le colonel seul avait conservé et portait le 1er septembre sa sabretache (*J. M. O.*, 1er sem. 1859, p. 49).

Les officiers avaient touché une indemnité de 60 francs pour achat de revolver, avant de quitter Niort ; la plupart le portaient dans la fonte de leur selle, quelques-uns le portaient en sautoir dans un étui en cuir noir.

La giberne que les officiers avaient emportée fut placée, par ordre, dans les cantines, au départ du camp de Châlons.

Harnachement des chevaux des officiers du 1er hussards

C'était le harnachement d'officier de cavalerie légère (modèle 1861), semblable à celui décrit pour les officiers de chasseurs d'Afrique, sauf les modifications suivantes :

Le manteau d'ordonnance en drap vert (*J. M. O.*, 1er sem. 1859, p. 8 et 28) était roulé et placé sur les fontes.

Les bissacs étaient tous en vache vernie noire, à recouvrement et à deux boucles.

Les officiers avaient le porte-manteau du modèle alors en usage dans l'artillerie, en drap bleu de ciel passepoilé de rouge ; sur les bouts, une étoile à huit pointes avec le n° 1 au milieu, brodée en fil blanc (*J. M. O.*, 1er sem. 1870, p. 143, et 1er sem. 1868, p. 405), plusieurs avaient encore l'ancien modèle dont les étoiles étaient brodées en argent.

Le tapis de selle d'ordonnance, en drap bleu de ciel, orné d'un gros galon de laine posé à plat, blanc, passepoil rouge autour du tapis ; un grand morceau de vache vernie noire, coupé en rond, était placé de chaque côté du tapis au passage des sangles.

Les bossettes du mors étaient estampées en relief de la marque distinctive du régiment $\left(\frac{1}{H}\right)$ et le fleuron du poitrail portait un *1* découpé.

*
* *

Uniforme de la troupe le 1ᵉʳ septembre 1870

Les hussards portaient comme coiffure : le *talpack,* en peau d'agneau frisé noir sans flamme.

Le talpack des hussards était cylindrique et se portait droit, très enfoncé jusqu'aux oreilles.

La jugulaire, formée d'une gourmette de maillons plats en cuivre, était cousue sur un cuir souple ; elle était rattachée à la coiffure par deux crochets latéraux noircis au feu (*J. M. O.*, 2ᵉ sem. 1861, p. 376) et placée sous le menton ; les hussards l'appelaient la chaînette.

Le pompon ovale, en chardon de laine, était de la couleur indiquée pour les escadrons (*J. M. O.*, 1ᵉʳ sem. 1859, p. 192, et 2ᵉ sem. 1859, p. 386).

Quelques hussards portaient le képi à bandeau bleu de ciel, orné sur le devant d'un petit nœud hongrois en soutache de laine blanche (*J. M. O.*, 1ᵉʳ sem. 1859, p. 196).

La *cravate* en toile de coton bleue.

Presque tous les sous-officiers étaient en tunique courte. Cette tunique, d'un modèle récemment adopté, était de la même forme que celle des officiers, le drap de même couleur, mais les tresses noires en poil de chèvre étaient, pour la troupe, en laine blanche, et le collet portait un numéro découpé en drap garance.

Les galons des sous-officiers, un peu plus larges que ceux du modèle actuel, étaient appliqués sur du drap garance et ensuite cousus sur l'étoffe.

Un tiers des hussards portaient encore le dolman.

Le *dolman,* semblable à celui des officiers décrit ci-dessus, avec cette différence que les galons et les tresses étaient en laine blanche (*J. M. O.*, 1ᵉʳ sem. 1859, p. 183).

Peu d'hommes en veste, ceux qui avaient rejoint au moment du départ et les hommes à pied, qui avaient le dolman dans leur sac.

La *veste* était en drap bleu de ciel tout uni, semblable à celle des chasseurs d'Afrique, avec les différences suivantes : il n'y avait pas d'écusson au collet ; en bas de la taille, ni boutons ni sabots, un seul bouton d'os recouvert du drap du fond était en bas à gauche de la taille ; il servait à maintenir le coffret de la giberne par sa martingale (*J. M. O.*, 1ᵉʳ sem. 1859, p. 191).

Le *pantalon*, en drap garance basané, à passepoil bleu de ciel et à fausses bottes en cuir noir ciré. Beaucoup d'hommes avaient encore le pantalon à double bande en laine blanche, séparée par le passepoil bleu de ciel (*J. M. O.*, 1ᵉʳ sem. 1860, p. 54).

A la chaussure des éperons en fer poli, vissés, à branches droites.

Le sabre.

La dragonne.

Les bélières.

Le coffret de giberne.

La banderole, avec un simple bouton et sa bouclerie en cuivre; comme il est dit à l'uniforme des chasseurs d'Afrique.

Le ceinturon (*J. M. O.*, 1ᵉʳ sem. 1859, p. 40) et toutes les buffleteries étaient blanchis, la bretelle de fusil seule était noire, cirée (depuis le mois d'avril, lorsqu'on avait changé les fusils).

Le fusil Chassepot de cavalerie (modèle 1866) était porté à la grenadière.

Les sous-officiers, trompettes et maréchaux ferrants avaient le pistolet modèle 1822, transformé.

Harnachement

Les chevaux de troupe du 1ᵉʳ hussards étaient sellés :

Un tiers avec la selle modèle 1854 ;

Deux tiers avec la selle modèle 1861, dont le détail a été donné au harnachement des chevaux de chasseurs d'Afrique.

Il y a lieu toutefois de noter les différences suivantes :

Les bossettes du mors et le fleuron du poitrail portaient la marque distinctive du 1ᵉʳ hussards, indiquée au harnachement des chevaux d'officiers.

Le sac à distribution était du modèle général (*J. M. O.*, 1ᵉʳ sem. 1859, p. 61).

Le paquetage de derrière était fait par le porte-manteau, semblable à celui des officiers, sauf que l'étoile était en veau chamoisé blanchi, sans numéro (*J. M. O.*, 1ᵉʳ sem. 1859, p. 14, et 1ᵉʳ sem. 1868, p. 405).

Au-dessous du porte-manteau, pincée au milieu par la palette, la petite besace en gros treillis mille-raies, blanches et bleues (*J. M. O.*, 1ᵉʳ sem. 1859, p. 57).

Chaque homme avait son filet à fourrage.

Le campement était porté et réparti comme il a été dit aux chasseurs d'Afrique. Le montant brisé de la tente-abri était sur la sacoche gauche avec le piquet d'attache et les piquets de tente. Mais chaque hussard, au lieu de la peau de bouc, portait sur lui un petit bidon en ferblanc recouvert de drap gris, ou gros bleu, suspendu à gauche par une petite lanière en cuir noir passée en sautoir ; il y avait deux modèles de petits bidons — le nouveau modèle, forme bouteille, dominait ; il était recouvert en drap gris.

Les officiers et la troupe n'avaient emporté ni schabraque, ni sabre-tache.

6ᵉ RÉGIMENT DE CHASSEURS

Uniforme des officiers le 1ᵉʳ septembre 1870

Les officiers portaient comme coiffure le *shako*, semblable à celui des officiers de hussards, mais le pompon ovale en argent portait le n° 6 en cuivre doré.

Peu d'officiers portaient le *képi* au moment de la charge.

Le turban était en drap garance ; le bandeau, en drap bleu de ciel ou plus généralement encore en drap vert, portait, brodé sur le devant, un petit cor de chasse en argent. Les tresses de grade plates en argent ; réglementairement, le bandeau ne devait plus avoir d'ornement, mais on en avait conservé l'habitude.

La visière presque carrée et droite.

La jugulaire sous le menton, en cuir noir verni, uni ou brodé d'argent (*J. M. O.*, 1ᵉʳ sem. 1859, p. 169).

Dolman en drap vert clair, le collet et les parements en pointe en drap du fond ; semblable d'ailleurs au dolman des hussards, quant aux galons de grade en nœud hongrois, aux tresses, aux galons en poil de chèvre, aux fausses poches et à la disposition des boutons avec les différences suivantes :

Les boutons étaient estampés en relief du numéro du régiment. Au lieu d'avoir les deux piques figurées en bas du dos, le dolman se terminait par deux sabots fixés sur le galon noir à plat en forme d'M, garnis de quatre boutons du modèle indiqué ; un cinquième était placé entre les deux sabots, en bas sur la pointe de l'M (*J. M. O.*, 1ᵉʳ sem. 1859, p. 31, 33 et 161).

Ce dolman venait d'être remplacé par la tunique courte.

Tunique en drap bleu de ciel foncé, semblable à celle des officiers de hussards, sauf la différence suivante : les parements étaient en drap du fond, il n'y avait pas de tresses sur les coutures du dos et le bas se terminait tout à fait en tunique, la fente passepoilée garance et les soubises passepoilées ornées chacune de trois boutons demi-sphériques.

Plus des deux tiers des officiers étaient en dolman ; les jeunes officiers et les nouveaux promus étaient en tunique ; certains d'entre eux portaient la tunique nouvelle sans brandebourgs, c'était un essai.

Quelques-uns avaient la pelisse garnie d'astrakan noir par-dessus le dolman ; elle était encore très généralement en drap vert.

Pantalon ou *culotte* en drap garance à bande unique bleu de ciel ; on voyait encore cependant beaucoup de pantalons à bande double et passepoil verts.

Les officiers portaient presque tous les fausses bottes en vache vernie — c'était l'habitude du régiment, — quelques-uns les bottes à l'écuyère noires ou les grandes bottes jaunes.

Les officiers étaient presque tous gantés ; ils portaient le col d'ordonnance, le ceinturon et le sabre comme il a été dit pour les officiers de hussards, mais les sabres à poignée d'acier dominaient.

Le revolver était dans les fontes ou à la ceinture.

Les officiers portaient la giberne de route, c'est-à-dire le coffret et la banderole recouverts d'étuis en maroquin noir, celui de la banderole boutonné extérieurement sur la ligne du milieu par des boutons demi-sphériques de 17 millimètres, semblables à ceux du dolman, espacés de 6 centimètres (*J. M. O.*, 1er sem. 1859, p. 47).

Harnachement des chevaux des officiers du 6e chasseurs

Semblable au harnachement d'officier précédemment décrit, avec les différences suivantes :

Le manteau d'ordonnance roulé, placé sur les fontes, était en drap vert.

Les bissacs étaient en vache vernie noire, à recouvrement et à deux boucles.

Le porte-manteau en drap vert, passepoilé de rouge, avait sur les bouts un cor de chasse tourné le pavillon à droite et au milieu du cor le numéro 6. Cet ornement était brodé en fil rouge. On en voyait encore beaucoup de l'ancien modèle brodés en argent.

Les officiers ne portaient pas le tapis de selle d'ordonnance, mais une couverture à cheval pliée sous la selle.

Les bossettes du mors étaient estampées en relief de la marque distinctive du régiment (le chiffre 6 dans un cor de chasse) et le fleuron du poitrail portait un 6 découpé.

*
* *

Uniforme de la troupe le 1er septembre 1870

Les chasseurs portaient comme coiffure le *talpack* en peau d'agneau noir frisé, sans flamme.

Le talpack des chasseurs était légèrement tronconique, se portait un peu sur l'oreille et beaucoup moins enfoncé sur la tête que celui des hussards ; il était d'ailleurs un peu plus haut.

Même jugulaire qu'aux hussards, placée sous le menton ; tous les escadrons avaient le même pompon ovale en chardon de laine écarlate avec le numéro du régiment en cuivre (*J. M. O.*, 1er sem. 1859, p. 164).

Quelques chasseurs portaient le képi à bandeau vert orné sur le devant d'un cor de chasse en drap découpé rouge, le pavillon à droite ; les sous-officiers seuls avaient déjà le képi à bandeau bleu de ciel, mais avec le même ornement (*J. M. O.*, 1er sem. 1859, p. 10).

La *cravate* bleue était celle du modèle général.

Les sous-officiers avaient un dolman vert de l'ancien modèle et une tunique bleue ; les chasseurs avaient presque tous le dolman vert, un dixième seulement avait la tunique bleue, très peu étaient en veste.

La *veste* était en drap vert avec écusson garance au collet ; d'ailleurs semblable comme forme à celle des hussards (*J. M. O.*, 1er sem. 1859, p. 6 et 164).

Le *dolman* était en drap vert, à dix-huit brandebourgs noirs, semblable comme forme à celui des officiers (*J. M. O.*, 1er sem. 1859, p. 161).

La *tunique*, en drap bleu de ciel plus foncé que celui des hussards, était semblable comme forme et détail à celle des officiers ; les tresses étaient noires.

Le *pantalon* en drap garance, basané, à passepoil bleu de ciel, était porté par les sous-officiers ; les chasseurs avaient encore la bande double et le passepoil de drap vert (*J. M. O.*, 1er sem. 1859, p. 163).

La chaussure et les éperons.

Le sabre.

La dragonne.

Les bélières.

Le coffret de giberne.

La banderole avec un simple bouton et sa bouclerie en cuivre.

Le ceinturon.

La bretelle du fusil.

Comme il a été dit précédemment pour les hussards, toutes les buffleteries étaient blanchies, sauf la bretelle de fusil.

Le fusil Chassepot de cavalerie (modèle 1866) était porté à la grenadière.

Les sous-officiers, trompettes et maréchaux ferrants avaient le pistolet (modèle 1822, transformé).

Harnachement

Les chevaux de troupe du 6e chasseurs étaient sellés : un tiers avec la selle modèle 1854, deux tiers avec la selle modèle 1861, dont le détail a été donné au harnachement des chevaux de chasseurs d'Afrique.

Il y a lieu, toutefois, de noter les différences suivantes :

Les bossettes du mors et le fleuron du poitrail portaient la marque distinctive du 6ᵉ chasseurs indiquée au harnachement des chevaux d'officiers.

Le sac à distribution était du modèle général. Le paquetage de derrière, semblable à celui des hussards, était fait par le porte-manteau et la petite besace ; mais le porte-manteau était en drap vert et orné aux deux bouts d'un passepoil rouge et d'un cor de chasse portant au milieu le numéro 6, le tout en drap garance découpé (*J. M. O.*, 1ᵉʳ sem. 1859, p. 14).

Les chasseurs n'avaient pas de filet à fourrage.

Le campement était celui décrit pour les hussards.

Les officiers et la troupe n'avaient emporté ni schabraque ni sabretache.

2ᵉ BATTERIE DU 19ᵉ RÉGIMENT D'ARTILLERIE A CHEVAL
ATTACHÉE A LA DIVISION MARGUERITTE

Uniforme des officiers le 1ᵉʳ septembre 1870

Les officiers portaient comme coiffure le *képi* en drap bleu noir, les petites tresses du grade en or, pas d'ornement sur le bandeau, la jugulaire en cuir noir verni uni, sous le menton ; visière carrée à angles arrondis et droite (*J. M. O.*, 1ᵉʳ sem. 1859, p. 10 et 27).

Col noir d'ordonnance, sans liseré blanc (*J. M. O.*, 1ᵉʳ sem. 1860, p. 127).

Comme vêtement :

La *tunique* sans épaulettes, en drap bleu foncé presque noir, boutonnant droit devant par neuf boutons d'ordonnance ; grelots dorés estampés comme il est dit plus loin pour ceux de la troupe. Les deux pans de la tunique sont ornés par derrière de deux pattes de poches en accolade, chacune porte trois boutons ; les parements des manches, en drap du fond et en pointe, sont fermés par un seul petit bouton ; le collet, en drap du fond, est échancré à angles arrondis ; les pattes, les parements, le col sont passepoilés en drap du fond.

Sur les épaules, les brides d'épaulettes en galon d'or uni.

Ce vêtement n'était pas d'ordonnance, mais accepté.

Les officiers portaient cette tunique ouverte sur le *gilet,* en drap bleu noir, fermant droit par des petits boutons dorés du modèle réglementaire.

La *ceinture* (*J. M. O.*, 1ᵉʳ sem. 1859, p. 257, et 2ᵉ sem. 1865, p. 338) était portée sur le gilet.

Le *pantalon* en drap bleu foncé, un peu large ; double bande et passepoil en drap écarlate (*J. M. O.*, 2ᵉ sem. 1860, p. 112).

Ce pantalon était mis dans des bottes à l'écuyère noires, garnies d'éperons à la chevalière en acier, du modèle articulé d'ordonnance à Saumur.

Le capitaine Hartung avait par-dessus son pantalon d'ordonnance un pantalon mexicain en peau de bique, dit chivarras.

Les officiers portaient la *giberne* en cuir noir verni ; la banderole est ornée d'une tête de lion attachée par trois chaînettes à l'écusson estampé d'une grenade. Ces ornements sont dorés (*J. M. O.*, 2ᵉ sem. 1860, p. 125). Le coffret de la giberne a été remplacé par un étui en cuir dur dans lequel étaient placées les jumelles.

Sabre d'ordonnance de cavalerie légère (modèle 1822).

Le *ceinturon*, en cuir noir verni, est bouclé sur la ceinture rouge au moyen d'une agrafe en forme d'S, réunissant deux rosaces circulaires estampées et dorées.

Deux bélières terminées par un double bouton en cuivre doré (*J. M. O.*, 2ᵉ sem. 1860, p. 126).

Dragonne en cuir noir verni (*J. M. O.*, 2ᵉ sem. 1860, p. 126).

Harnachement des chevaux des officiers de la batterie

C'était le modèle réglementaire sans schabraque. La selle en cuir fauve sans palette ; le prolongement ajouté au troussequin supporte le porte-manteau.

Le *tapis*, en drap bleu foncé, est bordé d'un passepoil écarlate et orné d'un large galon posé à plat, de même couleur, entre-jambes en cuir noir verni (*J. M. O.*, 3ᵉ sem. 1860, p. 147).

Le *porte-manteau* en drap bleu foncé, les ronds des bouts sont passepoilés en drap écarlate et ornés d'une grenade brodée en or sans numéro sur la bombe (*J. M. O.*, 2ᵉ sem. 1860, p. 114). Les couvre-fontes en cuir noir verni (*J. M. O.*, 2ᵉ sem. 1860, p. 147).

La sangle en tissu de laine bleu foncé ; les accessoires du harnachement et la bride ainsi que le bridon-licol étaient en cuir noir ciré avec bouclerie en cuivre. Le mors à la Condé avait ses bossettes en cuivre estampées en relief de deux canons croisés surmontés d'une grenade.

Le fleuron du poitrail était pareillement estampé.

Les fleurons du frontal étaient du modèle ordinaire, estampés d'une étoile oblongue à huit pointes, de forme elliptique (*J. M. O.*, 2ᵉ sem. 1860, p. 144 et suivantes).

Le manteau bleu roulé était placé sur les fontes.

Le bissac était en vache vernie noire.

Uniforme de la troupe le 1ᵉʳ septembre 1870

Les artilleurs portaient comme coiffure le *képi* en drap bleu foncé ; les coutures, tant sur le bandeau que les montants, sont passepoilées d'un cordonnet écarlate ; une grenade découpée en drap écarlate orne le devant du bandeau. Visière carrée à angles arrondis, droite ; mentonnière en cuir noir s'attachant à l'intérieur de la coiffe (*J. M. O.*, 1ᵉʳ sem. 1868, p. 332).

La *cravate* en toile de coton bleue.

Comme vêtement :

La *veste* en drap bleu foncé, arrêtée à la taille, boutonnant droit devant par neuf boutons du petit modèle.

Les boutons en cuivre, demi-sphériques, sont estampés en relief de deux canons croisés, accompagnés dans l'angle supérieur d'une petite grenade, dans l'angle inférieur du numéro du régiment.

Les parements des manches sont en pointe, en drap du fond et fermés par un petit bouton d'uniforme. Les pattes d'épaule, en drap du fond, sont fixées par un petit bouton d'uniforme.

Le collet, en drap du fond, est orné d'un écusson en drap écarlate découpé en accolade ; un petit bouton d'os recouvert en drap du fond est fixé en bas de la taille à gauche et reçoit la martingale du coffret de giberne (*J. M. O.*, 2ᵉ sem. 1860, p. 91).

Les sous-officiers seuls portaient l'habit avec les épaulettes.

L'*habit*, en drap bleu foncé, boutonnait droit sur la poitrine, qui était recouverte par le plastron du même drap ; arrêté à la ceinture, l'habit cachait juste le ceinturon, toujours porté dessus. Derrière, deux basques, garnies chacune de deux petits retroussis écarlates passepoilés de drap bleu. Chaque angle du retroussis est orné d'une grenade en drap bleu découpé, chaque basque est garnie en dessus d'une patte de poche verticale, simulée à trois pointes en forme d'accolade par un passepoil écarlate.

Huit gros boutons d'uniforme, deux à la taille, trois à chaque fausse poche.

Les basques sont doublées en drap écarlate ; le collet, en drap du fond, passepoilé en drap écarlate, est légèrement échancré en rond. Le plastron est passepoilé en drap écarlate et attaché à l'habit au moyen de sept gros boutons de chaque côté.

Les parements en pointe étaient en drap écarlate passepoilé en drap du fond et fermés par un petit bouton d'uniforme ; les brides d'épaulettes, en drap écarlate ; les boutons du modèle déjà indiqué ; les insignes du grade au-dessus du parement (*J. M. O.*, 2ᵉ sem. 1866, p. 87).

Les *épaulettes* en laine écarlate, du modèle général (*J. M. O.*, 2ᵉ sem. 1860, p. 107).

Le *pantalon* en drap bleu foncé, basané, à double bande et passe-poil en drap écarlate ; fausses bottes en cuir noir ciré (*J. M. O.*, 2ᵉ sem. 1860, p. 95).

A la *chaussure*, bottes ou bottines (*J. M. O.*, 2ᵉ sem. 1860, p. 128), des éperons en fer poli du modèle général (*J. M. O.*, 2ᵉ sem. 1860, p. 129).

Le *manteau* était roulé et porté en sautoir ; il était en drap bleu foncé (*J. M. O.*, 2ᵉ sem. 1860, p. 96).

Giberne à coffret noir ciré, orné de deux canons croisés surmontés d'une grenade, le tout en cuivre estampé. La banderole de giberne, en buffle blanchi, n'a aucun ornement ; le coulant mobile en cuivre est carré à angles abattus (*J. M. O.*, 2ᵉ sem. 1860, p. 117).

Le *ceinturon* dessous le vêtement, en buffle blanchi, avec une agrafe composée de deux rosaces circulaires en cuivre estampé.

Deux *bélières* à boutons doubles en cuivre (*J. M. O.*, 2ᵉ sem. 1860, p. 121).

Dragonne en buffle blanchi (*J. M. O.*, 2ᵉ sem. 1860, p. 122).

Sabre de cavalerie légère, modèle 1822.

Harnachement des chevaux de troupe de la batterie

Le harnachement était du modèle 1861, sans schabraque. La couverture grise pliée en quatre, le gros plis sur le garrot, les liteaux à gauche.

Le porte-manteau en drap bleu foncé, les bouts passepoilés en drap garance et ornés d'une grenade à neuf flammes sans numéro (*J. M. O.*, 2ᵉ sem. 1860, p. 105, et 1ᵉʳ sem. 1868, p. 350).

La petite besace en toile mille-raies bleues (*J. M. O.*, 2ᵉ sem. 1860, p. 135).

Tous les cuirs noircis.

La chaîne d'attache avait remplacé la longe en cuir.

La description complète avec planches de la garniture de tête, de la selle et du harnais d'attelage se trouve reproduite dans le « Règlement du 20 mars 1880 sur les manœuvres des batteries attelées » (pages 20 à 34 et 42 à 100).

Beaucoup de sous-verges avaient encore le surfaix de sous-verge, modèle 1854 (page 99 du Règlement).

L'*Aide-mémoire à l'usage des officiers d'artillerie*, 1880, reproduit l'aspect de ces harnais dans des croquis très nets (planches III, IV, V, VI, VII du chapitre IX).

La garniture de tête exacte, modèle 1861, est à la planche VIII.

Le surfaix de sous-verge, modèle 1854, est à la planche IX.

Aucun cheval n'avait, en 1870, le collier. Tous les harnais de la batterie étaient à bricole (description reproduite dans le Règlement du 20 mars 1880, p. 117).

Matériel

La batterie était armée avec le canon de 4 rayé de campagne, dont la description se trouve dans l'*Aide-mémoire*, 1880, chapitre I, page 15.

Le croquis de la bouche à feu est à la planche VI, chapitre I.

La description de l'affût est au chapitre III de l'*Aide-mémoire*, 1880, page 28. Le croquis, à la planche VII (même chapitre).

Enfin la description de l'avant-train et du caisson est au chapitre III, page 83 ; et le croquis à la planche IX du même chapitre.

Le canon neuf était d'aspect cuivre jaune brillant ; il prenait rapidement une teinte de bronze verdâtre. Tous les bois étaient peints en couleur vert-olive. Toutes les ferrures en noir.

On trouvera d'ailleurs la reproduction pittoresque de l'uniforme, du harnachement et du matériel qui viennent d'être décrits, dans l'Album du capitaine de Moltzheim, auteur de l' « Esquisse historique de l'artillerie française ».

Les planches coloriées donnent :

Planche 48. — Habit, veste, pantalon, giberne, épaulettes de troupe.

Planche 49. — Bissac, petite besace, porte-manteau, garniture de tête, avaloire.

Planche 50. — La pièce prête à tirer.

Planche 51. — La pièce en marche, les servants à cheval.

Planche 54. — Avant-train, harnachement du sous-verge.

Planche 57. — Pièce en batterie, vue par derrière.

Planche 60. — Harnais à bricole, attelage des chevaux à la voiture et des chevaux de devant à ceux de derrière.

Planche 61. — Officier d'artillerie à consulter pour certains détails de tenue et de harnachement.

4° RÉGIMENT DE LANCIERS

Uniforme

Les officiers portaient : comme coiffure, le képi rouge à bandeau gros bleu, galons d'argent, deux lances croisées brodées en argent sur le devant du bandeau ; comme vêtement, la tunique sans épaulettes, en drap gros bleu, collet échancré jonquille, jupe courte, passepoil jonquille sur le devant ; derrière, à la jupe qui croise et aux parements ; pattes de parements jonquille avec trois boutons argentés demi-sphériques à numéro 4 ; la tunique boutonnant par neuf boutons argentés sphériques à numéro, brides d'épaulettes en argent.

Sur le côté gauche, à la taille, une patte pour soutenir le ceinturon, se fixant par un bouton.

Pantalon à bande noire, quelques-uns avec fausses bottes ou houzeaux ; éperons, bélières et ceinturon en cuir verni noir ; sabre et dragonne du modèle général.

Giberne recouverte d'un étui de maroquin rouge, boutonnant par des boutons d'uniforme demi-sphériques, de 17 millimètres, espacés à 6 centimètres l'un de l'autre (*J. M. O.*, 1er sem. 1859, p. 47). Harnachement d'officier de cavalerie légère modèle 1861.

Tapis de selle d'ordonnance (*J. M. O.*, 2e sem. 1869, p. 28).

Les lanciers n'avaient pas de flammes à leurs lances (modèle 1823, modifié).

Le régiment était remonté en chevaux de robe foncée, bais ou alezans.

Les hommes avaient le képi (*J. M. O.*, 1er sem. 1859, p. 149).

La tunique sans épaulettes, boutons en étain sans numéro, semblable à celle décrite pour les officiers.

Le pantalon d'ordonnance (*J. M. O.*, 1er sem. 1859, p. 145).

Les buffleteries blanches, giberne, etc.

La cravate bleue.

Le harnachement était du modèle 1861.

Pour le paquetage et les autres détails, se reporter à ce qui est dit pour les régiments de la division Margueritte.

TABLE DES CARTES ET ILLUSTRATIONS

Pages

I. — Cartes et plans.

1. Plan du champ de bataille de Sedan.
2. Carte d'ensemble ⎫
3. Plan de détail   ⎬ de la charge du matin au sud-ouest d'Illy.
4. Plan de la charge du soir à Floing et à Casal.
5. Croquis schématique du débouché de la 22ᵉ division allemande.

II. — Portraits.

1. Général Rozat de Mandres, commandant la 1ʳᵉ brigade de cavalerie (1899)   vi
2. Le général de division Margueritte, mort glorieusement à Sedan, le 1ᵉʳ septembre 1870.   xix
3. Le général Tilliard, commandant la 2ᵉ brigade de la division Margueritte, tué à Sedan.   25
4. Le colonel de Galliffet, commandant le 3ᵉ régiment de chasseurs d'Afrique (juillet 1870).   49
5. Le colonel Clicquot, commandant le 1ᵉʳ régiment de chasseurs d'Afrique (1870).   65
6. Le colonel de Bauffremont, commandant le 1ᵉʳ régiment de hussards (1870) [en lieutenant-colonel].   113
7. Le lieutenant Reverony, officier d'ordonnance du général Margueritte (en sous-lieutenant; était lieutenant du 2 août 1870).   177
8. Officier de chasseurs (1870) [Le capitaine Rozat de Mandres, du 4ᵉ chasseurs, officier d'ordonnance du général Frossard et auteur de ce volume]   265

III. — Vues, dessins et vignettes.

1. Charge du matin (fac-similé réduit d'un dessin de l'auteur).   88-89
2. Charge du soir (fac-similé réduit d'un dessin de l'auteur).   120-121
3. Mort du général Margueritte (fac-similé réduit d'un dessin de l'auteur).   145
4. La « Croix Margueritte » à Illy   185
5. Timbale du nécessaire de Napoléon III, donnée par l'Empereur pour panser la blessure du général Margueritte . . .   189
6. Le Calvaire d'Illy (pris du sud).   201
7. Éperons que portait le général Margueritte à Sedan.   214
8. Statue du général Margueritte à Fresnes-en-Woëvre (Meuse).   238

TABLE DES MATIÈRES

Pages

Avant-propos des éditeurs. IX

Préface. XIII

Chapitre I. — Les régiments de la division Margueritte jusqu'à leur réunion. — A. Division du Barail. — Brigade Margueritte : 1er et 3e régiments de chasseurs d'Afrique. 1
    Coup de main sur Pont-à-Mousson. 5
    Affaire de Jarny 13
    Fractions de la brigade Margueritte restées sous Metz 19

Chapitre II. — Les régiments de la division Margueritte jusqu'à leur réunion. — B. Division de Salignac-Fénelon. — Brigade Tilliard : 1er régiment de hussards ; 6e régiment de chasseurs. 23
    1er régiment de hussards 23
    6e régiment de chasseurs 27
    Formation de la division Margueritte 30
    Effectifs des régiments au moment du départ de leurs garnisons. 31

Chapitre III. — Marches et opérations de la division Margueritte du 19 au 30 août inclus 35
    Marches du 4e régiment de chasseurs d'Afrique jusqu'à sa jonction avec la division Margueritte, le 30 août. 55

Chapitre IV. — 31 août-1er septembre 61
    Journée du 31 août. 61
    Effectifs de la division, le 1er septembre, sur le champ de bataille. 71

Chapitre V. — 1er septembre 1870 jusqu'à la charge du matin 75
    Jeudi 1er septembre. 75
    Dispositions prises et terrain de charge. 82

Chapitre VI. — Charge vers Illy. 87

Chapitre VII. — La longue station sous le feu. 106
    Troisième position, face à Fleigneux—Saint-Menges. — La batterie Hartung 106

Chapitre VIII. — Traversée du bois de la Garenne. 116
    La division prend sa dernière position avant de rompre pour se rendre au terrain de charge 116

Chapitre IX. — La situation est très compromise. Le général Ducrot dispose de la division Margueritte. Dernière halte 130

Pages

CHAPITRE X. — La division arrive et se forme sur le terrain de charge. Le général Margueritte est grièvement blessé et remet le commandement au général de Galliffet. 138

CHAPITRE XI. — Charge du 1er régiment de chasseurs d'Afrique. Le général de Galliffet prend le commandement de la division 152

CHAPITRE XII. — Charge simultanée des chasseurs d'Afrique et de la brigade Tilliard 159

CHAPITRE XIII. — Les retours offensifs. Derniers efforts. Ralliement. Retraite. 173

CHAPITRE XIV. — La nuit. La presqu'île d'Iges. Départ en captivité . . 192

CONTRÔLES et TABLEAUX (contrôles des officiers; ordre dans lequel les régiments ont chargé; place de bataille des officiers présents aux charges; tableaux des pertes subies par les régiments dans la journée du 1er septembre). . . . . 215 à 236
      1er régiment de chasseurs d'Afrique 216
      3e régiment de chasseurs d'Afrique. 219
      4e régiment de chasseurs d'Afrique. 225
      1er régiment de hussards 229
      6e régiment de chasseurs 232
      2e batterie du 19e régiment d'artillerie à cheval 234
      Récapitulation. Tableau des pertes de la division 236

APPENDICES ET ANNEXES

APPENDICE I. — Charge des 2e et 3e escadrons du 4e régiment de lanciers. 239
      Contrôles et place de bataille des officiers; tableaux des pertes. 243-245

APPENDICE II. — Charge des cuirassiers de la porte de Mézières à Floing et vers Saint-Albert. 246
      Contrôles et places de bataille des officiers; tableaux des pertes. . 251

ANNEXE I. — Le général de brigade Margueritte et le colonel de Galliffet ont-ils été régulièrement promus au grade supérieur ? 253

ANNEXE II. — Notice sur les uniformes de la division Margueritte . . . 259
      1er, 3e et 4e régiments de chasseurs d'Afrique 263
      1er régiment de hussards 271
      6e régiment de chasseurs 276
      2e batterie du 19e régiment d'artillerie à cheval attachée à la division Margueritte 279
      4e régiment de lanciers 283

TABLE DES CARTES ET ILLUSTRATIONS. 285

TABLE DES MATIÈRES. 287

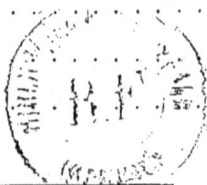

Nancy, impr. Berger-Levrault et Cie

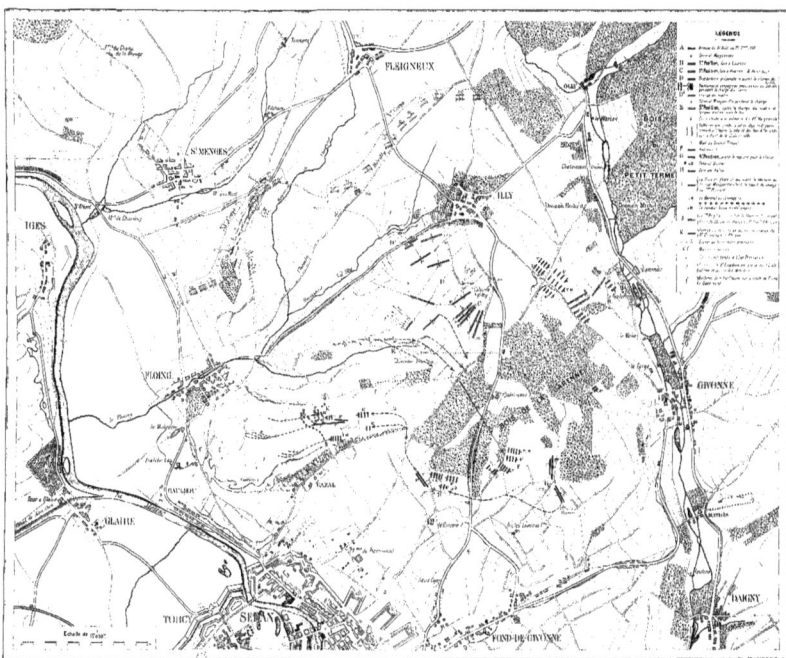

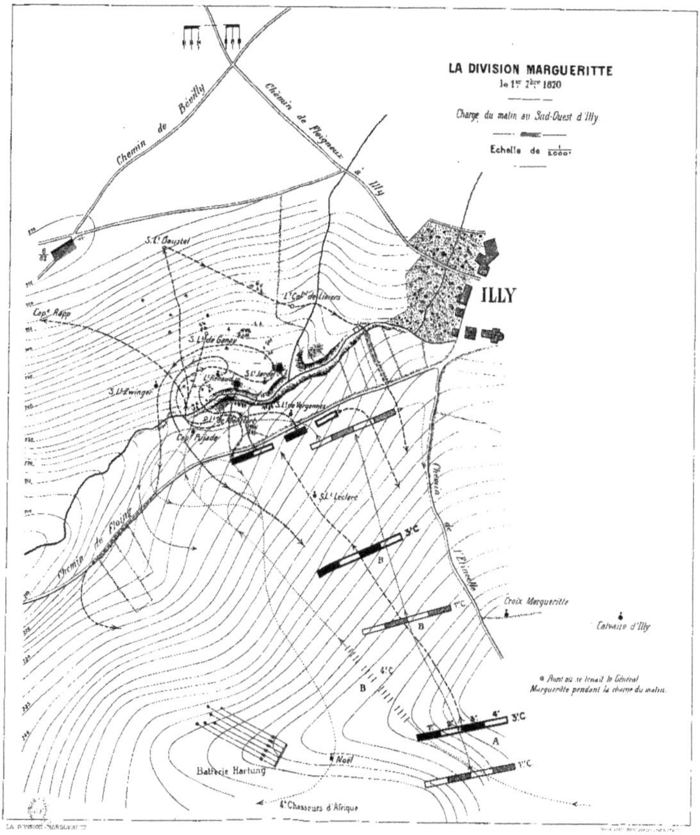

LA DIVISION MARGUERITTE
le 1er 7bre 1870

Charge du matin au Sud-Ouest d'Illy

Echelle de 1/10000

ILLY

Chemin de Bicailly

Chemin de Floyrance

Illy

S.L¹ Dauptel

1ᵉ Cap.ᵗ des Lanciers

Cap.ᵗ Raffo

S.L¹ de Gonge

3 L² d'Ewinger

B.¹ S.L¹ de Weyanon

Cap.ᵗ Pujade

S.L¹ Leclerc

S.L¹ Noel

Batterie Hartung

4ᵉ Chasseurs d'Afrique

Croix Marguerite

Calvaire d'Illy

* Point où se trouvait le Général
Marguerite pendant la charge du matin.

3ᵉC

B

1ᵉC

B

4ᵉC

B

4ᵉ 3ᵉC

A

1ᵉC

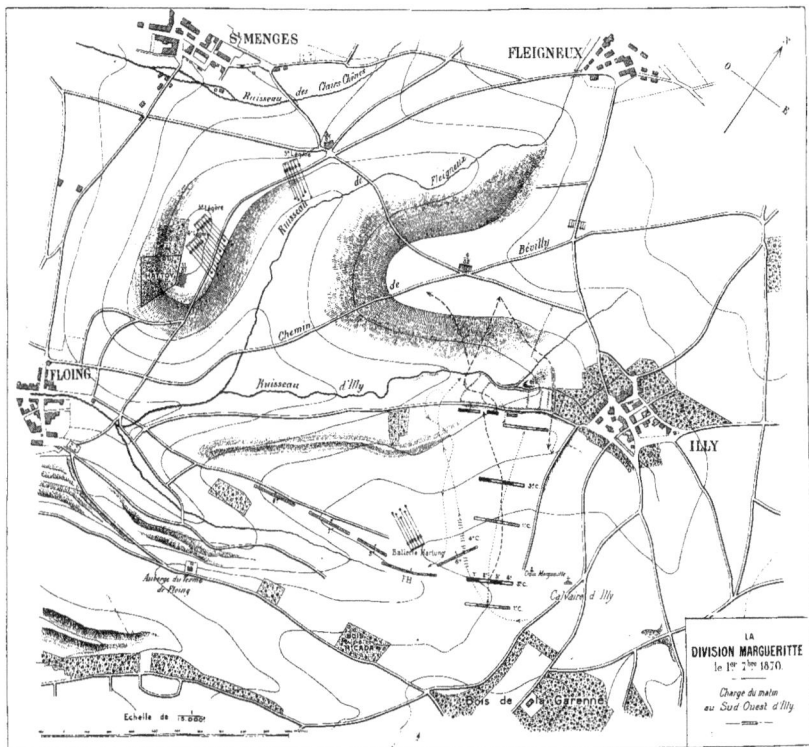

S!MENGES   FLEIGNEUX

Ruisseau des Crois Chênes

Mairie

Fleigneux

Bévilly

Chemin de

Ruisseau d'Illy

FLOING

ILLY

Batterie Hartung

Auberge du terme
de Floing

I.H.

Calvaire d'Illy

BOIS RICADMY

Bois de la Garenne

Echelle de

LA
DIVISION MARGUERITTE
le 1er 7bre 1870.

Charge du matin
au Sud Ouest d'Illy

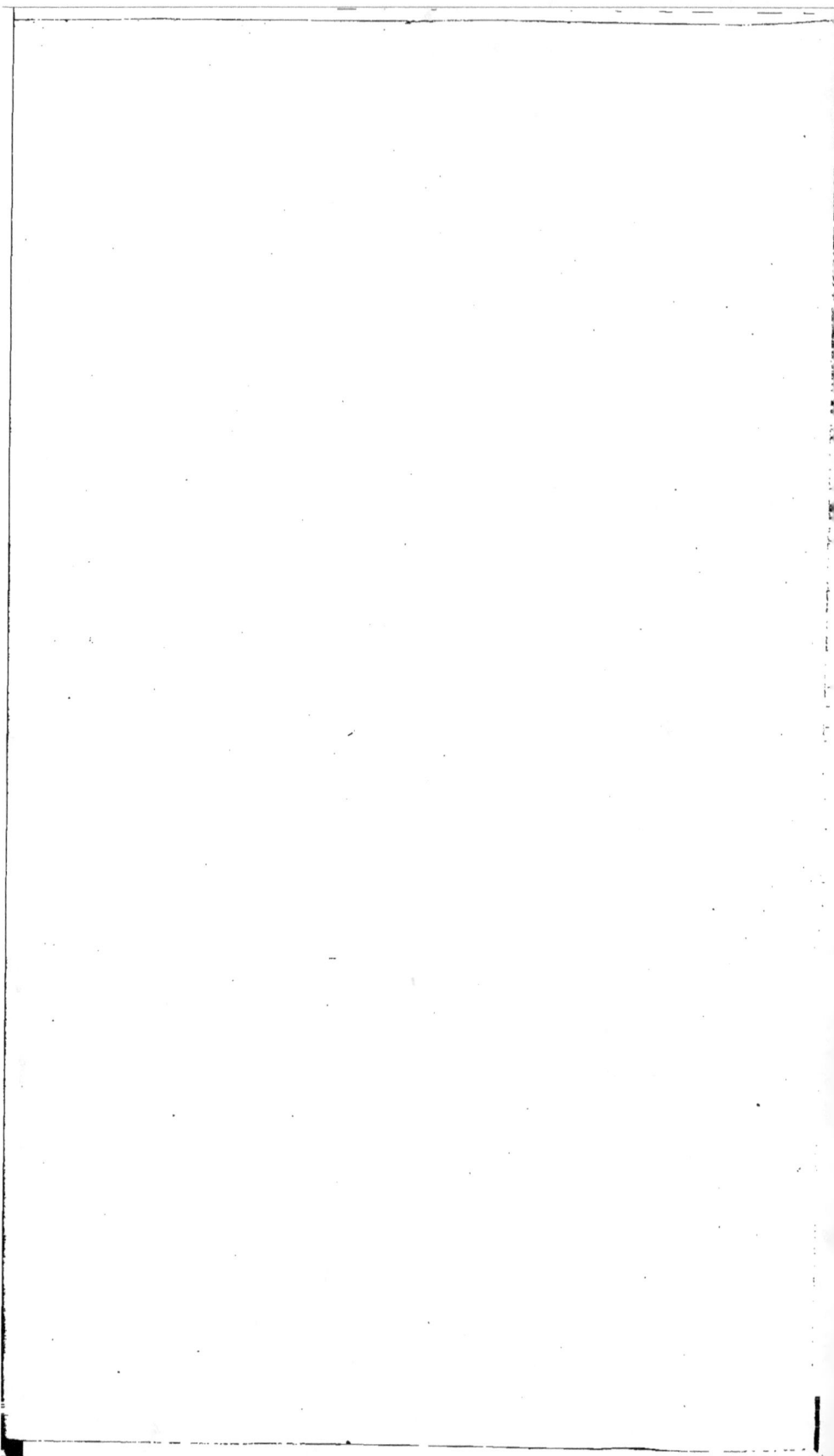

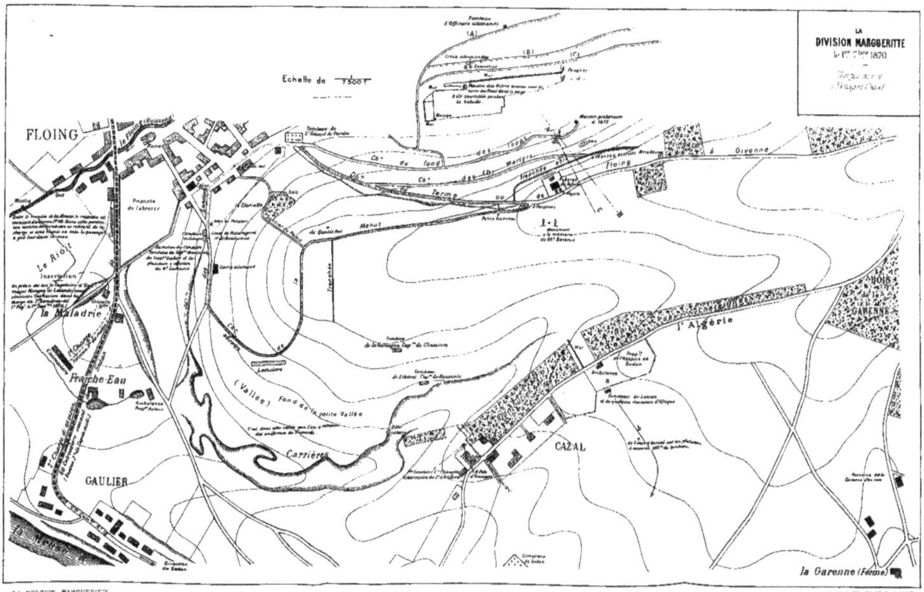

LA
DIVISION MARGUERITTE
le 1er 7bre 1870

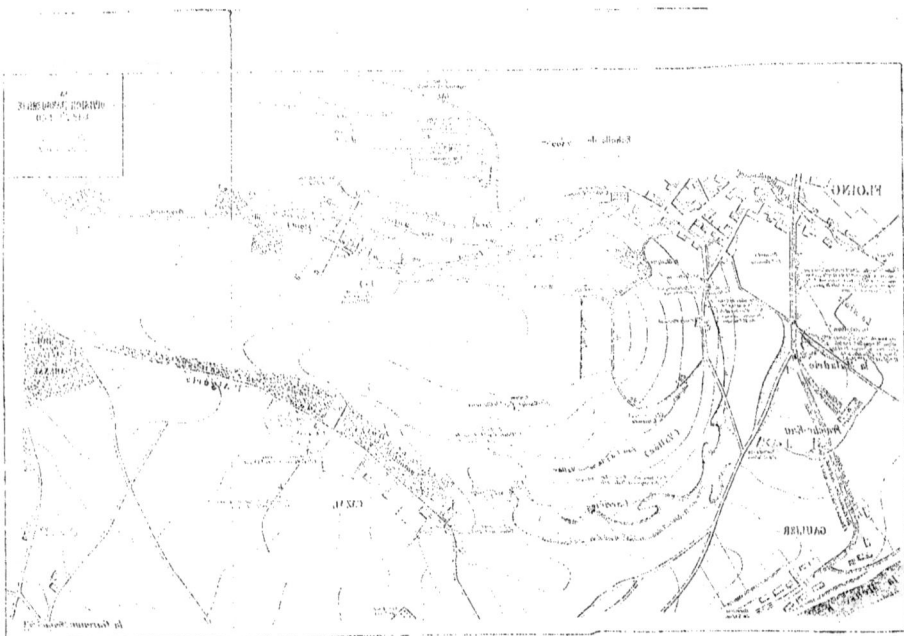

BERGER-LEVRAULT ET Cie, ÉDITEURS

PARIS, 5, RUE DES BEAUX-ARTS — RUE DES GLACIS, 18, NANCY

3e régiment de Chasseurs d'Afrique. *Historique,* par le général DE FORSANZ, commandant la brigade de cavalerie du 15e corps d'armée, ancien colonel du 3e chasseurs d'Afrique. 1898. Un volume grand in-8 de 435 pages, avec 3 portraits, 3 gravures hors texte et un fac-similé d'aquarelle (chasseur actuel en tenue de campagne), broché. **7 fr. 50**

Les Avant-gardes à l'armée de Châlons le jour de Sedan, par S. BOURGUET, capitaine d'artillerie. 1907. Un volume grand in-8, broché . . . . **1 fr. 50**

Encore la Retraite à Sedan. Réplique à « *La Retraite sur Mézières* » *par un Officier supérieur,* par Alfred DUQUET. 1903. Un volume grand in-8 de 119 pages, broché. **2 fr.**

La Retraite sur Mézières le 1er septembre 1870. Deux réponses à M. Alfred Duquet, par un Officier supérieur. Avec le fac-similé d'un billet du général de Wimpffen au général Ducrot. 1904. Un volume grand in-8 de 195 pages, broché . . . . **3 fr.**

Journal d'un officier de l'armée du Rhin, par le général FAY. 5e édition, revue et augmentée. 1889. Un volume in-8 de 410 pages, avec une carte, broché . . . **5 fr.**

Récits sur la dernière guerre franco-allemande (du 17 juillet 1870 au 10 février 1871). *Wissembourg, Frœschwiller (Reichshoffen ou Wœrth).* **Sedan,** *Siège de Paris,* par G. SARAZIN, ancien médecin en chef de l'ambulance de la 1re division du 1er corps, etc. 1887. Un volume in-12, broché. . . . **3 fr. 50**

Essai sur l'Emploi de la Cavalerie. Leçons vécues de la guerre de 1870, *faites en 1895 à l'École supérieure de guerre,* par le général CHERFILS. 1899. Un volume grand in-8 de 708 pages, avec un atlas in-4, comprenant une carte générale grand in-folio et 10 croquis en couleurs . . . . **15 fr.**

La Cavalerie allemande pendant la guerre de 1870-1871. *Étude tactique,* par le colonel Jules DE CHABOT. Nouvelle édition, corrigée et augmentée. 1899. Un volume in-8 de 429 pages, avec 5 cartes, broché. . . . **7 fr. 50**

Instruction et Conduite de la cavalerie, *avec des exercices des troupes de toutes armes en terrain varié.* **Testament d'un cavalier,** par le général G. VON PELET-NARBONNE. Traduit de l'allemand. 1896. Un volume grand in-8 de 281 pages, broché . . . **5 fr.**

La Cavalerie des Ire et IIe armées allemandes *dans les journées du 7 au 15 août 1870,* par le général-lieutenant G. VON PELET-NARBONNE. Traduit de l'allemand par le lieutenant-colonel P. SILVESTRE, chef d'état-major de la 4e division de cavalerie. 1901. Un volume grand in-8 de 270 pages, broché . . . . **4 fr.**

Service de la Cavalerie en campagne. — **La Cavalerie allemande pendant les journées de Coulmiers.** *Rôle de la Cavalerie dans le service de sûreté et dans le combat,* par le général-lieutenant G. VON PELET-NARBONNE. Traduit de l'allemand par le colonel P. SILVESTRE. 1906. Un volume grand in-8, broché . . . . **4 fr.**

L'Empereur Guillaume. *Souvenirs intimes,* par Louis SCHNEIDER, revus et annotés par l'Empereur sur le manuscrit original. Traduit de l'allemand par CH. RABANY. 1888. Trois beaux volumes in-8, avec fac-similé, brochés . . . **24 fr.**

La plus grande partie de l'ouvrage est consacrée aux campagnes de 1866 et de 1870-1871.

La Stratégie de Moltke en 1870, par le colonel PALAT, chef d'état-major du 17e corps d'armée. 1907. Un volume in-8 de 400 pages, avec 22 cartes hors texte, broché. **10 fr.**

Vers Sadowa. *Étude stratégique,* par Jules DUVAL, chef de bataillon du génie, breveté d'état-major. 1907. Un volume in-8 de 318 pages, avec 2 cartes hors texte et 5 croquis, broché . . . . **6 fr.**

Crimée-Italie-Mexique. Lettres de campagnes (1854-1867), par le général VANSON. *Précédées d'une notice biographique.* 1905. Un volume in-8 de 367 pages, avec un portrait et deux esquisses militaires en couleurs, broché . . . . **5 fr.**

Magenta et Solferino. *Autrefois — Aujourd'hui,* par Eugène POINN. 1907. Un volume in-12, broché. . . . . **2 fr. 50**

Le Général Bourbaki, par le commandant GRANDIN, lauréat de l'Institut de France et de la Société d'encouragement au bien. 1898. Un volume in-8, avec portrait et fac-similé d'une lettre autographe de Bourbaki à l'auteur, broché . . . . **5 fr.**

Trente ans de la vie militaire, par le capitaine H. CHOPPIN. 1891. Volume in-12, illustré par E. GRAMMONT, broché. . . . . **3 fr.**

Jeanne d'Arc écuyère, par L. CHAMPION, capitaine commandant au 5e chasseurs. Préface de Victor MARGUERITTE. 1901. (Ouvrage couronné par l'Académie française.) Un volume in-8, avec 30 illustrations, dont 6 hors texte, et une carte, broché . . . . **6 fr.**

25 exemplaires sur papier de luxe numérotés à la presse. . . . **15 fr.**

www.ingramcontent.com/pod-product-compliance
Lightning Source LLC
Chambersburg PA
CBHW050459270326
41927CB00009B/1827